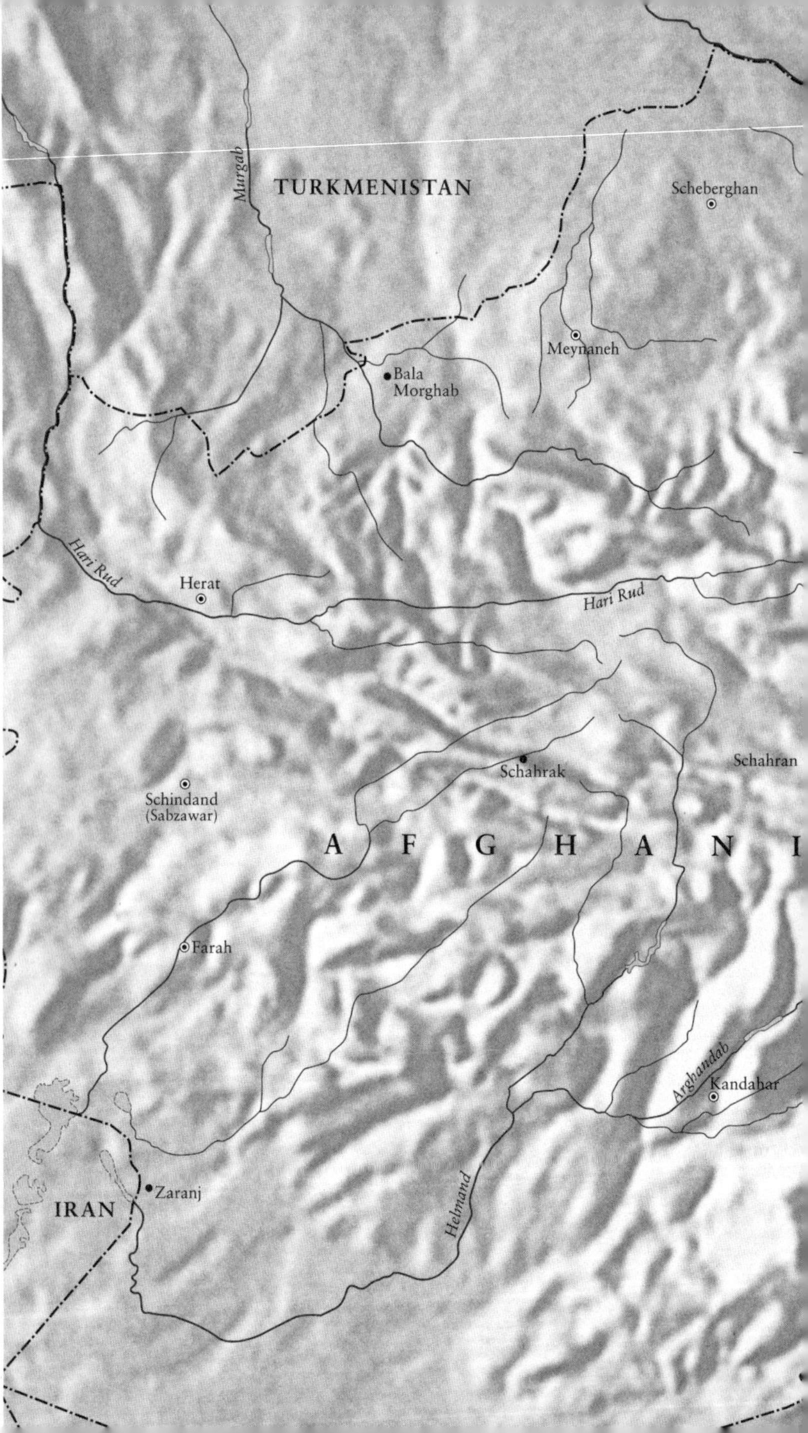
TURKMENISTAN
Murgab
Scheberghan
Meynaneh
Bala
Morghab
Hari Rud
Herat
Hari Rud
Schahrak
Schahran
Schindand
(Sabzawar)
A F G H A N I
Farah
Arghandab
Kandahar
Zaranj
IRAN
Helmand

TADSCHIKISTAN
Pandsch
Hedschq
Bahauddin
Feyzabad
Kundus
Kundus
Badachschan
Mazar-e-Scharif
Yakaolang
Hindukusch
Pandschir
Kunar
nd-e-Amir
Bamiyan
5143
Schah Fuladi
Sarobi
Kunar
Guschta
Kabul
Kabul
Dschalalabad
Bamiyan
Kabul
Spinghar-Gebirge
Schinwar
1067
Khaiberpass
Schabqadar
4761
Sikaram
Peschawar
Gardez
Ghazni
T A N
Indus
PAKISTAN
N
0
100 km

Brigitte Brault
mit Dominique de Saint Pern

Für die Liebe eines Stammesfürsten

PIPER

Zu diesem Buch

Als Brigitte Brault zum ersten Mal nach Afghanistan fliegt, ist sie von dem Land zwischen Tradition und Aufbruch fasziniert. Um eine besonders gefährliche Region passieren zu können, benötigt die Dokumentarfilmerin Geleitschutz. Sie wendet sich an den Paschtunenführer Schahzada, der das Gebiet kontrolliert und gegen die Taliban kämpft. Völlig unerwartet verliebt sie sich in den sechs Jahre jüngeren Mann, der als Stammesvertreter für 900 000 Menschen verantwortlich ist. Und Schahzada, der eine Frau und sieben Kinder hat, erwidert ihre Gefühle. Brigitte Brault lässt sich mit allen Konsequenzen auf dieses neue Leben ein. Für Schahzadas Familie, deren Zuhause ein entlegenes Bergdorf ist, ist die blonde Ausländerin das Fenster zur westlichen Welt. Sie wird aufgenommen und geachtet, und zu Schahzadas erster Frau entwickelt sie schließlich eine echte Freundschaft.

Brigitte Brault, geboren 1960 in Bourges, ist Fernsehjournalistin und Regisseurin. 2001 reiste sie anlässlich eines Interviews nach Afghanistan. Braults Film »Regards d'Afghanes«, in dem sie junge afghanische Frauen nach dem Sturz der Taliban porträtierte, wurde für die Emmy Awards nominiert. Zwischen 2002 und 2008 lebte Brigitte Brault in Kabul, dann kehrte sie nach Frankreich zurück. Von dort aus berichtet sie über das Schicksal der afghanischen Frauen, die afghanischen Medien und den sozialen Wandel, indem sie an Festivals und Konferenzen, wie dem *Forum de Genève*, teilnimmt.
Dominique de Saint Pern, Autorin mehrerer Biografien, lebt in Paris.

Brigitte Brault
mit Dominique de Saint Pern

Für die Liebe eines Stammesfürsten

Mein Leben mit den Paschtunen

Aus dem Französischen von
Gaby Wurster

Mit 8 Seiten farbigem Bildteil

Piper München Zürich

Mehr über unsere Autoren und Bücher:
www.piper.de

Für Schahzada.
Möge dieses Buch einen kleinen Beitrag zum Aufbau einer toleranten Welt leisten.
B. B.

Für Maliar, der mit dem Recht aufwachsen wird, Drachen steigen zu lassen.
D. S. P.

Ungekürzte Taschenbuchausgabe
Januar 2010

Titel der französischen Originalausgabe:
»Pour l'amour d'un guerrier«

erschienen im Verlagsprogramm Malik,
unter dem Titel: »Für die Liebe eines Kriegers«
Umschlaggestaltung: Cornelia Niere, München
Umschlagfoto: mauritius images / Alamy (Porträt)
und Michael S. Yamashita / Corbis (Landschaft)
Autorenfoto: Manoocher Deghati / Aina
Karte: Eckehard Radehose, Schliersee
Satz: Satz für Satz. Barbara Reischmann, Leutkirch
Papier: Munken Print von Arctic Paper Munkedals AB, Schweden
Druck und Bindung: CPI – Clausen & Bosse, Leck
Printed in Germany ISBN 978-3-492-26344-3

Inhalt

Vorwort

Im Februar 2004 machte mich ein Freund mit Brigitte Brault bekannt; damals kannte ich von ihr lediglich den Film *Afghanistan entschleiert.** In diesem wunderbaren Roadmovie, das Brigitte mit jungen Journalismusstudentinnen aus Kabul gedreht hat, reist sie durch Afghanistan und spricht mit Frauen aus Herat, Dschalalabad und Bamiyan über das, was sie unter den Taliban zu erleiden hatten und was sie sich nun, nachdem das Regime gestürzt ist, erhoffen.

Eine Reise mit einer kleinen Gruppe afghanischer Frauen durch ein völlig zerstörtes, vermintes Land, in dem noch immer die Angst herrscht – dies erfordert eine gehörige Portion Mut und außerordentliche Willensstärke. Brigitte hat die siebzehnjährigen Mädchen aus Kabul, die wie unter Arrest aufgewachsen sind, in Interview- und Kameratechnik ausgebildet. Sie mussten die Burka heben und filmen, mussten Männer interviewen und ihnen dabei in die Augen sehen und diese Männer

* Originaltitel: *Regards d'Afghanes.* (Anm. d. Übers.)

wiederum mit der Tatsache konfrontieren, dass es Frauen gibt, die es wagen, sich über die Tabus ihrer eigenen Gesellschaft hinwegzusetzen. Dazu muss man Vertrauen in die Intelligenz eines Volkes haben und daran glauben, dass Menschen in der Lage sind, sich zu verstehen.

Brigitte ist für ein paar Tage in Paris, wir treffen uns. Vertrauen entwickelt sich. Eine Sache interessiert mich: Warum wollte sie unbedingt in Afghanistan bleiben, nachdem der Film gedreht war und ihr Auftrag bei der gemeinnützigen Medienorganisation *Aina (Afghan International News Association)* beendet war? Brigitte ist Fernsehjournalistin bei *France 3,* dort ist ihr Platz; doch seit zwei Jahren lebt sie in Kabul, wo, wie jeder weiß, ein normales Leben nicht möglich ist und wo selbst die Bestgestellten Not leiden. Was bindet Brigitte so stark an dieses Land?

Anfangs spricht sie nur zögernd darüber. Bei den Dreharbeiten zu ihrem Film hat sie in Dschalalabad einen jungen Paschtunen-Führer kennengelernt, einen der zehn Stammesvertreter des Landes, die zwischen Regierung und Volk vermitteln. Schahzada war fünfunddreißig, Brigitte einundvierzig. Sie fühlten sich sofort zueinander hingezogen. Brigitte verkörpert Unabhängigkeit und das moderne Leben, er hingegen ist für 900 000 Mohmand-Paschtunen im Osten Afghanistans und im Westen Pakistans der Garant für die Aufrechterhaltung einer Feudalgesellschaft, in der Frauen keinerlei Rechte haben, über ihr eigenes Leben zu entscheiden.

Nun sitze ich dieser Frau gegenüber – groß, blond, stark, frei. Je mehr sie erzählt, je mehr sie sich öffnet, desto tiefer berührt es mich, wie sie sich in einer nie gekannten Situation vorwärts tastet und dabei nur auf ihre eigene Kraft und die Kraft Schahzadas vertrauen kann. Denn die Emigrantenkreise in Kabul kapseln sich oft ab und zeigen wenig Verständnis für eine solche Verbindung. Außerdem arbeitete Brigitte bei der französischen Botschaft, was die Sache noch komplizierter machte.

Hinter jedem Satz ihrer vertraulichen Rede verbirgt sich eine komplexe Geschichte. Schahzada ist seit vielen Jahren verheiratet, seine Frau wohnt in einem Dorf in den Bergen der Mohmand. Sie lebt dort wie alle Paschtunen-Frauen. Dass das Paar schon sieben Kinder hat, wusste Brigitte von Anfang an und hat es akzeptiert. Und da sie einen Moslem liebt, der gegen die Taliban und deren Barbarei gekämpft hat und der sich gegen jede Fortschrittsfeindlichkeit ausspricht, ist sie, ohne dass dies jemand von ihr verlangt hätte, zum Islam übergetreten, um in diesem Glauben Frieden und Erleuchtung zu finden.

Schon beim ersten Zusammentreffen mit Schahzada stand das Thema Heirat im Raum. Dazu müsste Brigitte jedoch Kabul verlassen und zusammen mit der Erstfrau in einem Haus aus Lehm ohne fließendes Wasser und ohne Strom leben. Und sie müsste sich den Familiengesetzen unterwerfen. Anders geht es nicht, wenn man den Anführer eines Bergvolks heiratet.

Dieser Schritt, der für eine Frau aus dem Westen undenkbar ist, ist noch nicht getan. Wird es jemals so weit kommen? Bisher haben die beiden es vorgezogen, ihr gemeinsames Leben so zu organisieren, dass Brigitte nicht ihrer Freiheit beraubt wird und Schahzada bei seinem Volk nicht das Ansehen verliert.

Tausend Fragen kommen mir in den Sinn. Wie kann diese Bindung in einer derart streng geregelten Welt Bestand haben? Wie kann diese ungewöhnliche Liebe andauern? Wie kann sie sich festigen, sich entwickeln? Welchen Teil des Selbst muss man opfern, um eine solch unkonventionelle Beziehung zu leben? Und was kommt, wenn man die Hindernisse, die unüberwindbar schienen, schließlich bewältigt hat?

Brigitte war einverstanden, dass ich ihre Geschichte in diesem Buch erzähle. Zwei Monate lang war ich in Afghanistan bei ihr zu Gast; sie hat mich mit den Frauen und Männern bekannt gemacht, mit denen sie dort ihre ersten Schritte unternommen hatte, und hat deren Erinnerungen den ihren gegenübergestellt: die Freunde des Militärführers Achmed Schah Massud und die jungen *camerawomen*, die heute mutige, erfahrene Journalistinnen sind. Ich bin mit Brigitte über die staubige Straße nach Dschalalabad gefahren, wo Schahzada uns erwartete. Ich habe einen Stammeschef kennengelernt, der sein Land zwar noch nie verlassen hat, der aber dennoch an allem interessiert ist, was sich auf der anderen Seite seiner Berge, drüben im Westen, abspielt. Er hat einen ungeheuren Wissensdurst. Und er steht vollkommen hinter der wackeligen afghanischen Demokratie. Nur zögerlich hat er sich bereit erklärt, über seine Gefühle zu sprechen, denn damit verletzte er den Kodex der Paschtunen. Er hat uns das Leben der Mohmand-Stämme und die zwei Gesichter der Afghanen gezeigt, die in diesen Bergen leben: Krieger und Dichter. Wild und feinsinnig. Und aufgeschlossener, als man glauben würde. So konnte ich besser verstehen und schildern, warum die Frau, die Schahzada liebt, sich seinem Land und dieser Kultur so verbunden fühlt, die aus ihm den Mann gemacht hat, der er ist.

Brigitte hat mir viel erzählt. Doch über gewisse Dinge ließ sich schwerer sprechen als über andere. Dass sie konvertiert ist, hat sie mir erst spät gesagt, erst als sie sicher war, dass ich sie verstehen würde, und als sie bereit war, es publik zu machen – in einer Zeit, da der islamistische Terror tagtäglich in den Schlagzeilen ist.

Unsere Worte und unsere Stimmen haben sich in diesem Buch verwoben, doch diese Geschichte, eine Geschichte voller Zweifel und voller Hoffnung, gehört ganz und gar Brigitte.

Dominique de Saint Pern

Die verschütteten Bilder

Poitiers,
im Juli 1994

»Schließen Sie die Augen. Entspannen Sie sich.« Schwer lehnte ich mich im Sessel zurück, die Müdigkeit drückte auf meine Lider, meine Schultern. Die Stimme des Therapeuten zog mich in eine Tiefe, in der ich entspannt schlummerte. »Stellen Sie sich die Farbe Blau vor ... ja ...« Ich konzentrierte mich auf das Azurblau tropischer Meere, das Blaugrün der Lagunen, das Kobaltblau des Himmels, kurz bevor es Nacht wird ... Mein Geist schwebte davon, flog über kahle Berge, gespickt mit Felsen, auf denen ich neben einem Mann herlief. Mit einer Waffe in der Hand rannten wir, um einer schrecklichen Gefahr zu entkommen. Ich blieb stehen, drehte mich um und schoss auf einen Feind, den ich nicht sah. Da wusste ich, dass wir gerettet waren.

Benebelt erwachte ich aus dieser Entspannungsübung. Ich schüttelte mich. Was war das? Was waren das für Bilder? Was war in mich gefahren? Ich war noch nie außerhalb Frankreichs gewesen. Diese Landschaften, diese absurden Situationen waren mir vollkommen fremd.

Im Lauf der folgenden Sitzungen sah ich eine weite,

steinige Ebene. Eine ältere Frau stand neben einem weißen Zelt aus grobem Stoff und sagte zu mir: »Sie müssen über uns berichten.« Ich verstand noch immer nicht. Ich sah auch Höhlen, in denen arme Leute lebten. Und üppig grüne Berghänge, wo auf terrassierten Feldern zartes Getreide spross.

Wie sollte ich ahnen, dass die Wirklichkeit eines fernen Tages mit diesen Bildern übereinstimmen würde? Dass ich über genau diese kargen Berge wandern würde? Dass ich in Afghanistan Nomadenfrauen neben ihren Zelten filmen würde und dass mich eine alte Hazara zu ihrer Höhle führen und mir das fürchterliche Schicksal schildern würde, das die Taliban über ihre Familie gebracht hatten? Und noch viel weniger konnte ich mir vorstellen, dass ich wirklich eines Tages mit einem Mann durch die Steinwüste gehen würde, mit einem Krieger, der mein ganzes Leben auf den Kopf stellen würde. Dieser Mann, der an jenem Tag noch keinen Namen und kein Gesicht hatte, heißt Schahzada. Er sollte in Gefahr geraten, Attentaten entkommen, und er sollte mir beibringen, mich zu wehren und zu schießen.

Diese Bilder kündigten das an, was heute mein Leben ist. Doch damals fragte ich mich: »Woher kommen diese Bilder? Wo liegt dieses Land?«

Dann vergaß ich es wieder.

Die Gipfel des Pandschir

Afghanistan,
31. Juli 2001

Alles begann an diesem Tag, im Dröhnen eines alten Hubschraubers, der mich zu General Massud brachte. Ich habe diesen Moment noch ganz deutlich in Erinnerung: Ich ging aus mir heraus, ich öffnete mich, ich lebte. Nie zuvor hatte ich mich so wohl gefühlt. Erst später begriff ich: Diese plötzliche Freiheit, diese Leichtigkeit bedeutete, dass ich nun endlich bereit war anzunehmen, was mir zufallen sollte. Nur selten kann man nachvollziehen, wann genau ein Leben sich verändert hat, und dies exakt in dem Moment erkennen, wenn es passiert. Mir erging es so, in jenen Sekunden an jenem klaren Sommermorgen in Zentralasien.

Es herrschte eine entsetzliche Hitze. Der Hubschrauber war startklar und wartete. Blind lief ich über die Erdpiste durch den Wind und die Sandwolken, die die Rotorblätter aufwirbelten. Plötzlich wehte der Schal davon, den ich über den Haaren trug; ich konnte ihn gerade noch festhalten und klemmte einen Zipfel zwischen meine Zähne. Ich lief schneller und verfluchte meine Korpulenz, das Gewicht der Videoausrüstung, das in meine Schulter schnitt, und diesen verdammten Staub, der auf der Haut und in den Augen brannte, doch im Grunde freute ich mich wahnsinnig. Gleich würde ich eine der schönsten Landschaften der Erde überfliegen! Vor allem freute ich mich, weil mein Traum wahr werden würde und ich es gewagt hatte, mich ins Abenteuer zu stürzen.

Bevor ich einstieg, warf ich verstohlen einen Blick auf die Maschine – ein Wrack. Überall geflickt. Der Rumpf schien lediglich durch mehrere Schichten Mennige zusammenzuhalten, die die Schweißnähte ersetzten. Ich ging an Bord eines wahrhaftigen fliegenden Sarges. Ein riesiger, gelber Tank voller Treibstoff nahm ein Viertel der Kabine ein – ein heftiger Stoß würde ihn in eine Bombe verwandeln. Man hatte mich ja gewarnt: Etliche solcher Kisten waren in den Bergen schon mit ihrer menschlichen Fracht zerschellt ... *Inschallah*! So Gott will!

Zwei Tage zuvor war ich in Duschanbe gewesen, der Hauptstadt Tadschikistans, wo Vertreter der Nordallianz, die von Massud angeführt wurde, Visa ausstellten und Journalisten Genehmigungen erteilten, in den Pandschir einzureisen, das einzige Gebiet Afghanistans, das nicht von den Taliban kontrolliert wurde. Zum ersten Mal in meinem Leben war ich mit einem Hubschrauber geflogen, einem russischen Modell. Er hatte mich nach Hodscha Bahauddin gebracht, Massuds letzter Bastion im äußersten Norden Afghanistans. Um ihn zu treffen, wollte ich nun nach Sangana fliegen, das weiter südlich liegt.

Schlingernd hob sich der alte M8 vom Boden. Einen Moment lang hing er über der Piste, dann senkte er die

Nase, stieg empor und füllte die Luft mit dem Lärm seiner Rotorblätter. Ich saß neben dem Piloten und sah, wie das, was vor zwei Tagen bei meiner Ankunft in Hodscha Bahauddin solchen Eindruck auf mich gemacht hatte, immer kleiner wurde: die Soldaten, die am Heliport arbeiteten, die Hauptquartiersgebäude aus Lehm, die aussahen wie Sandburgen an einem Kieselstrand, die wehenden Planen der Zeltstädte, wo sich Tausende Flüchtlinge, die in Todesangst aus Kabul geflohen waren, zusammendrängten. All das verschwand nach und nach, verschmolz zu einem unscharfen Bild aus Gelb- und Brauntönen, und wir drangen in die schroffen Schluchten des Pandschir ein.

Die Schätze der Erde zogen unter mir vorüber. Ganz unten floss ein Bach. Am Ufer konnte ich Weiden und Maulbeerbäume erkennen, stellenweise gab es schmale Kiesstrände. Dann teilten sich die Bergflanken und gaben den Blick frei auf die majestätischen Gipfel des Pandschir-Gebirges in der Ferne. Zerklüftet, stolz und unerreichbar in 6000 Metern Höhe. Wir überflogen nun fruchtbare Hügel. Ich nahm die Kamera und drehte meine ersten Filmmeter von Afghanistan.

Und war wie versteinert.

Durch die Linse sah ich in Großaufnahme Hänge, die bis auf halbe Höhe terrassiert und bepflanzt waren. Man hätte meinen können, eine feinfühlige, ein wenig zittrige Hand habe die Stützmäuerchen der kleinen Gemüsefelder gezogen. Es waren »meine« Terrassen – die Terrassen auf den verschütteten Bildern meiner Erinnerung –, die mir in ihrer ganzen Pracht unverhofft ins Auge sprangen und mich erstarren ließen. Durch die Ruhe, die sie ausstrahlten, durch die Gleichmäßigkeit der bestellten Felder, mit dem Bach, der sich durchs Tal schlängelte, und vor allem mit dem goldenen Licht, das sie überzog, wirkten sie wie eine Verheißung ewigen Lebens.

Wie durch Zauberhand waren meine schlechten Erinnerungen, mein grauer Alltag in Nancy, meine Orientierungslosigkeit und die vielen Fragen wie weggeblasen. Ich war an einem Ort angekommen, an dem mich etwas erwartete. Der geflickte Hubschrauber, mit dem wir flogen, war mir jetzt egal, vergessen war die Angst abzustürzen. Keine Sorgen am Horizont, nur eine riesige Aufregung, die alles wegfegte, was ich bis dahin erlebt hatte.

Ich war einundvierzig, und ich war weder eine Abenteurerin noch ein Hitzkopf. Ich saß hier in diesem notdürftig zusammengeschusterten Hubschrauber von Massuds Luftwaffe, weil ich es selbst und aus ganzem Herzen so wollte. Eine gefährliche und für mich neue Situation, ungewohnt und unbegreiflich für jeden Bewohner der Welt, in die ich hineingeboren worden war. Hätte ich in diesem Moment an meinen Vater gedacht, hätte ich ihn wohl schimpfen gehört – Grund genug, um mich darüber hinwegzusetzen.

Die Nabelschau gehört nicht zu meinen Stärken. Wozu verstaubte Speicher durchwühlen? Ihre dunklen Ecken machen mir genauso Angst wie die Vorstellung, dort unerwünschten Gespenstern zu begegnen. Ich will Licht.

Doch wenn ich es mir genau überlege und wenn ich ehrlich bin, dann reicht der Grund für meinen Aufenthalt an diesem Vorposten Afghanistans lange zurück, sehr viel länger als diese Reise und lange vor den Zeitpunkt, als ich etwas von Massud und dem Krieg in Afghanistan gehört hatte.

Dass ich hierherkam, hatte seinen Ursprung in der Kindheit des kleinen, lebhaften Mädchens, das ich einmal gewesen war. Ein kleines Mädchen, das an einem Frühlingsabend seine Unbeschwertheit verloren hatte.

Ich bin an einem ersten Januar in Bourges geboren, einer Stadt in Zentralfrankreich. Meine Eltern hatten eine Bäckerei, ein harter Beruf mit kurzen Nächten und anstrengenden Tagen. Sie hatten ganz jung geheiratet, kurz nach dem Krieg. Fünf Jahre nach meinem Bruder kam ich auf die Welt, rundlich und eigensinnig. Jeden Morgen, während mein Bruder und ich noch aneinandergekuschelt im selben Bett über dem Laden schliefen, wehte der süße Geruch warmer Croissants durch die Straße, zog zu unserem Fenster hinauf und weckte uns, indem er uns sanft in der Nase kitzelte. In meiner Erinnerung war meine Mutter schon immer eine welke Frau; ich kann mich nicht entsinnen, dass sie je die Zeit gefunden hätte, sich zu pflegen, sich für sich oder für meinen Vater schön zu machen – er aber war ganz das Gegenteil. Er hielt sich gut, er achtete auf sein Aussehen und auf seine Figur, war groß und stark. Lautstark war er auch. Ich sehe ihn noch vor mir, wie er die Brotteigschüsseln tanzen ließ und die Lehrlinge anwies, schneller zu arbeiten. Die Frauen umschwärmten diesen Eroberer, und er nahm sie sich, ohne sich lange bitten zu lassen. Er feierte gern ohne meine Mutter. Wir hörten oft, wie unsere Eltern sich anschrien.

Ich war voller Energie – zu viel für so ein kleines Persönchen. Ich flitzte, ich rannte, ich plapperte, stellte Fragen und sang, ohne je müde zu werden. »Du bist echt eine Nervensäge, Brigitte!«, sagte Maman immer. »Dein Bruder ist viel braver als du.« Ich reizte meinen großen Bruder bis aufs Blut. Er geriet außer sich vor Wut, und Worte, die töten können, findet ein Mensch in jedem Alter. Sie waren so tödlich, dass ich sie nicht wiederholen kann. Doch, da war diese Sache, die er mir immer wieder an den Kopf warf: »Du bist das Stück, das von einer Fehlgeburt übrig geblieben ist …« Ich war ein Plagegeist – wieso das so war, fragte sich aber niemand.

Am freien Donnerstag nahm mich mein Vater mit auf Tour. Ich mochte es, wenn er nur für mich allein da war. Ich fand es schön, neben ihm im Lieferwagen zu sitzen, einem blauen Fiat, vollgepackt mit unseren Schätzen: Rundlaibe, Kranzbrote, Einpfünder, Baguettes, die wir auf die Höfe lieferten. Ich fuhr gern über Feldwege, und es gefiel mir, wie die Bauern uns empfingen: mit einem Lächeln, denn der Bäcker bringt nur gute Sachen.

Eines Nachmittags parkte mein Vater vor einem Bauernhof an der Ecke eines Sträßchens. Er stieg aus und deutete mit dem Kinn auf den kleinen Jungen, der im Hof spielte. »Bleib hier bei ihm, ich muss kurz mit seiner Mutter reden.« Er gab uns zwei Schoko-Croissants und ging ins Haus. Die Zeit verging, der Junge und ich hatten schon so oft *Frère Jacques* gesungen und wir waren schon so oft hinter den Hennen hergerannt, die gackernd in einer Wolke aus Federn davonstoben, dass wir nicht mehr wussten, was wir noch tun sollten. Es wurde langsam dunkel, und ich wurde ungeduldig. Mein Vater hatte zwar gesagt, dass ich mich nicht von der Stelle rühren sollte, doch mich hielt es nicht mehr. Ich rief nach ihm. Nichts. Ich ging zum Haus. Niemand. Dann sah ich den Schuppen und überquerte entschlossen den Hof. Die große, zweiflügelige Tür war geschlossen. Ich stellte mich auf die Zehenspitzen, um an die Klinke zu kommen, und schaffte es mit großer Anstrengung, die Tür einen Spalt zu öffnen. Im Halbdunkel konnte ich Heuballen erkennen, landwirtschaftliche Geräte, Mistgabeln, eine Hobelbank. Und dann sah ich ihn. Er betrog meine Mutter.

Ich war vier Jahre alt.

Kurz darauf stieg er zu mir ins Auto, wohin ich mich geflüchtet hatte, und wir fuhren los, als sei nichts geschehen. Als sei der Himmel nicht schwarz und drückend geworden. Hatte er bemerkt, dass ich ihn gesehen hatte? Ich glaube nicht. Er wirkte heiter, er pfiff vor sich hin. Die ganze Fahrt über schwieg ich, die Straße verschwamm vor meinen tränennassen Augen, die Schluchzer blieben mir im Hals stecken. Ich hatte zwar nicht die leiseste Ahnung, was »Liebe machen« bedeutete, aber ich wusste, dass mein Vater schuldig war. Wie konnte er meiner Mutter das antun? Und mir, seiner kleinen Tochter? Als wir wieder zu Hause waren, war mein Kummer in Wut umgeschlagen. Ich sprang aus dem Wagen, rannte zu meiner Mutter und erzählte ihr alles. Beim Abendessen sprach keiner ein Wort. Ich ging schlafen. Im Dunkeln, unter der Decke, drückte ich mich an meinen Bruder und hörte, wie meine Mutter schrie und heulte. Sie drohte, ihn zu verlassen. »Da kracht es gewaltig«, stellte mein Bruder fest und schlief ein.

Am nächsten Tag war wieder alles so wie immer. Meine Mutter hatte nicht den Mumm, mit uns wegzugehen. Mein Vater erwähnte den Vorfall nie wieder – und änderte nichts an seinen Gewohnheiten. Der Unterschied war nur, dass ich jetzt Bescheid wusste. Die Wut verließ mich nie wieder. Und langsam hasste ich meine Eltern für das, was sie waren.

Jahre später gaben sie die Bäckerei auf und eröffneten ein Café. Nun konnte sich mein Vater am Tresen oder auf der Terrasse um seine Gäste kümmern. Wie oft hatte ich ihn sagen gehört: »Meine Freunde sind mir tausendmal lieber als meine Familie!« Meinte er das wirklich so? Ich machte meine Hausaufgaben an einem Tisch in der Ecke des Lokals und lauschte wie alle Kinder den Gesprächen. Und es ging mir schlecht, es gab mich nicht mehr. Ich wurde groß, wurde sogar ein Prachtmädchen, doch eine innere Stimme sagte immer wieder: »Den Blick eines Mannes wirst du nie auf dich ziehen können.«

Mein Vater verbarg seine Abneigung gegenüber Arabern nicht. Mit sechzehn verliebte ich mich in einen jungen Algerier, ich liebte seine schwarzen Augen. Damals betrieben meine Eltern ein Hotel. Nachts schlich ich mich weg und traf mich mit gleichaltrigen Freundinnen in der Stadt. Ich ging nach einem ausgeklügelten Plan vor: Im Nachthemd schloss ich meine Zimmertür und holte die Kleider, die ich in einer Abstellkammer neben den Toiletten, die auf den Hof gingen, versteckt hatte. Während meine Eltern im Speisesaal fernsahen, zog ich mich an, betätigte die Toilettenspülung, um sie irrezuführen – und verschwand. Erst morgens um sechs kam ich wieder nach Hause. Als mein Vater das herausfand, bekam ich unter einem Hagel aus Flüchen die erste Tracht Prügel meines Lebens. Ich war völlig vor den Kopf gestoßen. Wie konnte mir dieser Mann, der meine arme Mutter demütigte, meine Liebelei auch nur vorwerfen? Ich bot ihm die Stirn: »Du hast mir gar nichts zu sagen, nach allem, was du meiner Mutter antust!« Er verbot mir, über ihn zu urteilen. Und ich wurde nur noch wütender.

Journalisten konnte er auch nicht leiden: Überall steckten sie ihre Nase hinein und erzählten, was sie wollten. Mit siebzehn bekam ich eine Ahnung davon, dass die Welt größer, prächtiger und freier ist als die, in der meine Eltern lebten. Ich begriff, dass ich eingehen würde wie eine Primel, wenn ich bei ihnen blieb. Oder, schlimmer noch, dass ich so werden würde wie sie.

Ich studierte Jura und fand eine Stelle in der Stadtverwaltung von Poitiers, aber es langweilte mich. »Wolltest du nicht immer Journalistin werden?«, fragte mich eine Freundin. »Demnächst ist eine Stelle als Freie in der Sportredaktion der Tageszeitung *Centre-Presse* frei.« Schon als Jugendliche hatte ich davon geträumt, eine tolle Reporterin zu werden. Ich packte die Gelegenheit beim Schopf. Die Woche über arbeitete ich auf der Verwaltung, die Wochenenden verbrachte ich für zehn Centimes die Zeile und einen Franc pro Foto auf Sportplätzen. Nach einiger Zeit schmiss ich alles hin und machte an der Universität Straßburg eine Ausbildung als Fernsehjournalistin.

Ich arbeitete in der Lokalredaktion von *France 3-Lorraine* in Nancy für die Lokalnachrichten. Doch schon bald wollte ich nur noch weg von hier. Die vermischten

Nachrichten, Firmenschließungen, Demonstrationen – alles in Beiträge von anderthalb Minuten gepackt – hatte ich über. Oft arbeitete ich Magazinbeiträge aus, die länger, besser recherchiert und menschlich interessanter waren und bei denen ich mehr in die Tiefe gehen konnte. Das leidenschaftliche Engagement der lothringischen Feuerwehrleute bei großen Katastrophen wie dem Flugzeugabsturz am Mont Sainte-Odile. Oder der Rückzug in die Stille des Karmeliterklosters von Verdun. Solche Themen interessierten mich. Als ich ein Feature über Geneviève de Fontenay drehte, wurde ich belächelt. Diese Frau, Gründerin und Vorsitzende der Gesellschaft *Miss France,* ist aus Lothringen. Alle machten sich über sie lustig, doch mir erschien sie interessant. Ihre Vorstellungen von Eleganz und von dem, was ein junges Mädchen sein sollte, waren von konventionellen Ansichten weit entfernt und verdienten eine nähere Betrachtung. Unter ihren großen Hüten entdeckte ich eine Frau, die ihren Kummer hinunterschluckte und ihre Werte mit Zähnen und Klauen verteidigte. Heute ist sie eine Kitsch-Ikone, über die in den gängigsten TV-Formaten offen hergezogen wird. Man lacht weiterhin über sie, doch mittlerweile hört man ihr auch zu.

Eine Katastrophe veränderte meinen Berufsalltag. Im Januar 2001 gab es im indischen Bundesstaat Gujarat ein verheerendes Erdbeben. Für *FR3-Lorraine* begleitete ich freiwillige Helfer aus Nancy in das Wüstengebiet im Nordwesten des Subkontinents, wo 30 000 Menschen ums Leben gekommen und 200 000 verletzt waren. Die Freiwilligen arbeiteten in Dörfern, die von den internationalen Hilfsorganisationen vergessen worden waren.

Die Würde der Inder, der Zusammenhalt der Menschen im schrecklichsten Unglück haben mich beeindruckt. Ich begriff, warum ich mir meinen Beruf ausgesucht hatte. Es gibt viele Gründe, die dafür sprechen: Er verleiht eine gewisse Machtstellung, befriedigt meinen Wunsch, aus dem Alltag auszubrechen, und meine Neugier in Bezug auf die menschliche Psychologie und das Funktionieren einer Gesellschaft, zudem ermöglicht er es mir, mich auf die Suche nach der Wahrheit zu machen ... Sicherlich muss man die Gründe für das, was ein Mensch tut und als wichtig erachtet, in der Biografie jedes Einzelnen suchen. Meine Geschichte hat mich jedenfalls dazu gebracht, dass ich herausfinden wollte, warum Menschen sich für eine Sache einsetzen, und ich wollte diejenigen zu Wort kommen lassen, die sonst schweigen müssen.

Der erste Teil meines Traums war wahr geworden, nun durfte ich nicht mehr in die Monotonie meines früheren Lebens zurückfallen ... Viel Zeit war vergangen, ich hatte die vierzig überschritten, und es war Zeit, meine Wünsche zu realisieren, aus der Routine auszubrechen, die mich langsam aber sicher in die Ernüchterung trieb. Bevor ich sterben sollte, wollte ich leben, das Leben leben, zu dem ich geschaffen war.

Bei meiner Rückkehr aus Gujarat surfte ich im Internet und begann, mich für Afghanistan zu interessieren. Die Sites zeigten Landschaften, die mir den Atem stocken ließen. Die Nachrichten aus diesem Land waren jedoch schrecklich.

Im Juli 2001 interessierten sich die Medien kaum für Afghanistan, das unter dem Joch der Taliban regelrecht zermalmt worden war. Nur manchmal tauchten heimlich gedrehte, spektakuläre Bilder in den Fernsehnachrichten auf. Es waren Horrorvisionen: Im Stadion von Kabul, das zum Bersten voll war, hackten bärtige Schwarzturbane Dieben die Hand ab, sie hängten Widerständige, steinigten oder töteten Frauen, die des Ehebruchs bezichtigt wurden, durch Genickschuss, und all dies vor einer Öffentlichkeit, die durch das Terrorregime gezwungen war, den wöchentlichen Hinrichtungen beizuwohnen. Die Bilder dieser kleinen Gestalten unter dem blauen Schleier, die kniend und mit gesenktem Kopf unter lauten Beschimpfungen bestraft wurden, ließen mich an der Menschheit zweifeln. Die nämlich kümmerte das wenig. Nur im März 2001, als die Buddha-Statuen von Bamiyan gesprengt wurden, wurden einmütig Proteste laut. Dann legte sich die Entrüstung wieder, wie sich auch der Lehmstaub auf die Trümmer legte. Lediglich ein paar Frauenzeitschriften empörten sich weiterhin über das Schicksal der Frauen, die nicht in die Schule gehen, nicht arbeiten, ja sich nicht einmal ärztlich behandeln lassen durften.

Über den Pandschir – die Gebirgsregion nördlich von Kabul, die unter Massud dem unerbittlichen Vormarsch der Fundamentalisten als einziges Gebiet widerstand – wurde, mit Ausnahme der Filme des französischen Journalisten Christophe de Ponfilly, nur selten berichtet. Und so wollte ich eine Reportage über den Pandschir drehen, auch wenn das Thema nicht in meinen üblichen Arbeitsbereich passte. Ich beschloss, die Sache mittels einer Hilfsorganisation anzugehen. Aus Dutzenden Verbänden, die in der freien Provinz Pandschir Hilfe leisteten, wählte ich zwei aus. *Afghanistan-Bretagne* baute dort Häuser für Flüchtlinge, und Verbandspräsident Ashmat Froz hatte angeboten, mir eine Begegnung mit Massud zu ermöglichen, seinem Freund aus Kindertagen. Was wäre das für eine Chance – ein Interview mit Massud, dem großen Widerstandskämpfer! Der andere Verband war *Negar,* 1996 zur Unterstützung afghanischer Frauen von Chantal Véron und Schoukria Haidar in Paris gegründet – zwei bemerkenswerte Frauen, die die barbarischen Praktiken der Taliban beharrlich anprangerten und sogar ihr Leben riskierten, als sie in Kabul heimlich Schulunterricht für Mädchen organisierten.

Ich machte mir jedoch keine Illusionen – mein Regionalsender würde mich niemals ins Ausland schicken, um über ein internationales Thema zu berichten, egal, wohin. Ich musste die Sache also allein auf die Beine stellen und klingelte in der Folgezeit an vielen Türen, um eine Finanzierung zu bekommen. *TV5* erklärte sich schließlich bereit, meine Ausgaben im Austausch für Bildmaterial zu übernehmen, und eine Produktionsgesellschaft aus Nancy lieh mir eine leichte Kamera. Ich nahm einen ganzen Monat frei und flog mit Ashmat Froz, der wiederum von Nicole Kill-Nielsen, der stellvertretenden Bürgermeisterin von Rennes, und von Aymerie de Montesquiou, Senator des südfranzösischen Verwaltungsbezirks Gers, begleitet wurde, in das Land, in das »Gott nur noch zum Weinen kommt« …

Der Hubschrauber brachte uns in den Pandschir, wo Massud kämpfte. Durchsucht wurden wir nicht. Dazu sah man wohl keinen Anlass. Wir waren schließlich in Begleitung eines alten Freundes des Militärführers.

Wir landeten in Sangana. Wieder Staub, wieder Hitze, wieder das Kommen und Gehen von Soldaten. In einem Jeep wurden wir zu einem Haus gefahren, in dem Massud durchreisende Gäste beherbergte. Seine Männer boten uns heißen grünen Tee an. Alle meine Fragen, wann ich den General treffen könne, kommentierten sie mit einem Nicken: *Amer Saheb*, »der Befehlshaber«, würde kommen, heute Nachmittag, morgen, in drei Tagen ... Er war unerreichbar, nie schlief er zwei Nächte hintereinander am selben Ort, und niemals schlief er genug, »doch er wird kommen, denn er hat es versprochen«. Nach fünf Tagen war es dann so weit.

Ashmat Froz kam mit mir ins Flüchtlingslager. Ich wollte filmen, er wollte mit Massud besprechen, wie man die Unterkünfte der Flüchtlingsmassen verbessern könnte. Beide Männer waren Architekten – Massud hatte Anfang der Siebzigerjahre am Kabuler Polytechnischen Institut studiert – und sprachen dieselbe Sprache, sie konnten sich stundenlang unterhalten. Das Lager? Ich entdeckte einen Wald aus Zelten, Plastik und Planen, die von *Ärzte ohne Grenzen*, von *Acted (Agency for Technical Cooperation and Development)* oder von Massuds Truppen gestellt worden waren und in dem sich ganze Familienverbände aus Kabul drängten – sie waren vor den Taliban und dem Terror geflohen. Innen waren die Zelte peinlich sauber, die Decken waren sorgfältig zusammengelegt, und Flickenteppiche auf der gestampften Erde ließen diese provisorischen Unterkünfte sogar heimelig erscheinen. Wer Glück hatte, hatte auf der Flucht noch einen Teekessel oder einen Topf mitnehmen können, seltener noch Kleider, aber niemand machte Anstalten, zu klagen oder zu betteln. Mit Interesse betrachteten sie meine Kamera, die Kinder wuselten lachend zwischen meinen Beinen herum. Das Leben ging eben weiter.

Eines Abends, wir saßen im Aufenthaltsraum des Gästehauses und genossen unter einem Ventilator ein wenig Kühlung, kamen zwei Mudschaheddin mit Maschinenpistolen und stellten sich in die Tür. Sie ließen ihren Blick durch den Raum wandern und gingen wieder. Und dann schlich Massud herein wie eine Katze. Ganz leise und wie auf dem Sprung. Wir schwiegen beeindruckt. Ohne dass er noch ein Wort gesagt hätte, gebot dieser Mann Respekt. Während er seinen Männern befahl, uns Tee zu bringen, betrachtete ich ihn eingehender. Er war schlank, doch die Uniform trug auf. Unter dem *pakol* – der Wollmütze, die er berühmt gemacht hatte und die die Widerstandskämpfer nach seinem Vorbild trugen – sah ich seine charakteristischen, markanten Gesichtszüge, die mandelförmigen Augen, den Faltenkranz an den Schläfen. Einzelne graue Haare stachen aus seinem ansonsten braunen, getrimmten Bart heraus. Er nahm seinen Freund Ashmat in den Arm, wie es zur Begrüßung üblich ist, wenn man sich nach dem Befinden des anderen und dessen Familie erkundigt, und fragte, wie denn die Reise war, doch diese Umarmung zeugte auch von einer tiefen Zuneigung der beiden Männer. Ashmat stellte uns vor, und wir sagten unser *salaam alaikum.* Massud setzte sich in einen der hohen Sessel, die im Raum standen, und wir taten es ihm gleich, während er uns mit durchdringendem Blick betrachtete. Dann schien er zu beschließen, dass die Anwesenheit seines brüderlichen Freundes ausreichte, um Vertrauen zu fassen.

Ich stand kurz davor, mein erstes wichtiges Interview zu machen. Massud wollte, dass Ashmat Satz für Satz übersetzte – was das Gespräch zerstückelte, es tonlos und somit als solches unbrauchbar machte. Schade, denn Massud sagte schöne, kraftvolle Dinge, und im Licht der Ereignisse, die bald darauf, im September 2001, die Welt erschüttern sollten, bekamen sie eine prophetische Dimension. Massud war zu diesem Zeitpunkt seines Kampfes verbittert. Der Westen, sagte er, führe vollmundige Reden, doch mit Hilfsprogrammen für sein Land sei es nicht weit her. Seit Monaten wartete er auf humanitäre Hilfe, die ihm von Frankreich versprochen war. Nichts. Er verlor darüber zwar kein Wort, doch wir alle wussten, dass ihn unser Land darüber hinaus auch noch gedemütigt hatte: Der Anführer der Widerstandstruppen war drei Monate zuvor auf Einladung der EU nach Paris gekommen, doch weder Präsident Jacques Chirac noch sein Premierminister Lionel Jospin wollten ihn empfangen. Es bedurfte erst einer so couragierten Frau wie Nicole Fontaine, damals Präsidentin des Europaparlaments, die gegen das Protokoll zu Felde zog, damit man Massud mit den Ehren empfing, die einem Staatsmann gebühren. Massud sah vor allem die Blindheit des Westens. »Wir haben in erster Linie aus eigenem Interesse gegen die Russen gekämpft, aber auch in eurem Interesse. Das hatte Einfluss auf die ganze Welt.*

* Die Niederlage der Sowjetunion in Afghanistan 1989 löste den Zusammenbruch des Ostblocks aus, was schließlich zum Fall der Mauer führte. (Anm. d. Autorin)

Heute kämpfen wir gegen die Taliban für unsere Freiheit, aber auch für eure Freiheit.« Massud wusste, welche Gefahren dem Westen drohten. In seiner Jugend hatte er der fundamentalistischen Bewegung nahegestanden und wusste sehr genau, wozu diese Menschen in der Lage sind. Und dann sagte er in einem Ton, der keine Widerrede duldete: »Kommt essen!« Der Löwe des Pandschir, wie ihn seine Anhänger nannten, hatte Hunger; das passte mir gar nicht. Ich filmte also, während die anderen begannen, sich mit den Händen von den Platten zu bedienen: Reisbällchen und mariniertes Lamm. Die Gesichter der Leute glänzten vor Schweiß, Massud aber sah so würdevoll aus wie immer. Durch die Linse meiner Kamera, dieses Mikroskop, dem kaum ein Geheimnis entgeht, sah ich in seinen Augen eine gewisse Müdigkeit.

Einige Wochen zuvor hatten die Taliban die Hochebene von Schamali eingenommen und sich so einen Zugang zu der Schlucht des Hochtals geschaffen, wohin Massud und seine Männer ihre Familien evakuiert hatten. Diese stiegen immer höher hinauf auf ein Dach der Welt, das für die Panzer des Feindes unerreichbar war. Die Nordallianz kontrollierte das Pandschir-Tal und einen Teil der Provinz Badachschan. Doch wie lange noch?

Massud verlor die Hoffnung nicht, denn er dachte an die Zukunft: Wenn der Krieg vorbei ist, sagte er, wolle er wieder in seinem geliebten Beruf als Architekt arbeiten. Dann sei es aus mit der Politik, es sei denn, sein Volk würde seinem Willen bei demokratischen Wahlen Ausdruck geben können. Alle am Tisch hingen an seinen

Lippen. Ich fragte ihn, ob er Fehler gemacht hätte, die er heute bereute. Er dachte lange nach, dann gestand er ein, dass er im Bürgerkrieg tatsächlich Fehler gemacht hatte und sie bereute. Aber wer macht schließlich keine Fehler?

Geschmeidig erhob er sich, verabschiedete sich von uns, umarmte Ashmat und verschwand so schnell, wie er gekommen war.

Das war nichts. Alles war zu schnell gegangen, alles war schiefgelaufen; einen solchen Mann kann man nicht so einfach einfangen. Ich wollte nicht nach Frankreich zurückkehren, bevor ich den Militärführer nicht wiedergesehen hätte.

Ashmat reiste in die Bretagne zurück, ich drehte meine zweite Reportage für Chantal Véron und *Negar.* Was für eine Frau! Vor der Taliban-Zeit hatte sie am renommierten Mädchengymnasium Malalai in Kabul Französisch unterrichtet. Dann organisierte sie heimlich Unterricht in der Hauptstadt, baute Schulen im Pandschir, wo Massud Wert darauf legte, dass Jungen und Mädchen die gleiche Schulbildung erhielten. Chantal verteilte Hefte, Stifte, Radiergummis, Lineale – die nötige Grundausstattung, die sich afghanische Familien jedoch nicht leisten können. Die Finanzen des Vereins erlaubten ihr nun, für 9000 Dollar Lehrmittel anzuschaffen. Ich habe selbst gesehen, wie die Dorfbewohner diese integre, bescheidene, unermüdlich arbeitende Frau empfingen. Eine wahre Blutsschwester.

In den Augen dieser Menschen sah ich das gleiche Leuchten wie in den Augen der Flüchtlinge: das afghanische Strahlen. Wie schafften sie es nur immer, so vital zu sein, nachdem sie den Terror hautnah erlebt hatten und so viele Tote beweinen mussten? Sie haben eine ungeheure Kraft. Damals gewann ich die Menschen in Afghanistan lieb, Männer, Frauen, Kinder und Alte, und dieses Gefühl hat mich nie wieder verlassen. Dass ich dieses Volk kennenlernen durfte, hat meinen Horizont unendlich erweitert.

Als ich wieder in Hodscha Bahauddin war, wartete ich auf mein zweites Treffen mit Massud. Die Zeit verging, mein einmonatiger Urlaub neigte sich dem Ende zu, nicht aber meine Lust auf die Arbeit. Ich hatte reichlich Zeit zum Nachdenken und entwickelte eine zweite Idee: Ich wollte an der Front filmen.

Der Stützpunkt Hodscha Bahauddin war für Massud strategisch wichtig; er zog dort seine Truppen zusammen. Es war aber auch ein Sammelplatz, wo Massuds Sicherheitsmannschaft die Anträge der ausländischen Journalisten und der Hilfsorganisationen prüfte. Bekam man eine Genehmigung, kümmerte sich die Mannschaft um alles – Empfang, Kontakte, Transporte. Durch das Dorf zog daher immer eine lange Autoschlange zum Heliport. Die vier Hubschrauber, die die Kampfhandlungen überstanden hatten, sorgten für Nachschub, sie brachten den Stab der Nordallianz und militärische Versorgung an die Front und transportierten Verwundete ab, von den über Tadschikistan abreisenden oder ankommenden europäischen Besuchern gar nicht zu reden. Für diese hochkomplizierte Planung waren zwei Männer zuständig: Zubair Amiry, ein freundlicher, kluger und dicker Junge, und sein Chef Asim Souhail, ein

Mann von nervöser Strenge. Von ihrer Wachsamkeit hing Massuds Sicherheit ab.

In einem massiven Gebäude, das sich Auslandsministerium der Nordallianz nannte, hatten sie ein kleines Büro. Ständig rückte ich ihnen auf die Pelle und fragte auf Englisch: »Gibt es Neuigkeiten von Massud? Ist er damit einverstanden, dass ich ihn ein zweites Mal interviewe? Wann wird das sein?« Ich schwirrte umher wie eine Wespe, doch dass ich gestresst war, rührte die Männer nicht, sie beantworteten meine Fragen immer mit einem »Ja, Brigitte« und ein paar vielsagenden *inschallah*. In Afghanistan geht man mit Terminen gelassen um. Man hat hier sehr viel Zeit, und sie vergeht hier langsamer als anderswo. Resigniert tat ich das Einzige, was mir blieb: Ich setzte mich hin und wartete.

Das Büro war ständig überfüllt. Vieles hier erinnerte an die westliche Zivilisation: ein Computer, ein Drucker, ein Ventilator und als Gipfel des Luxus ein kleiner Fernseher. Das Funkgerät, mit dem Zubair und Asim mit dem Stab kommunizierten, knisterte alle paar Minuten. Ein launischer Generator komplettierte die lästige Geräuschkulisse. Die hier versammelten modernen Geräte surrten munter vor sich hin und liefen heiß, bis es wieder mal einen Stromausfall gab. Und dann war es dort so still wie in einer Kirche.

Dieses Büro war eine sprudelnde Informationsquelle, und ich bereute es, dass ich kein Dari konnte, das in Afghanistan gesprochene Persisch. Männer gingen ein und aus, sie hockten sich auf die Fersen und plauderten über alles und nichts – über einen Lastwagen, der eine Schlucht hinabgestürzt war, über den Krieg, die Ernte, über verschwundene Brüder. Komischerweise verlor die Zeit in diesem belebten Raum ihre Bedeutung. Ein Diener füllte unermüdlich unsere Gläser. Er hob den Teekessel hoch, ließ einen starken Strahl in die Gläser fließen, und der Duft von Kardamom erfüllte die schlechte Luft. Fliegen umschwirrten die *pakol* der Männer. Ich war die einzige Frau, dennoch fühlte ich mich von den scharfgeschnittenen Gesichtern mit den Hakennasen und den düsteren Blicken niemals bedroht.

Anfangs hatten sie die große, blonde Frau irritiert angestarrt, die tagtäglich kam und nach etwas verlangte, das man ihr nicht gewähren wollte. »*Amer Saheb?* Sie will *Amer Saheb* treffen?«, flüsterten sie sich zu. Ich war gekleidet wie eine afghanische Frau: ein weiter Kaftan über weiten Hosen, die meine Figur verhüllten, und ein Tuch über den Haaren, die ich auf die Schnelle zu einem Knoten zusammengebunden hatte. Vielleicht sagten sie sich: Diese Frau kam von weit her, um mit dem Chef zu sprechen. Jedenfalls hatten sie mich akzeptiert, wie man einen Baum in der Landschaft akzeptiert, nachdem sie gesehen hatten, dass ich die Hitze ertrug, ohne zu murren, und es auf mich nahm, geduldig zu warten.

Eines Morgens klopfte Zubair schließlich an meine Tür. »Brigitte, ich habe eine Überraschung für dich.« Hinter seinem Rücken sah ich meine Kollegin Françoise Causse, eine freie Journalistin. Freudenschreie. Wir waren uns in Tadschikistan begegnet und hatten uns angefreundet, und ich fand es tröstend, dieses vertraute, schöne Gesicht zu sehen. Im Gästehaus fühlte ich mich nämlich sehr einsam, obwohl es gesteckt voll war. Da es keinen Platz mehr gab, zog Françoise zu mir ins Zimmer. Wir teilten uns die spartanische Ausstattung: ein Bad und eine Toilette für das ganze Haus. Trotz des Sandsturms, der seit dem Abend zuvor die ganze Region lahmlegte, war Françoise zusammen mit drei anderen Kollegen, dem Russen Arcady Doubnov und zwei Marokkanern, mit dem Hubschrauber gekommen. Die Sicherheitsbeauftragen Zubair und Asim waren alles andere als begeistert – zwei Araber mit pakistanischen Visa bei den Widerstandskämpfern der Nordallianz, das gefiel ihnen gar nicht. Doch die beiden Männer waren von Abdul Rasul Sayyaf avisiert worden, einem Warlord und Verbündeten der Nordallianz.

Während des ganzen Flugs hatten sie jede Kommunikation vermieden, offenbar hatte sie der Lärm des Motors und der Rotoren zum Schweigen gezwungen. Um sich die Zeit zu vertreiben, hatte Françoise die Kabine und die Passagiere gefilmt. Dabei war Doubnov aufgefallen, dass einer der Marokkaner, der kleinere Mann, sein Gesicht hinter der Hand verbarg. Die beiden Journalisten wollten Massud treffen, alles andere interessierte sie nicht. Weder die Flüchtlingslager noch die Gefangenenlager, wo sie mit arabischen Insassen sprechen durften. Ihre Kamera trat nie in Aktion.

Ich traf sie im Garten des Gästehauses, wo sie sich in ihrer Sprache unterhielten. Es wurde Abend und kühlte ein wenig ab. Als ich kam, schwiegen sie. Doch ich ließ mich nicht beirren, schließlich waren wir nur eine Handvoll Journalisten, die auch miteinander Umgang pflegen sollten, also könnten wir auch gleich damit anfangen. Der Mann, der eine Brille mit Metallrand trug, erwies sich schnell als der geselligere. Mit dieser Brille und den sehr kurz geschnittenen Haaren sah er aus wie ein leitender Angestellter einer IT-Firma. Er hieß Kassim. Als er hörte, dass ich Französin bin, sprach er akzentfrei mit mir in meiner Sprache. Er lebte mit seiner Frau in Belgien und arbeitete zusammen mit seinem Kollegen Karim bei einer Londoner Agentur. Wir redeten über alles Mögliche. Wie überhaupt alle Religionen, interessierte mich auch der Islam. Vor einigen Jahren, als ich noch in Poitiers wohnte, hatte ich einen Juden kennengelernt, der die Deportation miterlebt hatte. Er hatte mir erklärt, was es mit Jom Kippur auf sich hat: Das »Versöhnungsfest« ist der höchste jüdische Feiertag. Religiöse Feste finde ich interessant, da sie bis zum Anbeginn der Zeiten zurückreichen und noch immer begangen werden, weil es den Menschen ein großes Bedürfnis ist. Und nachdem ich nun zwei gebildeten Moslems gegenübersaß, wollte ich mit ihnen über den Islam sprechen.

Kassim erzählte mir ohne jede Scheu aus seinem Leben. Früher sei er ein richtiger Lebemann gewesen. In Frankreich habe er Alkohol getrunken und sei hinter den Mädchen hergewesen. »Ich war zwar verheiratet, aber ich habe dem Laster gefrönt.« Dann hatte er von einem Tag auf den anderen beschlossen, damit aufzuhören und nach der Lehre des Koran ein Leben zu führen, das für Körper und Seele gesund ist. Er trank nicht mehr, er rauchte nicht mehr, weil dies der Gesundheit schadet, und »die Gesundheit gehört Gott«.

Wir sprachen gerade über die Taliban, da kam Zubair und fragte misstrauisch: »Ihr habt sie in Pakistan getroffen, sie haben euch die Visa ausgestellt … Was haltet ihr von denen?«

Kassim schüttelte den Kopf und sagte leise: »Auch in Kabul haben wir vieles gesehen, und ich kann euch versichern, dass die Taliban nicht so sind, wie sie in den Medien dargestellt werden. Ich habe keinen einzigen Talib getroffen, der eine Frau schlagen würde …«

Zubair warf ihm einen missbilligenden Blick zu.

Karim hatte sich die ganze Zeit im Hintergrund gehalten. Dann zog er sich in sein Zimmer zurück, um zu beten.

Überall herrschte Elend. Im Gästehaus war mir aufgefallen, dass die Überbleibsel unseres Essens zuerst unter dem Personal verteilt wurden, den Rest bekamen Familien, die sich vor der Tür drängten und um ein bisschen Nahrung bettelten. Ich hatte mir angewöhnt, nur wenig zu essen, damit mehr für die anderen blieb. Ich wurde sichtlich dünner, nach zwei Monaten in Afghanistan hatte ich fünfzehn Kilo abgenommen. Einmal ging ich mit den beiden Marokkanern auf den Markt, um Eis zu essen – sahniges afghanisches Eis, das unter den geduldigen Blicken der Fliegen mit der Hand gerührt wird und das so köstlich schmeckt, dass man dafür gern ein paar Magenschmerzen in Kauf nimmt.

Am 31. August, wir genossen gerade den Abend im Garten, sagte der Sicherheitschef leise zu mir: »Brigitte, wenn du willst, kannst du an die Front fahren, du hast die Drehgenehmigung. Der Kommandeur startet im Morgengrauen eine Offensive gegen die Taliban.«

»Kommen die beiden arabischen Journalisten auch mit?«

»Nein. Niemand außer dir. Du musst nur unterschreiben, dass du auf eigene Verantwortung fährst.«

In tiefster Nacht fuhren wir los. Begleitet wurde ich von drei afghanischen Journalisten, Vertrauten von Massud: Fahim Dashty, Daoud Naemi und Youssouf Janessar. Die beiden Letzteren hatten eine Produktionsgesellschaft für Dokumentarfilme gegründet, *Ariana Films,* und filmten »Herrn« Massud, wie sie ihn respektvoll nannten – sein Leben, seine Kämpfe, seine Interviews; damit wollten sie ihn für die Nachwelt festhalten. In dem Jeep, der uns in den Krieg brachte, herrschte drückendes Schweigen.

Noch vor Sonnenaufgang waren wir am Militärposten. Im grünen Licht der Azetylenlampen, die noch niemand gelöscht hatte, sah dieser Morgen so aus, als sei das Ende der Welt gekommen. Eine geisterhafte Truppe erwachte mit Mühe, die Soldaten wärmten sich am Feuer, die einen hatten ihren *patu** lässig über die Schulter geworfen, andere hatten ihn sorgfältig drapiert. Die Männer strahlten eine erhabene Gelassenheit aus, die mich zu diesem Zeitpunkt sehr erstaunte. Wir tranken zusammen heißen Tee. Ein Mann fiel mir auf, der auf dem Boden saß und auf den Knien seinen *pakol* aufrollte, um aus dieser langen Röhre aus Schafwolle eine Mütze zu machen, die so aussieht wie jene, die Massuds Haupt schmückt. Ein Mudschahed brachte uns zu einem Panzer. »Aufsitzen«, befahl er. Ich setzte mich ganz nach oben und rührte mich nicht mehr, bis wir am Ziel wa-

* Der *patu* ist Teil der Männerkleidung. Das Tuch dient als Schal, Decke, Handtuch oder auch als Gebetsteppich. (Anm. d. Autorin)

ren. Die Sonne ging auf. Mir war bewusst, dass ich etwas Einzigartiges erlebte. Ich befand mich in einer gefährlichen Situation: In dieser schönen, herrlichen Landschaft würden Männer getötet werden, vielleicht sogar vor meinen Augen.

Eine diffuse Angst überkam mich.

Am Vorposten vor der Frontlinie bereiteten sich drei-, vierhundert Kämpfer auf das Gefecht vor. Sie trugen den *salwar kamiz* – das traditionelle knielange, beigefarbene oder weiße weite Hemd über weiten Hosen –, ausgetretene, zerschlissene Sandalen und hatten eine Bazooka auf der Schulter oder eine Kalaschnikow umgehängt. Man hörte das Knallen der Magazine, die ein letztes Mal überprüft wurden. Junge Männer aus den Bergen, die tags zuvor noch wendiger als Ziegen über Wege und Pfade geklettert waren. Fast noch Buben. Mit schwerem Herzen filmte ich sie. Ein Kommandeur, der kaum älter war als seine Soldaten, redete ihnen auf Dari zu: »Man hat euch euer Land genommen, eure Väter getötet, eure Brüder ermordet. Heute holt ihr euch zurück, was euch gehört. Für das Leben eurer Brüder werdet ihr kämpfen bis zum letzten Atemzug.«

Sie hätten mit niemandem tauschen wollen. Ich fragte einen Jungen, der einen *pakol* trug: »Warum bist du hier?« Er zeigte keine besonderen Emotionen, keinerlei Wut, er sagte nur, als handle es sich um eine ganz normale Feststellung: »Die Taliban haben das Land auf den Hügeln genommen. Dann haben sie alle Männer über fünfundzwanzig mit Gewalt an die Front geschickt, wo sie sich töten lassen mussten ... Also haben viele Männer die Seite gewechselt und sich den Mudschaheddin angeschlossen.« Seine Kameraden hinter ihm nickten mit ernster Miene. Dann ertönten Schreie: »*Amer Saheb*, wir wollen für dich sterben!« Sie hatten totales, absolutes Vertrauen in ihren Anführer, der ihnen befohlen hatte, ihn zu töten, bevor er den Feinden in die Hände fallen würde.

Ich war mit einer beeindruckenden Welt konfrontiert, einer verstörenden und viel zu realen Welt.

Kaum dreihundert Meter entfernt wurde mit dem Maschinengewehr geschossen. Die jungen Soldaten sprangen in den Schützengraben der ersten Stellung, die am weitesten von der Frontlinie entfernt war. Ein paar Minuten zuvor hatten sie noch respektvoll meine Fragen beantwortet. Mit derselben Würde zogen sie nun in den Kampf. Überall explodierten Granaten. Die Männer sprachen nicht mehr. Jeder wusste, dass für Massud nun die letzten Gefechte angebrochen waren.

Daoud, Fahim und ich blieben lange im Schützengraben und drückten uns schweigend an die Erdwand, dann befahl man uns, zum Kommandoposten zurückzufahren. Dort unterhielten wir uns beim Tee wieder mit den Soldaten – als liefe da draußen alles bestens und als müssten sich nicht ein paar Kilometer weiter vorn gerade junge Männer abschlachten lassen. Die Männer scherzten über Funk miteinander. Ich hörte, wie sie lachten. Daoud erklärte: »Sie sprechen mit den Taliban auf der anderen Seite.« Ich traute meinen Ohren nicht.

Ein Kommandeur kam. »Sie müssen hier weg, es sieht nicht gut aus.« Die Offensive schlug in eine Niederlage um. Wir mussten schnell zu dem Militärlastwagen laufen. Auf allen Seiten schlugen Geschosse ein, rechts in ein Feld, dann direkt links von uns. Wir rannten an Verwundeten vorbei, die hier und da hingelegt worden waren und darauf warteten, abtransportiert zu werden. Wozu hinschauen? Ich rannte um mein Leben. Die Angst, die bisher nicht zum Ausbruch gekommen war, überkam mich nun mit aller Macht und setzte sich in mir fest. Im Truppenlager erklärte Fahim, er würde nach Hodscha Bahauddin zurückfahren. »Und du, bleibst du?«

»Nein! Ich komme mit.«

Soldaten legten die Verwundeten in den Lastwagen und ließen uns Platz auf einer Bank. Mir war klar, dass ich einem dieser Jungen mit den zerfetzten Beinen den Platz wegnahm und sie am Straßenrand auf den nächsten Wagen warten müssten. Vielleicht etliche Stunden. Ein Junge lag stöhnend auf der nackten Erde. Er war fast noch ein Kind. Ich hätte alles dafür gegeben, Krankenschwester zu sein statt Journalistin. Dennoch verspürte ich mitten in diesen Gefühlswallungen den Impuls, meine Kamera zu nehmen und zu filmen.

Ich betrachtete meine drei Freunde, die sich auf der Bank drängten, alle Afghanen, alle Journalisten. Sie waren ganz grau im Gesicht, niedergeschlagen und so unglücklich, wie ich noch nie einen Menschen gesehen hatte; das war das Schlimmste. Und so blieb meine Kamera ausgeschaltet auf meinem Schoß liegen.

Der Wagen hielt vor einem Haus. Die Familie, die dort wohnte, empfing uns ohne Umstände, respektvoll nahmen die Leute unsere Hände in die ihren und murmelten: »*Salaam.*« Ein anderer Wagen würde uns später abholen. Niemand sagte etwas. Eine Öllampe ließ unsere abgespannten Gesichter noch eingefallener aussehen. Ein jeder setzte sich in eine Ecke und weinte still.

Ein Sandsturm fegte durch Hodscha Bahauddin und legte alles lahm. Die Teams saßen fest. Das Land, die Menschen, das Vieh, die Wagen wurden von einer fahlgelben Wolke verschluckt, in der man keine Luft mehr bekam. Der tosende Wind zerrte an unseren Nerven. In der gewittrigen Schwüle dieses Spätsommers drehten wir uns im Kreis. Es waren so viele Leute hier, dass Zubair sein Zimmer Gästen überlassen und zu den beiden Marokkanern ziehen musste, doch er fand keinen Schlaf. Genervt ging er in sein Büro und schlief dort auf dem Boden.

Ich lag in meinem Zimmer flach unter dem Moskitonetz und dachte über meine Zukunft nach. Ich hatte zwar meinen Urlaub verlängern können, doch eines Tages müsste ich auf jeden Fall wieder zurückreisen. Es erschien mir nicht möglich, mein früheres Leben wieder aufzunehmen. In den vergangenen Wochen war ich mit Gefühlen konfrontiert, die mich schwindeln machten, andererseits war ich während dieser Zeit kein einziges Mal deprimiert.

Schon immer, zumindest seit ich mit siebzehn in einem Alter gewesen war, in dem sich Körper und Geist verändern und die Gefühle ihren Platz finden, habe ich den Sinn des Lebens gesucht. Das Leben musste einen Sinn haben, es konnte doch nicht nur aus der Summe kleiner Freuden und Kümmernisse und aus einer Aneinanderreihung alltäglicher, blinder Verrichtungen bestehen; das konnte nicht sein. Ganz sicher lag in allem ein

Sinn. Diese Frage ließ mich nicht los, ich zermarterte mir den Kopf. Lieber wäre ich unbeirrt meinen Weg gegangen und hätte die Dinge auf mich zukommen lassen, doch das schaffte ich nicht. Aus Scheu sprach ich mit niemandem über das, was mich umtrieb, und suchte Notlösungen, um meine Energie zu kanalisieren, sonst brodelte es in mir und mein Temperament wurde am Ende selbstzerstörerisch. An einem Tag konnte ich Berge versetzen, am anderen Tag hing ich wieder in träger Schwermut herum. Es war erschreckend. Ich suchte Hilfe in allen möglichen Therapien: Yoga, Entspannungsübungen, Coaching, ich las esoterische Bücher und beschäftigte mich mit Persönlichkeitsentwicklung. Dies alles verschaffte mir für eine Weile Frieden, ich konnte das kompensieren, was mir fehlte und mir Angst machte, und meinen Weg finden.

In der Stille des Gästehauses stellte ich mir meine Rückkehr nach Frankreich vor und brachte mein Leben auf den Punkt. Es war nicht weltbewegend: Liebesleben gleich null und ein Gefühl der Einsamkeit. Und mein Job entsprach auch nicht meinen Erwartungen ... Ich musste da raus und zwar schnell. Was hatte ich schon zu verlieren?

Am 8. September wurde das Wetter besser, und die Sicherheitsleute beschlossen, dass wir den Platz jetzt anderen Besuchern überlassen sollten, die in Duschanbe bereits ungeduldig warteten. Am Abend zuvor war Françoise Causse nach Tadschikistan geflogen, nun war ich an der Reihe. Massud würde ich nicht noch einmal interviewen können. Schade. Also würde ich zu Chantal

Véron in den Süden des Pandschir fliegen. Ich betrachtete meine beiden marokkanischen Kollegen, auch sie müssten mit leeren Händen abreisen, auch sie waren gehalten, kurz nach mir das Gästehaus zu verlassen.

Ich wartete im Garten auf den Jeep, der mich zum Heliport bringen würde, und verabschiedete mich von den anderen. Ich bat Kassim um seine Telefonnummer in Brüssel, aber leider hatte er erst kurz zuvor eine neue bekommen und hatte sie noch nicht im Kopf. Sicherheitschef Asim kam, er war auf hundertachtzig. Dazu hatte er auch allen Grund. Die verheerenden Nachrichten von der Front hatten an seinen Kräften gezehrt. Außerdem wohnten viel zu viele Leute im Gästehaus, und jeder Gast stellte Ansprüche. Dabei war es eigentlich nicht seine Aufgabe, den Manager in einem überfüllten Hotel zu spielen, sondern er musste für Massuds Sicherheit sorgen. Asim drängte zur Eile, der Jeep wartete schon.

Auf dem Heliport ließ mich der Mann von der Security nicht in den Hubschrauber: »Es sind bereits zu viele Leute an Bord, das wird zu gefährlich.«

Also wieder zurück ins Gästehaus.

Asim explodierte: »Was machst du denn schon wieder hier?«

»Der Hubschrauber ist überfüllt, Asim!«

Davon wollte er nichts wissen, er schnappte sich sein Funkgerät und befahl, den Hubschrauber dann eben mit mir zu überladen.

Ich winkte meinen Kollegen im Garten noch ein letztes Mal zu.

Der Irrsinn der Menschen

Was danach geschah, schilderte mir Zubair vier Jahre später. Ein Zubair, der von einem Gefühl der Ohnmacht wie zerschlagen war. Seine klare Stimme brach, wenn er sich an bestimmte Dinge erinnerte, bei anderen schwoll sie vor Wut an. Wir tranken unzählige Tassen Tee, während er erzählte, mit hilflosem Blick ... Kabul war frei, das Land war wieder eine Demokratie, aber ich saß einem Mann gegenüber, der sich nie verzeihen wird, niemals.

Sein Misstrauen gegenüber den beiden Arabern war ungebrochen, auch wenn es dazu überhaupt keinen konkreten Grund gab. Damals, kurz vor meiner Abreise, hatte er mit dem Kinn auf die beiden Marokkaner gedeutet und Asim gefragt: »Und was sollen wir mit denen machen? Sie arbeiten doch nur für eine drittklassige Agentur, wir brauchen einen internationalen Sender wie CNN oder BBC, alles andere ist für Kommandeur Massud nur Zeitverschwendung.« Asim teilte die Meinung seines Adjutanten. Also beschlossen sie, die beiden Journalisten mit dem nächsten Hubschrauber auszufliegen.

Am frühen Morgen fragten die Marokkaner, ob sie ins Dorf gehen könnten, um ihre Familien anzurufen. Dort gab es ein Geschäft mit einem Satellitentelefon, über das wir unsere Ferngespräche führten. Die beiden Männer sprachen Arabisch, was der Ladenbesitzer perfekt beherrschte, da aber ein Kunde hartnäckig feilschte, konnte der Händler das Gespräch der Marokkaner nicht verfolgen.

Einige Stunden später bezog Nasrine Gross mein ehemaliges Zimmer im Gästehaus; die Exilafghanin und Frauenrechtlerin vertrat *Negar* in den USA. Sie wollte in das einzige Badezimmer im Haus, doch die Tür war verschlossen. Aus dem Bad hörte sie Stimmen, Geflüster auf Arabisch. Sie lauschte und klopfte leise an die Tür. Zwei Männer kamen heraus, und sie sagte in deren Sprache: »Guten Tag, ich bin Nasrine Gross, tut mir leid, wenn ich Sie gestört habe ... Kann ich nun das Bad benutzen?« Ohne zu antworten, verschwanden die beiden mit Panik im Blick und flink wie die Wiesel über den Korridor. Nasrine hatte tausend andere Dinge im Kopf und vergaß die beiden gleich wieder.

Zubair fuhr die Marokkaner auf den Heliport. Dort erwartete ihn eine Überraschung. Drei Schweizer Telefontechniker flogen im selben Hubschrauber mit. Sie sollten eine Station im Pandschir errichten und hatten große, schwere Batterien dabei. Deswegen konnten nur vier Personen an Bord gehen, kein einziger zusätzlicher Passagier mehr. Zubair wollte, dass einer der beiden Araber einstieg, aber das Tandem ließ nicht mit sich reden. »Wir arbeiten zusammen, also fliegen wir auch zusammen.« Zubair gab nach. Sie würden am nächsten Tag fliegen.

Am selben Nachmittag führten IT-Probleme Massud in sein Hauptquartier Hodscha Bahauddin. Sein Laptop war abgestürzt, und nur eine Person konnte ihm helfen: Asim, zu dessen Aufgaben es auch gehörte, Männer in neuen Technologien auszubilden. Asim und Zubair teilten Massud bei dieser Gelegenheit mit, dass die Marokkaner ihn interviewen wollten. »In Ordnung«, sagte Massud, »ich treffe sie morgen früh. Nach dem Interview kann ich ja weiterschlafen.« Das war ein Scherz. Massud hatte seit Jahren nicht mehr ausreichend geschlafen. Zubair sagte ihm, dass die Presseagentur der beiden nicht sehr einflussreich sei, doch Massud lächelte – er fand es wichtig, mit den Arabern zu sprechen und ihnen zu zeigen, wie die Dinge wirklich lagen. Wenn er sich nicht täuschte, hätte man den Männern ja schon zweimal verweigert, an einer Konferenz teilzunehmen und mit ihm im Hubschrauber zu fliegen. Sie hätten wahrlich Geduld bewiesen, also müsste man ihnen nun entgegenkommen.

Abends diskutierte Massud gern mit seinem Stab. An diesem Abend drehte sich das Gespräch um neue Formen des Terrorismus und die ungeheure Phantasie des Menschen bei der Entwicklung und Perfektion modernster Technik. Mit seiner pädagogischen Ader hatte Massud ihnen erklärt: »Terroristen verfügen heute über sehr ausgeklügelte Waffen. Sie haben Infrarotlampen und Laserkameras ...« Seine Zuhörer waren beeindruckt – sie nämlich mussten sich mit veraltetem Material behelfen.

Einen Teil der Nacht kommandierte Massud über

Funk den Gegenstoß auf einen Taliban-Angriff in Dschabul Saradsch nördlich von Kabul, den General Bismullah Khan nur mit Mühe zurückschlagen konnte. Als Massud erfuhr, dass seine Strategie aufgegangen war, hatte er sich in sein kleines Haus am anderen Ufer des Flusses zurückgezogen und dort mit seinem alten Freund Massud Khalili, dem Botschafter der Nordallianz in Indien, gegessen. Massud hatte ihn gebeten, aus Neu Delhi zu kommen, nicht aus einem besonderen Grund, sondern weil er das dringende Bedürfnis hatte, einen Freund an der Seite zu haben und Trost daraus zu ziehen.

Um drei Uhr nachts legte er sich auf seinen *toschak*, eine Baumwollmatte, auf den Boden. »Lass uns Gedichte lesen, lesen wir Hafiz«, hatte er Khalili vorgeschlagen. So entspannte sich Massud gewöhnlich nach anstrengenden Diskussionen. Er liebte die Ghaselen des großen persischen Dichters aus dem 14. Jahrhundert. Die muslimische Tradition will es, dass man das Buch auf irgendeiner Seite aufschlägt; die Verse, die man dann liest, sollen wie ein Orakel sein. Es war eine herrliche Nacht, der Herbst begann. Khalili hatte das Buch genommen und es bei diesem Gedicht aufgeschlagen:

Die Welt ist nur eine Geschichte, eine Geschichte der Enttäuschungen, der Listen, des Bluts. Doch sieh, diese Nacht geht schwanger mit einem Kind. Du und ich wissen nicht, wer dieses Kind sein wird, keiner weiß es. Dieses Kind, das Kind dieser Nacht, ist das Morgen. Niemand weiß, was sein wird. Niemand weiß, wie es sein wird.

Am nächsten Tag um die Mittagszeit holte Zubair die beiden Marokkaner im Gästehaus ab. Sie trugen Schuhe mit dicken Sohlen und nahmen die größere ihrer beiden Kameras mit. Komisch, dachte Zubair, warum tragen sie denn so feste Schuhe, nur um über den Hof zu gehen? Alle anderen tragen doch auch Sandalen. Und warum nehmen sie für ein Interview, das gerade mal eine Viertelstunde dauert, so eine schwere Kamera mit? Auf dem Flur fing Nasrine ihn ab. »Ich muss ins Dorf, ich muss ins Ausland telefonieren, außerdem brauche ich einen Kaftan. Kannst du mich fahren?«

Zubair hatte keine Lust. Über Funk bat er Asim, sich darum zu kümmern, doch auch der lehnte ab – der Sicherheitschef wollte bei dem Interview zugegen sein. Und so fuhr Zubair eben selbst, schließlich war Asim sein Boss.

Zehn Minuten später waren sie im Dorf. Während Nasrine telefonierte, knisterte Zubairs Funkgerät. Kein Codename, ganz gegen die Sicherheitsvorschriften, lediglich eine schneidende Stimme: »Komm umgehend zurück!«

Er fuhr sofort los. Ihm blieb das Herz stehen – aus dem Hauptquartier stieg eine Rauchsäule auf. Hatten die Taliban das Büro bombardiert? Leute liefen schreiend in alle Richtungen. Zubair eilte in das Gebäude, in dem sich Grauenvolles ereignet hatte. Das Büro war zerstört. Asim war auf der Stelle tot gewesen. Und da stand Fahim, völlig verstört, und sah auf seine verbrannten Hände: »Meine Kamera ist explodiert …« Und Daoud sagte immer wieder mit tonloser Stimme: »Alle sind tot.«

»Und Kommandeur Massud?«

Das war alles, was im Moment zählte.

»Lebt noch.«

Ein Hubschrauber hatte den General nach Tadschikistan in ein Hospital geflogen. Schaudernd untersuchte Zubair das Büro. Der Rauch verzog sich langsam, nicht aber der beißende Gestank, der ihm in die Kehle fuhr. Mit der Taschenlampe leuchtete er in jeden Winkel. Die schwere Kamera der Marokkaner lag auf dem Boden, intakt, das Mikrofon auf dem Tisch. Auch der Sessel, in dem Massud gesessen hatte, war verschont geblieben. Doch auf der Höhe, auf der sich Massuds Kopf befunden hatte, steckte ein spitzer Metallsplitter in der Wand.

Zubair ließ sich den Vorfall schildern:

Das Büro war voll mit Journalisten und Freunden; der General wollte, dass die beiden Marokkaner ihre Fragen vorlasen. Es waren fünfzehn Fragen, die meisten drehten sich um Osama bin Laden. »Warum haben Sie in Paris gesagt, er sei ein Verbrecher?«, »Warum haben Sie ihn zum Feind erklärt?« Massud fand diese Fragen unangebracht: »Journalisten stellen doch keine solchen Fragen …« Auch sein Freund Khalili war erstaunt und fragte: »Für welche Zeitung schreiben Sie?«

»Ich bin kein Journalist«, sagte Kassim – der Mann mit den kurzen Haaren und der Brille. Er hatte die Fragen gestellt, sein Kollege hielt die Kamera.

Die Unzufriedenheit im Raum schlug in Angst und Grauen um.

»Was sind Sie dann?«

»Ich bin Vertreter einer islamischen Organisation. Wir

haben Stützpunkte in London, Paris und in der ganzen Welt.«

Khalili beugte sich zu Massud hinunter: »Sie sind vom feindlichen Lager.«

Massud schwieg einen Augenblick. In seinem Gesicht spiegelte sich äußerste Konzentration, die Falten auf seiner Stirn hatten sich verdoppelt. Dann stand er auf. Er hatte seine Entscheidung getroffen. »Schalten Sie Ihre Kamera an.«

Khalili hörte ein Zischen und sah, wie sich ein heller, blauer Lichtstrahl auf sie richtete, der sich immer weiter ausdehnte und sie quasi mit einem Kreis umgab. Und er dachte: Du bist doch kein Tier, das nur heult und schreit. Sag verdammt noch mal etwas Vernünftiges – gleich wirst du sterben!

Die Kamera war mit einem Laser ausgestattet, sie war der Auslöser für die drei Sprengsätze, die der Mann, der sich Karim nannte, am Körper trug. Er starb, in zwei Teile gerissen. Trotz der um sich greifenden Panik warf sich jemand auf Kassim und hielt ihn am Boden fest. Dann sperrte man ihn in eine Kammer im Gästehaus, aus dem er durch das Oberlicht entkam. Ein junger Soldat verfolgte ihn durch das hohe Gras bis zum Fluss. Im Gerangel rutschten beide aus und fielen ins Wasser, dann löste sich ein Schuss. Man zog den Terroristen an den Beinen heraus, sein Kopf schlug gegen die Kieselsteine. Er war tot.

Zubair musste sich um die Medien kümmern. Er musste schnell handeln und seinen Schmerz erst einmal verdrängen. Drei Stunden nach dem Attentat hatte ein russischer Sender die Nachricht ausgestrahlt, nun riefen

Journalisten aus der ganzen Welt bei Zubair an, und er sagte allen: »Dem Kommandeur geht es schon ein wenig besser.«

Doch er wusste bereits Bescheid. Im Büro, das voller Soldaten war, hatte das Telefon geklingelt. Eine Stimme hatte unter gedämpftem Weinen gesagt: »Unser Kommandeur ist noch im Hubschrauber verstorben. Das darf niemand erfahren.«

Zubair hätte am liebsten laut geheult. Doch er hat seine Freunde und Brüder angelächelt, die die Ohren spitzten und ihn mit ihren dunklen Augen voller Fragen anstarrten.

»Drei Tage lang habe ich alle Fernsehsender der Welt belogen.«

An diesem 9. September wollte ich Chantal Véron in der Schule von Dschabul Saradsch filmen, in der Ortschaft, wo Massud am Abend zuvor den Taliban-Angriff zurückschlagen konnte. Noch immer schlugen in regelmäßigen Abständen Geschosse ein. Mirdad Pandscheri, ein Vertrauter Massuds, kam in höchster Aufregung zu uns, ich hörte ihn sagen: »Massud ist einem Attentat zum Opfer gefallen ... zwei Männer, die sich als Journalisten ausgegeben hatten ... Araber ... sie haben die Bombe gezündet ...« Ich verstand die Worte nicht, die ich da hörte. Er wiederholte: »Massud ... Attentat ... Möglicherweise tot ...« Ich verstand immer noch nichts. Etwas lähmte mein Gehirn. Dann weiteten sich meine Augen immer mehr, während mir schließlich klar wurde, was geschehen war. Ich hatte mit Mördern gesprochen, die im Begriff waren zu töten. Ich hatte mit Männern über den Islam gesprochen, die wussten, dass sie für die Vorstellung, die sie von ihrer Religion hatten, sterben würden. Und ich war völlig ahnungslos gewesen. Mit einem Mal begriff ich: Auch ich war diesem Blutbad nur knapp entkommen. Hätte ich gewusst, dass diese beiden Typen Massud treffen würden, wäre ich niemals abgereist. Im Nachhinein raubte mir die Angst den Atem. Über meiner Erinnerung lag ein schwarzes Tuch.

Ich dachte nur an Massud. An Fahim und an Daoud, bei denen ich die tiefe Verehrung für ihren General gespürt hatte. Die Nachrichten trafen bruchstückhaft ein: Die beiden Männer, die falschen Journalisten, waren Selbstmordattentäter, es waren keine Marokkaner, sondern Tunesier; ihre richtigen Namen waren Dahmane und el-Ouaer. Ich war so naiv gewesen, einem der beiden zu vertrauen. Wem sollte ich denn nun noch glauben?

Während der kurzen Zeit in Hodscha Bahauddin war etwas passiert, mit dem ich überhaupt nicht umgehen konnte: Meine Welt war zusammengebrochen.

In den Straßen von Dschabul Saradsch war es ganz still geworden. Die Passanten konnten es nicht glauben, sie waren tief bestürzt. Und vom Grauen gepackt. Wenn ihr Anführer starb, was würde dann aus ihnen werden? Was würde aus dem Kampf werden? Könnte sich der Widerstand neu organisieren und eine totale Machtübernahme durch die Taliban verhindern? Manche hatten ein kleines Transistorradio am Ohr und hofften, BBC oder *Voice of America* würden ihnen die gute Nachricht überbringen: dass Massud lebte. Dass Massud den Kampf wieder aufnahm.

»Du solltest deine Ausrüstung lieber verstecken«, riet mir Chantal. Tatsächlich war die wohlwollend-neutrale Haltung der Leute meiner Kamera gegenüber in feindselige Distanz umgeschlagen. Ich schüttelte mich. Ich war die einzige französische Journalistin vor Ort. Überhaupt die einzige Journalistin. Ich musste meine Redaktion in Nancy anrufen. Die Anweisung war klar: »Du verschwindest sofort von dort!«

Keine Bilder, kein Ton. Ich gehorchte. Ich war schließlich nicht für *France 3* hier, mein Sender hatte mich nicht mit Dreharbeiten beauftragt. Offiziell war ich auf Urlaub. Hinzu kam, dass die Senderedaktionen seit der Geiselnahme der drei Journalisten Maryse Burgot, Jean-Jacques Le Garrec und Roland Madura von *France 2*, die im Juli 2000 auf der Philippinen-Insel Jolo von muslimischen Rebellen gefangen gehalten worden waren, wie traumatisiert und gelähmt waren. Doch am nächsten Tag trieb mich der alte Berufsreflex wieder dazu, meine Kamera zu nehmen und die Bilder der Verzweiflung und des Schmerzes zu filmen, selbst wenn ich dafür gefeuert werden sollte.

Zum Glück habe ich es getan, denn diese Bilder waren die einzigen, die es von diesem Tag gab, und sie wurden auf allen Kanälen ausgestrahlt.

Zwei Tage später, am 11. September, war ich wieder im Pandschir; dort erfuhr ich von dem al-Qaida-Anschlag auf die Zwillingstürme des World Trade Center. Wer immer die Möglichkeit dazu hatte, saß vor einem Transistorradio. Mirdad Pandscheri übersetzte für mich, was im Radio knisternd gesendet wurde, Bilder sahen wir nicht. Wovon redete der Sprecher? Las er das Drehbuch eines Katastrophenfilms vor? Was ich da hörte, war für mich außerhalb jeder vorstellbaren Realität.

Kaum war Massuds Tod bekannt geworden, begannen die Kollegen aus allen Himmelsrichtungen aufzukreuzen, doch eine Woche später bei den Trauerfeierlichkeiten für Massud im pandschirischen Astaneh waren gerade noch zehn Leute zugegen, um darüber zu berichten. Ich war zu dieser Zeit nicht mehr in Afghanistan und sah das Begräbnis erst später in einer Dokumentation von *Ariana Films*.

An jenem Tag war Astaneh ganz und gar nicht mehr das friedliche Dorf, gesäumt von Pappeln, die sich im Wind wiegten, in dem ich einen Monat zuvor Massud getroffen und interviewt hatte. Nun stieg eine flirrende, wogende Menschenmenge den Hügel hinauf, auf dem der General etwas abseits des Dorfes seine letzte Ruhe finden sollte. Ein Meer aus Hunderten, aus Tausenden *pakol*, das jedes Hindernis auf seiner Bahn verschlingen würde. Am Rand des Weges, den der Trauerzug nehmen würde, waren die Leute zu Hunderten auf Bäume und Dächer geklettert. Der Leichnam befand sich noch in einem Haus im Dorf. Als der Sarg mit der grünen Fahne des Islam auftauchte, getragen von zehn Kämpfern und Vertrauten des Generals, erhob sich Klagegeschrei. Der Trauerzug kam nur mit Mühe voran, langsam stieg er den Hügel hinauf. Einen kurzen Moment lang schien es so, als wanke der Sarg und würde in die Menge fallen. Überall streckten sich Hände aus und versuchten zum letzten Mal, vielleicht auch zum ersten Mal, ihrem *Amer*

Saheb nahe zu sein. Als sich der Sarg dem großen Grab näherte, das ausgehoben worden war, legte sich respektvolle Stille über die Menge. Der Sarg wurde geöffnet. Als den Menschen das wächserne Gesicht gezeigt wurde, ertönte wieder lautes Klagen. Das schöne Gesicht Massuds mit den länglichen Lidern, die nun für immer geschlossen waren, war unversehrt. Die Leute schrien, sie schlugen sich auf die Brust und riefen Allah an, Männer weinten am helllichten Tag, ohne jede Scham. Die Kämpfer heulten vor Schmerz. Der Sarg wurde wieder geschlossen und ins Grab hinabgelassen. Eine letzte Klage, ein letztes Schluchzen. Dann wurde es Nacht im Pandschir.

Ich fragte mich, wohin die Seele eines solchen Mannes wandert.

Der Spiegel

Afghanistan macht anspruchsvoll. Das Licht, die Gefühle, der Raum, die Lebensweise und die Umgangsformen – alles ist hell und weit und faszinierend. Nie hatte ich meine Rückkehr nach Nancy als enttäuschender empfunden. Die Begrüßung in der Redaktion war unterkühlt. Kein Wort des Mitgefühls, lediglich bedrückende Gleichgültigkeit.

Hätten wir *es* verhindern können? Diese Frage stellte ich mir jeden Tag. Vereinzelte Hinweise hatte es schließlich gegeben – vor unseren Augen. Françoise Causse, Zubair, mir und auch vielen anderen, die diese Tragödie im Vorfeld miterlebt hatten, jedem von uns war etwas Merkwürdiges aufgefallen, doch keiner war dem weiter nachgegangen. Das war nur schwer auszuhalten.

Dennoch freute ich mich, dass meine Features im öffentlich-rechtlichen Fernsehen ausgestrahlt wurden. *France 3* hatte meinen ursprünglich geplanten Beitrag, *Massuds Schulen,* mit dem Interview, das ich mit dem General gemacht hatte, gekauft und ins Programm genommen, leider allerdings an einem Samstag um sechzehn Uhr, wenn ein Großteil des Publikums, an das sich diese Sendung richtet, in den Supermärkten seine Einkaufswagen füllt …

Bei meinen Erlebnissen in Afghanistan habe ich etwas eminent Wichtiges über mich selbst gelernt: Ich musste intensiv leben. Ich war am glücklichsten, wenn mein Kopf, mein Körper und mein Herz ihre Leistungsgrenzen überschritten und gemeinsam auf dasselbe Ziel hinarbeiteten. Dann war meine Schwermut wie weggeblasen. Durch die Umstände war ich in eine Tragödie geraten, ich hatte Widerstandskämpfer getroffen, die ihr Leben im Namen der Freiheit riskierten, und ich hatte einen Mann interviewt, der diesen Kampf verkörperte. Dass ich nicht mehr in meinen alten Trott würde zurückkehren können, war klar.

In Afghanistan überstürzten sich indes die Ereignisse. Als Vergeltungsschlag für den 11. September hatten die USA am 7. Oktober die *Operation Enduring Freedom* (OEF)*gestartet, um Osama bin Laden und seine Partisanen aufzuspüren und auszuschalten. Am 14. November, zwei Monate nach der Ermordung ihres Anführers, befreiten Massuds Truppen Kabul. Am 7. Dezember stürzte das Terrorregime der Taliban, die aus ihrer Hochburg Kandahar flohen. Am Ende des Ramadan übernahm Hamid Karsai den Vorsitz der Übergangsregie-

* Die OEF führte Ende 2001 zum Sturz des Taliban-Regimes; sie besteht zu 85 Prozent aus amerikanischen Truppen, die von französischen, britischen und deutschen Spezialeinheiten verstärkt werden. Erklärtes Ziel des Einsatzes ist es, gegen den Terrorismus ins Feld zu ziehen. (Anm. d. Autorin)

rung. Ich hatte nur noch einen Gedanken: Ich wollte in dieses Land zurückkehren, das ich vom ersten Augenblick an geliebt hatte.

Morad Ait-Abbouche, ein Mitarbeiter des Fernsehmagazins *Des Racines et des Ailes*, hatte vor kurzem eine eigene Produktionsgesellschaft gegründet. Ich nahm Kontakt mit ihm auf und schlug ihm vor, für das *Figaro Magazine* von Patrick de Carolis das Feature *Frühling in Kabul* zu drehen. Ich hatte die afghanische Hauptstadt zwar noch nicht besucht, doch ich hatte zwei bemerkenswerte und engagierte Menschen aus Kabul getroffen, Chantal Véron mit ihren Schulen und die Ärztin Nilab Mobarez, die nach Frankreich emigriert war. Ihre Rückkehr in die befreite Hauptstadt wollte ich filmen. Morad war einverstanden. Das Blatt wendete sich zu meinen Gunsten.

Im Januar 2002 kam ich in eine zerstörte Stadt unter einem strahlend blauen Himmel. Eine Phantomstadt, eine Stadt ohne Seele. An allen Straßenecken bettelten zerlumpte, alte Männer. Auch Frauen saßen unter ihrer geflickten Burka auf der Straße, ein Kind im Arm, und streckten die Hand aus. Doch das schrecklichste Bild sah ich in Nadras bestürztem Blick. Die Exilafghanin hatte ihre Heimat vor zwanzig Jahren nach dem sowjetischen Einmarsch verlassen. Sie ist in Kabul geboren, hier war sie aufgewachsen, hier hatte sie gespielt, studiert, hier war sie Rechtsanwältin geworden und hier hatte sie als junges Mädchen ihre ersten zärtlichen Gefühle durchlebt. Nun blickte sie auf Kabul und erkannte nichts mehr wieder. Wo einmal Häuser, Hotels, Läden,

Leuchtreklamen, breite Alleen, gesäumt von Pappeln, und Gässchen voller Rosensträucher gewesen waren, standen jetzt nur noch Ruinen. Ganze Straßenzüge lagen in Trümmern, die Fenster verbarrikadierter Lokale waren zu Bruch gegangen, überall lagen haufenweise Ziegelsteine und Schutt, durch den streunende Hunde schnürten. Wo früher Autos auf dem Asphalt gefahren waren, war nun alles voller Schlamm, verschwunden war der köstliche Duft von Kebab, der einmal durch die Stadt gezogen war. Wer konnte sich schließlich noch Fleisch leisten? Kabul in seinem Talkessel erstickte nun im Dieselgestank.

»Die Bäume ... Wo sind die Bäume?«, fragte Nadra erschüttert. Gefällt und verbrannt gegen die Kälte des Winters. Alles Grün war aus Kabul verschwunden. Die Chicken Street, die berühmte Flaniermeile mit ihren Basaren und Souvenirständen, war verlassen, nur ein paar Schmuckläden hatten die Taliban-Zeit überlebt. Die einstige Prachtstraße Jaday-e-Maywand mit ihren modernen Geschäften war nur mehr ein Dreckloch.

Abgesehen von der Verwüstung, nahm ich eine Angst wahr, die nicht auszumerzen war. Die Männer trugen weiterhin lange Bärte, wie die Taliban es vorgeschrieben hatten, Frauen huschten, gefangen in ihrer blauen Burka, durch die Straßen wie gehetztes Wild. Die Angst beherrschte die Gedanken der Leute: Und wenn die Taliban nun zurückkämen mit ihren Peitschen, mit ihrer Arroganz und ihrem zerstörerischen Wahnsinn?

Die Menschen in Afghanistan hatten schon alles gesehen, sie hatten alles ertragen. Nun erlebten sie ohne Erstaunen eine Invasion anderer Art: die der Entwicklungshelfer und der humanitären Organisationen. Unter den Entwicklungshelfern waren auch Nostalgiker, ehemalige Rucksacktouristen, die in den Siebzigerjahren hier gewesen und nach wie vor fasziniert waren von diesem Land. Dann gab es auch noch eine neue Generation, die sich mit Feuereifer ans Werk machte; diese jungen Leute hatten Nicolas Bouvier, Ella Maillart oder Joseph Kessel gelesen, sie hatten sich das leuchtende Blau der Bergseen von Band-e-Amir vorgestellt und davon geträumt, beim Reiterspiel *buzkaschi* durch die Steppe zu galoppieren. Nachdem die Grenzen nun offen waren, wollten sie die Noblesse eines Volkes entdecken, die, so sagt man, nirgendwo ihresgleichen hat. Jedenfalls hatten sie alle Hände voll zu tun.

Nach ein paar Drehtagen kannte ich die ganze französische Gemeinde; die Expats, also alle Ausländer, logierten in den wenigen Guesthouses, die einigermaßen hergerichtet waren und überhaupt Gäste beherbergen konnten. Und es war egal, wenn die Holzöfen nicht funktionierten, die Wasserrohre zugefroren waren, das Badezimmer dreckig und der Komfort bescheiden war, denn die Atmosphäre war herzlich. Eine Gruppe junger Leute gefiel mir gleich besonders. Sie waren um die zwanzig und hatten wirklich Mumm, sie kamen quasi frisch von der Universität und steckten voller Idealismus. Rodolphe Baudeau und Eric Davin hatten zwei Jahre zuvor Zentralasien bereist und hegten seitdem eine wahre Leidenschaft für diese Region. Eric, ein groß gewachsener, zuvorkommender junger Mann, hatte an der Pariser Wirtschaftshochschule HEC studiert und ein Start-up-Unternehmen gegründet, Rodolphe hatte sein

Diplom an der privaten Wirtschaftshochschule ESSEC gemacht und war leitender Angestellter bei *L'Oréal* gewesen. Beide hatten sich also konsequent für eine Karriere in der Wirtschaft entschieden. Auch ihren Freund Florent Milesi plagte die Reiselust; der ESSEC-Abgänger war Direktor des *Centre de Formation en Ressources Humaines* in Grenoble, eine Stelle, die ihn jeden Tag mehr von fernen Horizonten träumen ließ.

Die drei Männer hatten geplant, zusammen eine Videoreportage über Kapstadt zu machen. Im Juli 2001 trafen sie aber dann in Paris den iranischen Fotoreporter Reza Deghati und den jungen afghanischen Journalisten Fahim Dashty. Reza war berühmt, er hatte schon viele Dokumentationen über Massud veröffentlicht, und Fahim filmte seinen geliebten General, wie er es auch im Pandschir getan hatte, als ich ihn dort traf. Die drei Franzosen waren beeindruckt von der Arbeit der beiden Männer und den Risiken, die sie dafür auf sich nahmen.

Nun hätte man es bei der Bewunderung bewenden lassen und wieder getrennte Wege gehen können. Doch im Sommer 2001 begegneten Eric, Rodolphe und Florent noch einem dritten Mann: Renaud Helfer-Aubrac, der sich auf eine Reise nach Kabul vorbereitete, um dort im Auftrag der Menschenrechtsorganisation *Droit de Parole* den UKW-Sender *Radio Sada-e-Solh*, die »Stimme des Friedens«, aufzubauen. Und so ließen die drei Freunde die geplante Kapstadt-Reportage zugunsten des Projekts *Es war einmal in Kabul* fallen, das sie an *arte* verkauften: ein Porträt der afghanischen Hauptstadt, angefangen bei der Ankunft der Hippies bis zum Einmarsch der Taliban. Renaud Helfer-Aubrac reiste am

10. September ab, und die drei wollten ihn begleiten, doch in letzter Minute kam ihnen etwas dazwischen, sodass nur Florent Milesi mit nach Kabul flog. Er wusste nicht, dass Massud einem Attentat zum Opfer gefallen war. Er landete in Afghanistan, als die Türme des World Trade Center in sich zusammenstürzten. Zufällig ergab es sich, dass er der einzige Amateurfilmer war, der die Ankunft der amerikanischen B52-Bomber dokumentieren konnte, abgesehen von CNN.

Ich hatte das Trio im Oktober 2001 in der afghanischen Botschaft in Paris getroffen. Wir waren uns gleich sympathisch gewesen. Ich hatte ihnen gesagt, dass ich nach einer Möglichkeit suchte, wieder in dieses faszinierende Land zu reisen. Die jungen Männer waren von echtem Unternehmungsgeist getrieben, sie wollten Unglaubliches auf die Beine stellen, sie dachten groß: Sie wollten Journalisten ausbilden und die Medien wiederbeleben, die vor so vielen Jahren mundtot gemacht worden waren. Ich sagte zu ihnen: »Wenn ihr etwas für mich habt – ich bin sofort dabei.«

Am 30. Dezember 2001 kamen die drei in Kabul an und gründeten zusammen mit Reza und mithilfe von UN-Subventionen das Medienzentrum *Aina*, was auf Dari »Spiegel« heißt. Dieser Spiegel zog mich an.

Im Juli 2002 war ich also wieder in Kabul. Ich hatte meinen ganzen Urlaub genommen – zusammen mit den Arbeitszeitausgleichstagen drei Monate. Bei *Aina* sollte ich die Ausbildung im Videosektor übernehmen.

Bei seinem Aufenthalt in Frankreich hatte Florent Milesi mich in Nancy angerufen. Dieser Mann strotzte vor Ideen, und sie waren immer toll. In seiner ersten Zeit in Afghanistan hatte er ein Wanderkino betrieben. Mit einer kleinen Truppe war er durch ganz Afghanistan gekommen, überallhin, wo er mit seinem Kleinlaster durchkam, und hatte den begeisterten Kindern, die vor dem Wagen auf dem Boden saßen, Chaplin-Kurzfilme vorgeführt. Das muss schön gewesen sein – die Kinder kichern und lachen zu hören und zu sehen, wie die kleinen Geschöpfe, die so lange ernst oder gar unglücklich sein mussten, fröhlich wurden. Er zeigte auch informative Filme über Gesundheitspflege, Hygiene und Minenprävention. Mit seinem Zauberwagen zog er in die entlegensten Dörfer und schlief wie ein Pilger bei gastfreundlichen Leuten in einem Nomadenzelt auf einer Matte auf der nackten Erde … Und er war kerngesund.

Nun suchte er jemanden, der Mädchen zu Fernsehjournalistinnen ausbildete, zu *camerawomen*. Eine ziemlich kühne Idee in einem Land, in dem die Träume der Frauen unter einem Schleier mit Sichtfenster begraben sind. »Bist du dabei?« Und ob! »Prima! Aber es gibt kein Honorar, wir haben kein Geld.« Ich nahm einen Kredit auf, um mein Konto zu sanieren, dann packte ich meinen Koffer.

Aina liegt mitten im Stadtzentrum, gleich neben einem der belebtesten und lautesten Verkehrsknotenpunkte, dem Malik-Aschgar-Platz. Auf einem runden Podest stand ein Verkehrspolizist im Prachtgewand und versuchte mit einer Trillerpfeife und mit weit ausladenden Armbewegungen ein wenig Ordnung in das Chaos aus Lastern, Jeeps, Fahrrädern und Handwagen zu bringen, die aufeinander zustrebten, ohne die leiseste Ahnung, so schien es jedenfalls, wie man Bremse und Blinker bedient. Ein größeres Durcheinander hatte ich noch nie erlebt. Dazu kamen noch die Panzerwagen der Amerikaner, die sich in die Menge drängten und sich ihren Weg zwischen den mit Bündeln, Gemüse oder Menschentrauben überladenen Wagen hindurchbahnten.

Das *Aina*-Gebäude war schön. In Trümmern zwar, aber vielversprechend. Die drei Häuser, die um einen Innenhof herum lagen, hatten unter den langen Kriegsjahren gelitten, doch ein Schwarm Afghanen machte sich bereits mit der Maurerkelle daran zu schaffen. Durch diese Männer erlebten wir jeden Tag aufs Neue, wie wahr das afghanische Sprichwort ist: »Nachts soll man schlafen, tags ruhen, und der Esel soll arbeiten.« Die Mieten waren astronomisch, der Besitzer verlangte für das ganze Anwesen in diesem Zustand 4000 Dollar. In einem Trakt wohnten die *Aina*-Mitarbeiter, in den anderen beiden Häusern entfaltete der Verein seine verschiedenen Aktivitäten.

Ich traf Fahim Dashty wieder. Er war nicht mehr der Junge, den ich in Hodscha Bahauddin kennengelernt hatte. In seinem Gesicht und an seinen schmalen Händen waren noch die Spuren der Explosion zu lesen, die seinen General getötet hatte. Außerdem verlangsamte ein leichtes Stottern seine Artikulation. Er hatte den Mann verloren, den er als Vater, als Held, als Kommandeur und Freund zugleich betrachtet hatte, und musste nun, wie auch Zubair, mit dem Schmerz leben. Den Anblick einer Kamera konnte er nicht mehr ertragen, eine anfassen schon gar nicht. Daher war er zu den Printmedien übergewechselt und war für ein tolles Projekt verantwortlich – als Chefredakteur sollte er die Wochenzeitung *Kabul Weekly* wieder aufbauen.

Drei Monate und keinen Tag mehr – so viel Zeit hatte ich, um meinen Auftrag zu erfüllen. Durch Mundpropaganda machte ich bekannt, dass bald ein Kurs für junge Fernsehreporterinnen beginnen würde. Die Information machte schnell die Runde, und kaum eine Woche nach meiner Ankunft hatte ich schon über vierzig Bewerberinnen geprüft. Als ich, noch in Nancy, über die Sache nachgedacht hatte, hatte ich mir vorgenommen, zehn Mädchen zu nehmen, doch eine Freundin hatte überzeugend argumentiert: »Warum denn nur zehn? Sie sollen ihre Chance haben, nimm zwanzig.« Und so empfing ich eine nach der anderen.

Sie kamen allein und mit kleinen Schritten, die Gestalten in der blauen Burka, die sie mit einer geübten Handbewegung abnahmen, kaum dass die Tür hinter ihnen geschlossen war. Schüchtern und wachsam setzten sie sich in meinem Büro auf den Rand der Stühle. Sie waren schrecklich aufgeregt, denn es war fast nicht zu glauben: Sechs Jahre der Nichtexistenz und der Angst im Nacken könnten sich in Sekundenschnelle auflösen, wenn ich sie zum Kurs zuließ. In der Sicherheit, dass wir allein und unter Frauen waren – sie, die kleinen Hüterinnen zerschlagener Träume, und ich, die an die Mädchen glaubte, ohne sie zu kennen –, sahen sie mir vertrauensvoll in die Augen. Große, dunkle, manchmal auch grüne Mandelaugen. Ich besah mir ihre Gesichter genau. Sie sahen aus wie Rehe, wie kleine Vögel, oder sie waren sanft und rund wie der Mond. Sie waren schweißgebadet, schwarze Strähnen klebten an der Stirn, so heiß war es im Hochsommer unter ihrer Burka. Mir war klar, dass ich einer Generation gegenübersaß, die noch nie etwas anderes gehört hatte als Bombenlärm.

Wie sollte ich meine Auswahl treffen? Ihre Persönlichkeiten hatten sich unter der Burka gebildet, einige waren darunter zerbrochen. Die objektiven Kriterien interessierten mich weniger – welche Schulbildung sie hatten oder ob die eine besser Englisch sprach als die andere. Ich suchte das Feuer, den Mut, den »Biss«, den jeder gute Journalist haben muss. An ihrem Mut hatte ich nicht den geringsten Zweifel – den hatten sie bewiesen, indem sie heimlich die Schule besucht hatten. Gott allein weiß, wie viel Mut man unter den Taliban brauchte, um sich in dunkle Gassen zu schleichen, das Klopfzeichen an einer Tür zu machen und sich mit anderen Frauen, manchmal auch mit Jungen, in ein Zimmer zu setzen. Flüsternd hatten sie dort ein wenig Mathematik gelernt, ein bisschen Grammatik, ein paar Englischvokabeln und verbotene Gedichte, immer mit dem Risiko, entdeckt, geschlagen und eingesperrt zu werden.

Wen sollte ich wählen? Die zarte, kindliche Anisa, deren Mund sich immer gern zu einem Lachen öffnete? Ihre tragische Geschichte erfuhr ich erst später – eine Tragödie, die man bei Anisas Verhalten nie vermutet hätte, auch kam ihr nie die leiseste Klage über die Lippen.

Ihre Mutter war zehn Jahre zuvor während des Bürgerkriegs getötet worden. Die junge Frau hatte gerade einen Sohn auf die Welt gebracht; sie verrichtete ihr Gebet bei offenem Fenster im obersten Stockwerk ihres

Hauses, als es auf den Dächern zu Schießereien zwischen verfeindeten Mudschaheddin-Gruppierungen kam. Ein Irrläufer setzte Anisas Glück ein jähes Ende. Damals war das Mädchen sieben Jahre alt gewesen. Sie hatte zwar noch einen etwas älteren Bruder, aber der Boss im Haus war sie. Sie fühlte sich für die ganze Familie verantwortlich, sie kümmerte sich um ihren untröstlichen Vater, den neugeborenen Bruder und die vier anderen Geschwister. Sie hätte es nicht ertragen, wenn man sie auf die Familien von Onkeln und Tanten verteilt hätte – der eine am anderen Ende von Kabul, der andere in Dschalalabad oder irgendwo auf dem Land im letzten Winkel Afghanistans, jedenfalls viel zu weit weg von ihr. Damit niemand etwas auszusetzen hatte und sie den Haushalt weiterführen konnte, brachte sie schon im Morgengrauen das Haus auf Hochglanz, sie schrubbte den Boden, bis ihr die Haut in Fetzen von den Händen hing. Dann weckte sie die Kleinen, wusch sie, putzte ihnen die Nase, kochte das Essen für den Vater und brachte die Kinder in die Schule, bevor sie selbst in ihre Klasse ging, einen vier Monate alten Säugling im Arm sowie ein Blatt Papier und einen Bleistift in der Tasche, weil sie für den Ranzen keine Hand mehr frei hatte. Zum Glück hatten die Lehrerinnen Verständnis; Anisa durfte das Klassenzimmer verlassen, wenn der Kleine anfing zu weinen. Ihr Vater, ein liebender Vater, ließ es zu, dass sie sich abrackerte und aufrieb.

Ich sollte noch oft hören, wie Anisa die Klugheit und das Verständnis ihres Vater pries. Jedes Mal fragte ich mich verblüfft, welche unergründlichen Wege diese Vaterliebe genommen haben musste, damit er seinem Kind erlaubte, dieses qualvolle Opfer zu bringen, das es sich auch noch selbst ausgesucht hatte. Die Familie ist in Afghanistan allmächtig, und Anisas Familie hatte nicht nachgegeben: Wenn Anisa sich um die Kinder kümmern wollte, könnte sie natürlich nicht mehr zur Schule gehen. Doch da geriet der Vater in große Wut und jagte die Widersacher aus dem Haus. Seitdem haben die verärgerten Verwandten nie wieder versucht, der Kleinen zu helfen und sie zu entlasten. Doch all das wusste ich nicht, als ich Anisa zum ersten Mal sah.

»Warum bist du hier, Anisa? Weißt du, was wir hier vorhaben?« Nein, das wusste sie nicht so genau. Sie hatte nur gehört, dass eine Französin Mädchen ausbilde, und sei schnell gekommen. Wie sie so ganz aufrecht auf dem Stuhl saß und meinem Blick stolz standhielt, wirkte sie auf mich wie jemand, der auf dem Grund eines dunklen Brunnens festsitzt und ganz weit oben ein Licht und schließlich einen Menschen sieht, der ihm die Hand reicht. Grund genug für mich, sie in den Kurs aufzunehmen.

Wer noch? Massuda mit dem sinnlichen Gesicht, die weiß, wie sie wirkt und die Selbstsicherheit eines Mädchens hat, dem keiner widerstehen kann, schon gar nicht ihr Vater? Er war Mullah und trug sie auf Händen. Massuda war aus Pakistan zurückgekommen, wohin ihre Eltern vor den Taliban geflohen waren. Sie sprach hervorragend Englisch, und ich amüsierte mich insgeheim über ihre Bemühungen, mich davon zu überzeugen, sie zu nehmen: Sie wollte mir zeigen, dass sie das Fernsehen, das gute Fernsehen, kannte – BBC hier und CNN da – und es in Pakistan sehr gut empfangen konnte ... Die anderen Kandidatinnen hatten lediglich Kindheitserinnerungen aus einer Zeit, als Fernsehsendungen noch nicht verboten gewesen waren ...

Oder Farida? Durchscheinende Haut, ganz mager. Sie wirkte zwar wie ein aufgescheuchtes Vögelchen, war aber von energischer Entschlossenheit. Bei der Befreiung von Kabul war sie bei der Besetzung des Fernsehsenders dabei gewesen, stundenlang hatte sie im Foyer gesessen, die einzige Frau unter lauter Männern, ohne Burka, nur mit einem Kopftuch bedeckt, und hatte darauf gewartet, dass man sie einstellte. Und in Afghanistan war damals alles möglich. Jemand hatte sie dann in ein Studio geführt, und dort hatte sie einen Text verlesen, den man auf ein Stück Papier gekritzelt hatte. Und so hatte Farida mit siebzehn Jahren ihrem Land live verkündet, dass der Fernsehsender nach sechs Jahren Unterbrechung seine Arbeit wieder aufnahm.

Ich nahm alle drei und weitere siebzehn Mädchen. Ich teilte die Gruppe – zehn kamen morgens, zehn nachmittags. Mein Dolmetscher war der junge Ramin, der heimlich und ganz allein Französisch gelernt hatte. Etwas unsicher – schließlich hatte ich noch nie unterrichtet – und mithilfe einer großen Schultafel, erklärte ich meiner andächtig lauschenden Schülerschaft die Funktion der Blende, Einstellungen und Aufnahmetechniken. Doch ich spürte, dass die Aufmerksamkeit schnell nachließ. Diese Mädchen hatten sechs lange Jahren wie unter Hausarrest gelebt, ihr Geist war immer nur auf Haushaltsarbeiten gerichtet gewesen, und nun sperrte man sie von einem Tag auf den anderen in ein Klassenzimmer, zwang sie, still an Holztischen zu sitzen, in der Hoffnung, dieses Projekt würde ihnen etwas bringen. Ich verlangte von ihnen eine enorme Leistung.

Die Zeit verging viel zu schnell. Ständig musste ich den Stoff wiederholen und wurde schließlich ärgerlich. Sehr sogar. Meine Wut machte Eindruck auf Ramin, der meine Worte so diplomatisch wie möglich übersetzte. Ich wollte den Mädchen vor allem eine Sache einhämmern: »Ich will euch beibringen, allein zurechtzukommen. Ihr dürft nicht auf die Ausländer zählen, es ist eure Aufgabe, euer Land zu filmen. Und wenn ihr das einmal gelernt habt, kann es euch niemand mehr nehmen. Also, an die Arbeit!« Das wirkte natürlich, doch was wäre morgen noch davon übrig? Ich sah, wie sie sich ganz klein machten, um mich milde zu stimmen, doch dann fingen sie wieder an, Kaugummi zu kauen und in Gedanken abzuschweifen. Und ich musste wieder von vorn anfangen.

Die praktische Arbeit sagte ihnen eher zu. Im Schutz der hohen Mauern unseres Anwesens filmten sie zunächst den Innenhof und die Gärten, die Arbeit in den Büros und das Treiben in der Küche. Bei der Durchsicht ihrer ersten Kassetten war ich schockiert: Für diese Mädchen spielte sich das Leben auf einer schiefen Ebene ab. Und zwar ausnahmslos bei allen. Das musste ganz sicher am Sichtfenster der Burka und am eingeengten Gesichtsfeld liegen. Doch sie verteidigten ihre schiefen Bildeinstellungen und antworteten mir: »Das Leben ist so.« Also musste ich ihnen beibringen, dass das Leben eben manchmal doch lotrecht ist.

Eines schönen Sommermorgens – es war noch so früh, dass der Verkehrslärm die Glöckchen noch nicht übertönte, die in die Mähnen der Esel eingeflochten sind – sah ich, wie Anisa mit gesenktem Kopf den Hof überquerte und ins Klassenzimmer eilte. Wo war ihr Gittertuch geblieben? Im Gebüsch.

Sie hatte es gewagt. Gewagt, nur mit einem einfachen Kopftuch bedeckt und unter den Blicken der Männer durch die Straßen von Kabul zu gehen. Ein ungeheurer Beweis ihrer beginnenden Unabhängigkeit. Sie zitterte. Aus Angst und aus Stolz. Doch es sollte noch acht Monate dauern, bis sie sich nicht mehr nach ihrem Stoffgefängnis sehnte. Ein bewaffneter Schwarzturban hatte sie gezwungen, die Burka zu tragen; damals war sie gerade mal fünfzehn Jahre alt gewesen. Sie hatte viel geweint, war gestolpert und gefallen, hatte gedacht, sie würde ersticken, doch dann hatte sie sich daran gewöhnt. Sie gestand mir: »Ich habe mich geschämt, die Burka zu tragen, heute schäme ich mich, ohne sie auf die Straße zu gehen.« Doch wie sollen die Mädchen eine Kamera halten, wenn sie in ihren Bewegungen behindert sind?

Schon bei meiner Ankunft hatte man mich vor dem schrecklichen Druck gewarnt, dem die Menschen in Afghanistan und besonders die Frauen ausgesetzt sind. Eine einzige falsche oder falsch verstandene Handlung, und ihr Ruf wäre zerstört, Schande würde über die ganze Familie kommen. Ich hatte daraufhin eine Regel aufgestellt, von der weder ich noch meine Schülerinnen jemals abwichen: Jedes Verhalten vermeiden, das andere schockieren könnte. Ich wusste, dass die Eltern mir beim kleinsten Verstoß die Mädchen wegnehmen würden und sie sich dann im Handumdrehen auf dem Heiratsmarkt wiederfinden würden. Jeden Abend brachte ich meine Schülerinnen im Wagen und mit unserem Fahrer nach Hause, denn es war undenkbar, dass ein Mädchen nach Einbruch der Dunkelheit noch auf der Straße war. Dadurch hatte ich Gelegenheit, mit den Eltern zu sprechen und sie zu beruhigen. Immerhin hatten sie Mut bewiesen; sie hatten ihren Töchtern erlaubt, Journalistinnen zu werden, und waren dem Gerede entgegengetreten. Ihr Vertrauen in mich hing also an einem seidenen Faden.

Wie es die Tradition verlangt, empfingen sie mich immer sehr gastfreundlich. Man bot mir Tee und Gebäck an, man lud mich zum Essen ein; ich lehnte ab, doch sie bestanden darauf. Diese Menschen hatten weder Fleisch noch Gemüse für ihre Kinder, doch ich wusste, dass sich in meinem Teller das Beste finden würde. Das konnte ich nicht annehmen. In ihren Wohnungen gab es weder Strom noch fließendes Wasser, doch es war dort so makellos sauber wie in den Zelten der Flüchtlinge.

Der Ramadan begann. Wenn die Expats von *Aina* am Abend zusammensaßen, floss oft reichlich Alkohol; das war ganz normal, um die Nerven zu entspannen, die durch den schwierigen Alltag aufs Äußerste gereizt waren. Ständige Stromausfälle, arktische Kälte im Winter, Sprachbarrieren – und alles in dieser unmittelbaren Nachkriegsatmosphäre – rechtfertigten diese kleinen Kompensationen. Dennoch war es mir peinlich, wenn ich morgens zum Frühstück herunterkam und überall überquellende Aschenbecher und leere Bierflaschen herumstanden. An einem Morgen während des Ramadan entsorgte ich alles zusammen mit zwei anderen französischen Journalistinnen, die davon genauso unangenehm berührt waren wie ich – damit die muslimischen Putzfrauen es nicht machen mussten. Und um zu vermeiden, dass diese Frauen überall herumerzählten, die jungen Leute aus dem Westen hätten ausgesprochen schlechte Manieren. Denn unsere Schülerinnen wären die Ersten gewesen, auf die das zurückgefallen wäre.

Nach ein paar Wochen hatten die Mädchen gelernt, wie man eine Kamera einstellt, sie hatten begriffen, was ein Bild ist und wie man es aufbaut. Doch um welchen Preis! Diese Arbeit zehrte mich vollkommen aus; in der Regel hatte ich nicht einmal mehr die Kraft, zu Abend zu essen, ich fiel nur noch ins Bett. In meinem Zimmerchen gab es nur ein Bett und einen Stuhl; dort konnte man nicht umhergehen und sich entspannen. Doch am Morgen gaben mir der Enthusiasmus der Mädchen, ihr Lachen und ihre Selbstsicherheit wieder neue Energie. Ihr Wissensdurst und ihre unbändige Lust, ihr Leben zu verändern, waren geradezu greifbar. Ich sah sehr wohl, dass sie nun so weit waren, eine erste Reportage zu drehen, doch ich konnte ihnen nichts anderes anbieten als Kleingruppenarbeit in der Einrichtung *Aschiana*, die sich um Straßenkinder kümmert. Die Straße selbst war uns noch verwehrt – bei dem ungeheuerlichen Anblick junger Afghaninnen mit einer Kamera in der Hand würden die Leute zusammenlaufen, und die Nervosität, die noch überall herrschte, könnte in Aggression umschlagen.

Kabul ist wie ein Dorf, in dem jeder jeden kennt. Mit dem ungewöhnlichen Team, den leidenschaftlichen, aber nicht ausgebildeten humanitären Helfern, hatte *Aina* alle Sympathien gewonnen. Und die Leute drängten sich bei uns Außerirdischen, weil wir immer die tollsten Feste feierten.

Mitte September neigte sich meine Mission dem Ende zu. Bei *Aina* wurde ein Fest gefeiert, zu dem alles zusammenkam, was in Kabul und bei den Hilfsorganisationen Rang und Namen hatte. Ich bat ein paar Schülerinnen zu filmen, es gab Stoff für eine schöne, kleine Reportage. Ich prüfte, ob ihre Burka auch richtig saß, und schickte sie mit der Kamera hinein in das bunte Treiben. Massuda und Nilab – nicht zu verwechseln mit der Ärztin Nilab Mobarez – arbeiteten konzentriert. Dann kam der Präsident der UNESCO. Als er die Mädchen sah, war er sprachlos. Diese Frauen, die so viele Jahre lang nichts gegolten hatten, waren an diesem großen Tag zugegen und benahmen sich wie TV-Profis!

Schon am nächsten Tag gestand uns die UNESCO einen Arbeitsetat zu, andere Organisationen folgten auf dem Fuße. Wir waren geradezu reich. Ich bekam aus dem Budget ein Honorar von 1000 Euro; so konnte ich bei *France 3* einen längeren unbezahlten Urlaub beantragen und meine Kurse fortführen.

Manchmal fehlte es meinen Schülerinnen an Ausdauer. Kaum hatten sie eine Reportage gemacht, schwänzten sie auch schon wieder den Unterricht, sobald sie einen kleinen Job in Aussicht hatten und ein paar Dollar verdienen konnten, um ihre Familien zu ernähren. Da sich unsere Kasse gefüllt hatte, beantragte ich, ihnen ein Honorar von 100 Dollar pro Monat zu bezahlen. Dafür mussten sie aber auch täglich erscheinen, ansonsten würde ich sie rauswerfen.

In den Medien feierten wir Triumphe. Ausländische

und afghanische Journalisten interessierten sich gleichermaßen für uns. Ein Artikel in der nationalen Presse veranlasste die englische Dokumentarfilmerin Polly Hyman, die gerade in Kabul war, uns zu besuchen. »Brauchen Sie qualifizierte Arbeitskräfte?«, hatte sie lächelnd gefragt. Sie war im Nu eingestellt. Polly stand mir im Unterricht zur Seite, und ich durfte erleben, wie gut es tat, mit jemandem zusammenzuarbeiten, mit dem man auf einer Wellenlänge lag und der die Traditionen der afghanischen Gesellschaft voll und ganz respektiert; das war eine wesentliche Voraussetzung für unsere gemeinsame Arbeit.

Eines Nachmittags im August kam Zubair zu Besuch. Er hatte den Pandschir verlassen und sich mit seiner jungen Frau in der Hauptstadt niedergelassen, wo er wie so viele andere hoffte, Arbeit zu finden. »Tust du mir einen Gefallen, Brigitte?«, fragte er. »Nicht für mich, sondern für ein junges Mädchen, das zu Hause nicht genug zu essen hat. Die Familie ist mittellos ... Kannst du sie in deinen Kurs aufnehmen?« Uns verbanden so viele Erinnerungen, dass ich ohne Weiteres zusagte. Dann trat er von einem Fuß auf den anderen, er schien zögerlich: »Sie ist behindert, sie hinkt. Im Bürgerkrieg wurde ihr ein Bein zerfetzt.«

»Gut, wir werden sehen. Wenn sie nicht beweglich genug ist, um zu filmen, kann sie vielleicht eine gute Cutterin werden. Bring sie her.«

Am nächsten Tag, ich gab gerade Unterricht, kam Zubair ins Klassenzimmer. Hinter ihm eine schwarz verhüllte Gestalt, wie man sie zu Dutzenden in den Straßen von Kabul sieht. Sie humpelte. Der Schleier war bis zu den Augenbrauen über die Stirn gezogen, ihr Gesicht war olivbraun, die Nase gebogen, die Haut fleckig – dieses arme Geschöpf war bestimmt nicht von der Natur gesegnet. Doch was bei ihr am auffallendsten war: Kein Funke Leben schien in ihr zu glühen, sie hatte nicht das geringste Selbstvertrauen, nicht die kleinste Hoffnung. Fauzia, so hieß sie, versteckte sich hinter Zubair. Mir war klar, dass sie auf ein Fingerschnippen hin am liebsten aus unserem Blickfeld verschwunden wäre. Vor mir stand eine junge Frau von zweiundzwanzig Jahren, vom Unglück geschlagen und verstört bis ins Mark. Man musste ihr Sicherheit geben, verhindern, dass sie sich noch weiter verschloss. Ich lächelte. Ihr Blick streifte mich, dann verlor er sich über meiner Schulter, während ich ihr Fragen stellte.

Mit kaum hörbarer Stimme erzählte sie, dass sie für das Rote Kreuz Kleider nähe. Nach dem Tod ihres Vaters sei sie nun das Familienoberhaupt, und die paar Afghani, die sie verdiente, reichten nicht aus, um all die Münder zu füttern. Fauzia entsprach keiner einzigen Anforderung, die ich an meine Schülerinnen hatte, aber ich brachte es nicht übers Herz, sie wegzuschicken. Was ich jedoch bald schon bereuen sollte. Die anderen Schülerinnen bereiteten mir gelegentlich Sorgen, das war ein Aspekt ihrer nicht zu brechenden Kraft, die mir so an ihnen gefiel. Fauzia war da ganz anders. Sie kam immer und war immer pünktlich, doch sie war auch immer desinteressiert und weigerte sich, die wenigen Kenntnisse aufzunehmen, die ich ihr gern vermittelt hätte. Als hätte all das sowieso keinen Sinn. Als hätte sie sich in eine unerreichbare, dunkle Ecke zurückgezogen und alle Öffnungen verbarrikadiert.

Eines Nachmittags hatte ich dafür keinen Nerv mehr, ich ließ die Gruppe allein arbeiten und ging mit Fauzia in mein kleines Büro, um Klartext zu reden. Ich machte es mir in meinem Sessel bequem, Fauzia setzte sich mir gegenüber. Ich sah Angst in ihrem Blick, ihr Gesicht aber war verschlossen. Ich verschränkte die Hände, beugte mich zu ihr vor und sah ihr offen in die Augen. Meine Aufgabe war es auch, vorgetäuschte Ambitionen zu entlarven. Fauzia hatte keinerlei Ambitionen – wenn doch, dann verbarg sie sie jedenfalls gut –, nein, sie war hier, weil man sie hierher gebracht hatte. Ich durfte nicht schwach werden. Mit fester Stimme sagte ich: »Man hat dir eine Möglichkeit gegeben, dein Leben zu verändern; das ist deine Chance. Du solltest dafür arbeiten wie besessen, doch stattdessen verschließt du dich und dämmerst dahin. Es ist dein Leben, Fauzia, nicht meines. Du allein entscheidest darüber.« Ich hatte den Eindruck, dass ihr Gesicht zuckte, doch ich hörte sie widerwillig sagen, dass sie sich anstrengen wolle.

Am Abend saßen wir im Aufenthaltsraum zusammen, entspannten uns und unterhielten uns, ich sprach mit Polly über Fauzia. Verärgert sagte sie: »Ich verstehe nicht, warum du sie überhaupt genommen hast. Sie macht rein gar nichts, wir bemühen uns völlig umsonst …« Ich zögerte. Ich wollte nicht Gefahr laufen, eine überstürzte Entscheidung zu treffen, vor allem wollte ich nicht ungerecht sein und Fauzia in eine Hölle zurückschicken, aus der sie vielleicht nie wieder herauskäme. Ich seufzte. »Das Mädchen ist erschöpft vom Leben. Meinst du, das wären wir nicht auch, wenn wir tagtäglich um ein Stück Brot kämpfen müssten, ohne es jemals zu bekommen?« Aber Polly war unbeugsam: »Ich sage dir: Wir müssen Fauzia rauswerfen, wir verschwenden bei ihr nur unsere Energie ...« Doch meine Entscheidung war gefallen: »Nein, wir behalten sie. Ich setzte meine Ehre daran – wenn es dieses Mädchen schafft, dann haben auch wir es geschafft!«

Wir putzten das ganze Haus von oben bis unten, räumten die Büros auf und stellten Dutzende Stühle in tadellosen Reihen im Klassenzimmer auf. Ich erwartete die Familien meiner Schülerinnen, und sie sollten nicht die leiseste Kritik am Zustand des Hauses haben. Sie kamen – ein rauschender Strom aus Vätern, Brüdern, großen Schwestern. Sie begrüßten einander und setzten sich auf ihre Plätze, die Frauen etwas abseits, wie es der Brauch will. Ich kannte alle, nachdem ich die freundlichen Einladungen zum Tee angenommen hatte, wenn ich ihre Töchter nach Hause brachte. Nun hatte ich sie eingeladen, weil ich ein wichtiges Anliegen hatte: Ich wollte mit ihren Töchtern eine Reportage machen, die uns quer durchs Land führen sollte.

Mit Ausnahme von Massuda hatten die Mädchen in ihrer Jugend weder Bilder noch Informationen bekommen, die meisten waren nie aus Kabul hinausgekommen und wussten nicht einmal, wie ihr Land aussah. Der Verein hatte gerade Mittel von der *Asia Foundation* bekommen, um eine Dokumentation über Frauen in Afghanistan zu drehen. Die Exilafghanin Shaista Wahab sollte aus den USA anreisen und die Interviews machen. Das war eine wunderbare Gelegenheit, meine Mädchen mitzunehmen und ihnen eine andere Luft um die Nase wehen zu lassen. Es ging weniger um den Dreh an sich, vielmehr sollten sie aufmerksam beobachten, wie Shaista diese Gespräche führte. Ich hoffte auch, dass diese Geschöpfe, die immer aufgeregt herumflatterten, lernen würden zuzuhören, eine Eigenschaft, die ihnen eindeutig fehlte. Dieses Projekt würde ein paar Wochen in Anspruch nehmen und uns in Kleingruppen nach Bamiyan, Herat, Dschalalabad und in die Provinz Badachschan führen. Die Tour war nicht ungefährlich, nicht alle Straßen waren gesichert, meine Mädchen müssten ohne den Schutz der Burka arbeiten und ganz sicher müssten sie mit Männern sprechen, die sie nicht kannten, und ihnen in die Augen blicken. Ohne die rückhaltlose Zustimmung der Eltern war diese Unternehmung vollkommen undenkbar.

Ich wusste, dass einige Väter sehr zögern würden. Massudas Vater war Mullah, er schien mir der Gegner zu sein, der am schwersten zu überzeugen war. Er strich sich über seinen kurz geschnittenen Bart und wartete, bis es ruhig war, dann ergriff er das Wort. Durch seine natürliche Selbstsicherheit war er der Wortführer der Gegner. »Im Hadith steht, dass die Frau die Stadt nicht ohne ihren *Mahram** verlassen darf. Wenn unsere Töchter nun mit Ihnen in die Provinzen reisen, wäre das ein Verstoß gegen unsere Religion.« Die Diskussion hatte begonnen. Ich führte an, dass die Reisen gefahrlos wären, weil ich über meine Schülerinnen wachen würde wie über meinen eigenen Augapfel. Wie eine richtige Mutter.

* Männlicher Begleiter aus der Familie des Mannes. (Anm. d. Autorin)

Oder hätten sie schon einmal Grund gehabt, sich über mein Verhalten oder über meine Entscheidungen zu beklagen? Zu meiner Überraschung stellte sich heraus, dass der Mullah in erster Linie ein Vater war, dem es nur um das Wohl seiner Tochter ging.

Andere sprachen sich von Anfang an für diese Reise aus. Zum Beispiel Anisas Vater, der seit Kursbeginn die ständigen Angriffe der Verwandten abwehren musste. »Es ist nicht gut, dass ein Mädchen eine Kamera bedient, das entspricht nicht unserer Kultur«, warfen sie ihm vor. Kultur hin oder her – der Mann, der gesehen hatte, dass seine kleine Tochter ihre Geschwister großgezogen hatte, wie man es von einem Kind niemals erwarten würde, hat sich gegen seine Sippe gestellt: »Ich sehe da überhaupt keine Probleme. Anisa ist meine Tochter, sie steht unter meinem Schutz, nicht unter eurem. Ihre Zukunft geht euch gar nichts an.« Und er sagte den aufmerksamen Zuhörern, wie stolz er sei, dass seine kleine Anisa Journalistin werden und der ganzen Welt ihr so lange vergessenes Land zeigen könne. Nein, er denke nicht, dass sie bei diesen Reisen vom rechten Weg abkomme. Und mit einem ermutigenden Lächeln gab er mir seine Zustimmung.

Für die anderen hatte ich ein Argument parat, für das sie ganz sicher empfänglich wären: »Sie müssen wissen, dass alle Mädchen, die die Zustimmung der Eltern nicht bekommen, ihre Ausbildung abbrechen müssen. Es wäre sinnlos, unter diesen Umständen weiterzumachen. Wie sollen sie richtige Reportagen drehen, wenn sie das *Aina*-Gelände nie verlassen dürfen?« Ich hoffte, dass die eine oder andere Familie nachgeben würde, wenn sie erfuhr, dass sich die 100 Dollar, die jeden Monat das Familienbudget aufstockten, in Luft auflösen würden. Dennoch zogen es drei Familien vor, auf das Gerede Rücksicht zu nehmen und auf den Geldsegen zu verzichten. Für die Mädchen, die den Kurs nun verlassen mussten, tat es mir leid. Ich wagte kaum, mir ihre Zukunft vorzustellen, die so weit von der Freiheit entfernt war, die sie sich erträumt hatten.

Die Reise nach Bamiyan, unserer ersten Station, war alles andere als eine vergnügliche Spritztour. Zehn Stunden Fahrt auf einer grauenhaften Trasse. Die Afghanen wissen schon lange nicht mehr, wie eine geteerte Straße aussieht. Askar, unser Fahrer, schlängelte sich virtuos zwischen Schlaglöchern und Granateinschlägen hindurch und tastete sich am Rand schwindelerregender Schluchten entlang. Auch mussten wir uns vor Antipersonenminen in Acht nehmen, die überall im Boden steckten. Die Entminung hatte zum Glück begonnen, und die Behörden ließen provisorische Hinweise am Straßenrand anbringen. Eine kleine Steinpyramide, die weiß gestrichen war, bedeutete: »Freie Fahrt, gesäubertes Gebiet.« Eine rote Pyramide besagte: »Gefahr! Vermintes Gelände.« Als Fahrer in Afghanistan musste man wahrlich Profi sein.

Ich hatte Nilab und Massuda ausgewählt, um Shaistas erste Interviews zu filmen. Wie die Mädchen war auch ich zum ersten Mal in dieser Region. Doch meine Begeisterung beruhte weniger auf der Schönheit der Landschaft als auf dem Anblick, den meine Schülerinnen boten. Mit jedem Kilometer kamen sie mehr aus der

Reserve und gaben sich dem Staunen hin. Beim ersten Halt in einem Dorf hatten sie sich noch nicht getraut, den Wagen zu verlassen. Der Fahrer hatte ihnen Tee gebracht, den sie schweigend tranken, während sie zusahen, wie die Sonne aufging. Beim zweiten Stopp schien die Sonne schon so stark, dass sie das Bedürfnis hatten, sich die Beine zu vertreten. Ich prüfte, ob die Burka auch richtig saß, und so gingen wir in eine *tschaichana*, ein Teehaus an der Straße. Man hätte es für ein Puppenhaus halten können mit den alten Teekannen aus Emaille, die auf kleinen Holzregalen standen. Es roch dort gut nach Holzfeuer und Spiegeleiern. Wir starben vor Hunger. Nachdem unser Eintreten verblüfftes Schweigen hervorgerufen hatte, führte uns der Wirt in einen kleinen Nebenraum; dort waren wir vor den Blicken der Männer geschützt, die uns nicht aus den Augen gelassen hatten. Vor der Tür zogen wir die Schuhe aus. Nilab und Masuda sprachen beide wenig, sie waren eingeschüchtert und achteten voller Sorge darauf, sich geziemend zu benehmen und keinen Fehler zu machen.

Später hielten wir am Ufer eines Bachs. Sie sogen die Luft, die so viel frischer war als im hoffnungslos verrußten Kabul, tief in ihre Lungen ein. Sie tollten herum, bespritzten sich mit Wasser und lachten aus vollem Hals. In diesen wenigen Minuten sah ich in ihnen die kleinen, verspielten Mädchen, die sie nie hatten sein dürfen. Bevor wir Kabul verließen, hatte ich ihnen lange Mäntel und Wollhandschuhe gekauft, damit sie bei der Arbeit nicht frieren müssten. Es war ja bereits Ende November.

Bei der Ankunft in Bamiyan stockte uns der Atem. So weit das Auge reichte, erstreckte sich vor uns das schönste Tal der Welt, gesäumt von Felsen, die in der untergehenden Sonne purpurrot und ockergelb glühten. Ein beschaulicher Ort von vollkommener Reinheit, gesegnet von den Göttern. Ich begriff, warum die Buddhisten damals diesen Ort ausgewählt hatten, um eine Königsstadt zu errichten und sie mit heiligen Stätten zu umgeben. In der Ferne, im Norden, zogen zwei große Nischen den Blick auf sich wie leere Augenhöhlen: Es waren die beiden dunklen Löcher, wo fünfzehnhundert Jahre lang die großen Buddha-Statuen gestanden hatten, bis die Taliban sie anderthalb Jahre zuvor, im März 2001, sprengten. Dahinter stand das UN-Quartier, wo wir erwartet wurden. Wir luden Taschen, Decken und Federbetten aus dem Wagen, trugen sie auf unsere Zimmer und fielen mit einem überglücklichen Lächeln auf den Lippen ins Bett.

Am nächsten Morgen ging ich auf die Terrasse und sah zu den Felsen hinüber. Ich hatte das Gefühl, in einem Technicolor-Film zu sein. Das Panorama war überwältigend, der Himmel strahlend blau ... Ich hatte ein Geschenk der Natur vor Augen. Gleich darauf gingen wir auf Erkundung ins Tal, das einst fruchtbar und friedlich gewesen war. Nun war es die Zuflucht der Hazara, eines turkmenisch-mongolisch-stämmigen, ehedem nomadischen Volkes mit runden Gesichtern und schmalen Augen. Die Hazara stehen auf der sozialen Leiter ganz unten, man halst ihnen die beschwerlichsten Arbeiten auf, sie haben kaum Rechte. Ihre Geschichte ist eine Geschichte der Verfolgung und Unterdrückung, und zwar seit Menschengedenken.

Während wir überlegten, wo wir mit dem Dreh beginnen könnten, sah ich plötzlich, dass die Felsen von Höhlen durchsetzt waren, von bewohnten Höhlen. Ich traute meinen Augen nicht. Frauen und Kinder huschten ein und aus wie Tiere. Diese Höhlen hatte ich schon einmal gesehen. Ich bat Askar anzuhalten.

Wie die Terrassenfelder des Pandschir, wie die Flüchtlingslager von Hodscha Bahauddin hatte ich auch dieses Bild schon einmal gesehen. Wer weiß, auf welchen Befehl meiner Erinnerung es mir ins Bewusstsein gekommen war? Die Visionen, die ich sieben Jahre zuvor gehabt hatte, bekamen eine konkrete Gestalt. Ich war tief betroffen. Damals hatte ich gedacht, ich sei etwas überdreht; das war ich aber nicht gewesen. Dieses merkwürdige Phänomen und seine Wiederholung öffneten mir die Tür zur Welt des Irrationalen. Gehorchte es den Kräften des Unterbewusstseins? Des Schicksals? Ich hatte keine Zeit mehr, weiter darüber nachzudenken – verschleierte Gestalten kamen aus den Höhlen und näherten sich uns.

Sie blieben stehen und schätzten uns von ferne ab. Shaista rief ihnen auf Dari etwas zu, etwas Freundliches, denn die Frauen gingen beruhigt weiter. Eine Frau hatte sich mit entschlossener Haltung an die Spitze der Gruppe gesetzt. Instinktiv wandte sie sich an mich, nahm meine Hand und sagte: »*Mandana baschi* – sei nicht müde!« Und ich antwortete: »*Zenda baschi* – du sollst leben.« Sie hieß Zainab. Ihr knochiges Gesicht mit den tiefen Falten wirkte alterslos. Ich betrachtete ihre Hände, die die meinen hielten – sie waren von tiefen, roten Schrunden durchzogen. Hier im Tal besaßen die Hazara nichts mehr – kein Haus, kein Land, kein Vieh, nicht einmal ein paar Scheite Holz, um Wasser warm zu machen. Und zu essen hatten sie auch nichts. Verzweifelt hob Zainab die Hände: »Wir haben vergessen, wie Fleisch aussieht und wie es schmeckt.« Hinten hockten die Kinder auf dem Boden und schienen in ein Spiel versunken zu sein. Weit gefehlt! Sie sammelten Strohhalme und Grasbüschel – eine Handvoll kärgliches Brennmaterial, um den fast leeren Topf aufzustellen. Die Kälte wurde schneidender, man rechnete bald mit Schnee.

Shaista wollte die alte Frau interviewen. Ich übertrug Massuda das Filmen. Sie wurde blass. »Bist du aufgeregt?«, fragte ich. Meine Massuda, die sonst so oft durch zu viel Temperament auffiel, war nur mehr ein kleines Mädchen, das kneifen wollte. »Ich kann das nicht ... Diese Leute kennen mich nicht, sie würden nie mit mir reden ...« Ich wusste, dass man vor dem allerersten Interview Lampenfieber hat; das ist überall auf der Welt so. Und so fasste ich sie an der Schulter. »Du wirst es schaffen, du wirst allen beweisen, dass du diesen Beruf beherrschst. Okay?« – »Okay«, sagte sie ohne große Überzeugung.

Wir stiegen zu einer Höhle ganz oben im Fels hinauf. Trotz ihres Alters kletterte die Hazara wie eine Ziege. Für mich war die Tour aus Mangel an Übung etwas beschwerlich, dennoch gelangte ich ohne Zwischenfall in Zainabs Reich. Ihr winziges Heim bestand aus nackten Wänden, die in den Sandstein geschlagen waren, einem gestampften Boden und ein paar Strohmatten. Ein kümmerliches Holzfeuer brannte. Zainab hockte sich ans Feuer und wollte unsere Fragen beantworten. In Sekundenschnelle füllte sich der enge Raum mit neugierigen Nachbarinnen. Ich drängte sie vor die Tür zurück und legte einen Finger an die Lippen, damit sie ruhig wären. Über die Kamera gebeugt nahm Massuda angespannt und konzentriert die Einstellungen vor. Nun nahm uns Zainab mit in ihre persönliche Geschichte und die Geschichte ihrer Familie. Ich verstand kein einziges Wort dieser Litanei, doch die Emotionen, die unter diesem monotonen Sprachfluss brodelten, ergriffen mich.

1996, nach dem Bürgerkrieg, war Zainabs Stamm aus dem Iran zurückgekehrt, wohin er sich geflüchtet hatte. Während all dieser Jahre hatten die Hazara nur den einen Traum: auf afghanischen Boden zurückzukehren. Also waren sie voller Zuversicht zurückgekommen. Kaum hatten sich die Familien wieder niedergelassen, kamen die Taliban. Sie plünderten die wenigen Habseligkeiten der Menschen, töteten die Männer und brannten die Häuser nieder. Zainab deutete auf die Kinder. »Sie haben ihre Väter verloren, sie fragen nach ihnen. Wer wird ihnen helfen, wer wird ihnen zu essen geben, wer wird ihnen Kleider bringen? Hier leben Hunderte Frauen, die keinen Mann mehr haben. Von hundert Kindern hat nur noch eines beide Eltern! Was soll aus ihnen werden?«

Sie hätte am liebsten allen Kindern geholfen und keines aufgegeben, aber was sollte sie mit leeren Händen schon ausrichten?

»Die Taliban haben auch Frauen getötet. Sie haben ihnen die Brüste abgeschnitten. Unsere Häuser wurden mit Bulldozern niedergewalzt, Frauen und Kinder waren darin ...« Zainab hatte Unbeschreibliches gesehen.

Ohne eine Träne sah sie uns an, überlegte, wie sie uns überzeugen könnte, weil sie fürchtete, ihre Worte seien dazu zu schwach. »Geht nach Yakaolang ... Sieben-, achthundert Menschen wurden dort ermordet. Wenn ihr Journalistinnen seid, ist es eure Pflicht, die Orte zu besuchen, wo alles verbrannt ist!«

Die Verzweiflung kauerte vor uns im Raum. Zainab schwieg, sie ließ ihren Geist zu diesen schrecklichen Erinnerungen zurückwandern, dann sah sie uns erneut an. Nun schimpfte sie: »Sagt mir, woher kommen die Taliban? Hat Gott sie geschickt? Sie sind wie eine Geißel über uns gekommen. Die al-Qaida hat für die Menschen nichts getan, was man eines Tages in den Geschichtsbüchern loben müsste. Sie haben dem Land ihren schwarzen Stempel aufgedrückt. Gott sei mein Zeuge – die Taliban wollen wir in Afghanistan nie wieder haben.«

Sie wandte das Geicht ab, wischte es mit einem Zipfel ihres Schleiers ab. Ich drehte mich um – die Frauen hinter uns senkten die Köpfe. Ich sah wieder Massuda an. Weinend beugte sie sich über die Kamera. Dann wich sie jäh zurück, als habe die Linse ihr wehgetan. Zainabs Schmerz war Massudas Schmerz geworden. Sie hatte nicht gewusst, dass anderen Menschen ähnliches Leid widerfahren ist, dass an anderen Menschen ähnliche Gräueltaten verübt worden sind. Sie nahm sich zusammen und machte sich wieder an die Arbeit. Dieses Mal filmte sie mit weit offenen Augen die brutale Wirklichkeit, Augen, die den Schmerz wahrnahmen, Augen, die so sensibel geworden waren wie ihre Fingerspitzen und im Takt ihres Herzens schlugen.

Während wir die Ausrüstung wieder einpackten, wandte sich Zainab an Massuda: »Du, du bist eine Frau, du kannst uns verstehen. Versprich mir, Tochter, dass du diese Bilder zeigen wirst, versprich mir, dass du dies alles in der ganzen Welt bekannt machst.«

Massuda versprach es. Es war ihre Pflicht als Journalistin.

Die Rosen von Dschalalabad

Durch den Film, den wir in Bamiyan gedreht hatten, kam Florent Milesi, der Leiter des Videoprojekts bei *Aina*, auf eine tolle Idee. Er schlug vor, ein Roadmovie zu drehen, bei dem unsere Schülerinnen mit Frauen in ganz Afghanistan zusammentreffen würden. Die Frauen vom Land und aus den Bergen würden den Frauen aus der Stadt die Wirklichkeit ihres Landes zeigen. Dieses große Filmprojekt wollten wir für die Sponsoren unseres Vereins anpacken.

Ganz begeistert versammelte ich meine Truppe. Denn abgesehen von ihrem fröhlichen Auftreten waren meine Schülerinnen wunderbar sture, wilde, kleine Biester. Ihr Leid hatte sich in außergewöhnliche innere Kraft verwandelt. Ihre Energie, die manchmal fast an Gewalt grenzte, konnte in Wut und in Streitereien umschlagen, bei denen ich immer wieder eingreifen musste. Als wir in Bamiyan drehten, hatte Shaista, die in Amerika studiert hatte, Nilab gemaßregelt. Die Interviews, die Shaista führte, verlangten Einfühlungsvermögen und Fingerspitzengefühl, doch Nilab mischte sich immer wieder in die vertraulichen Gespräche ein. Empört verwies Shaista die Schülerin in ihre Schranken und fügte hinzu, es wäre im Übrigen taktvoll, wenn sie den Kaugummi aus dem Mund nehmen würde, bevor sie mit jemandem spreche. Das Mädchen wurde pampig und meinte: »Du hast mir gar nichts zu sagen, du weißt nämlich nicht, was wir im Krieg durchgemacht haben! Du warst ja nicht da, als all das passierte ... Wo warst du denn, hä? In Amerika?«

Das konnte ich in meiner Gruppe unmöglich dulden. Ich wollte weder, dass sich die Mädchen bekriegten, noch, dass sie sich in der Opferrolle gegenseitig überboten. Ich wusste, dass alle meine Schülerinnen schreckliche seelische Verletzungen davongetragen hatten, wobei das Exil eine davon ist, ein Splitter im Herzen jedes Emigranten. Ich schnitt Nilab das Wort ab: »Nilab, das darfst du nicht sagen, du entschuldigst dich sofort.« Unnachgiebig sah sie mich an, sie war keineswegs bereit zu kapitulieren. »Du entschuldigst dich, oder du fliegst raus!« Während sie mich noch ansah, verzog sie den Mund; an meiner Entrüstung merkte sie, dass es mir mit meiner Drohung ernst war. Sie kam meiner Aufforderung nach. Aber hatte sie denn eine Wahl?

Bei unserem neuen Projekt befuhren wir eine der unsichersten Straßen des Landes, die Trasse von Kabul nach Dschalalabad, die schließlich über den engen Khaiber-Pass zwischen hoch aufragenden, roten Felsen hindurch weiter in die pakistanische Grenzstadt Peschawar führt.

Diese Verbindung nach Osten schien eine ideale Strecke zu sein, um Journalisten zu kidnappen. Ein Jahr zuvor, am 9. Oktober 2001, war der Franzose Michel Peyrard von *Paris-Match* entführt worden, obwohl er mit einer Burka verschleiert gewesen war. Einen Monat später, am 19. November, kurz nach dem Sturz der Taliban, gerieten vier westliche Journalisten auf dem Rückweg von Pakistan über Dschalalabad nach Kabul in einen Hinterhalt und wurden von einer Bande Bewaffneter getötet: Harry Burton und Azizullah Haidari, die für die Agentur *Reuters* arbeiteten, sowie Julio Fuentes von der spanischen Tageszeitung *El Mundo* und Maria Grazia Cutuli vom *Corriere della Sera*.

Ich wusste noch nicht, dass ich die Tang-e-Gharu-Passstraße noch Hunderte Mal, und oft ganz unbesorgt, befahren würde. Eine eigenartige Fahrt. Sie begann wie ein Gruselmärchen. Es gibt kaum Aufregenderes, als aus dem zerstörten Kabul hinaus zu dem dunklen Kranz aus Bergen zu fahren, der die Stadt umgibt. Man muss viele Kilometer auf einer Serpentinenstraße zurücklegen, auf der man wahrlich eine Gebirgsrallye austragen könnte. Rechts muss man Acht geben, dass man nicht an den steil aufragenden Felsflanken entlangschrammt, links muss man aufpassen, dass man nicht in den Abgrund über dem Kabul-Fluss und dessen wilden Fluten stürzt. Und in der Mitte der Trasse fährt man Slalom zwischen Geröll. Eine enge, zweispurige Straße, über die sich Schlangen von hohen, bunt bemalten Lastern quälen, die Windschutzscheiben mit Fransenbändern und die Stoßstangen mit Glöckchen geschmückt. Jäh reißen die Fahrer das Lenkrad herum, um einer Gruppe Nomaden auszuweichen, die ihre Ziegen vor sich hertreiben. Nicht selten geht das Manöver schief, der Laster kommt ins

Schleudern und zerschellt im Fluss. Oder er kippt um, und die Ladung fällt auf die Straße. Dann ist der Verkehr blockiert, und man wartet endlos, ohne dass man irgendjemanden auf dieser Welt verständigen könnte. Die Geduld der Afghanen in solchen Situationen ist erstaunlich. Sie steigen aus ihren Wagen, erkundigen sich, was los ist, bilden Grüppchen, palavern und zeigen nicht die geringste Ungeduld. So ein Verkehrsstau wirkt dann schnell wie ein Familientreffen. Die einen vertreten sich die Beine, andere wollen allein sein und setzen sich auf die Leitplanke am steil abfallenden Straßenrand. Da hocken sie dann wie erstarrt über dem schwindelerregenden Abhang und sehen mit ihren markanten Profilen aus wie Raubvögel, die sich sogleich in die Luft schwingen wollen.

Hat man aber erst einmal diese nicht enden wollende Schlucht hinter sich gelassen, wird alles anders. Der Horizont wird breiter und heller. Man sieht Hochebenen, die von Terrassenfeldern gesäumt sind, und kurz vor Sarobi wird das Land fruchtbar. Weiter im Norden am Zusammenfluss des Kabul und des Pandschir, bilden die Staudämme der Hydroenergie-Betriebe riesige Seen. Es gibt Palmenhaine und Reisfelder, so weit das Auge reicht. Und im stehenden Wasser spiegelt sich der Himmel … Der feuchte, heiße Orient ist nicht mehr weit.

Ich war unterwegs mit Massuda und Anisa. Ein Journalist des afghanischen Fernsehens begleitete uns, damit wir leichter Kontakt mit den Menschen aufnehmen könnten. Dschalalabad hatte mittlerweile einen schlimmen Ruf. Die ehemalige Hochburg der Taliban, die Hauptstadt der Provinz Nangarhar, hatte lange Zeit Osama bin Laden, seine drei Frauen und seine Kinder beherbergt. Die Macht der al-Qaida war dort fest verankert; die Taliban hatten ein »Araberviertel« eingerichtet, einen Wohnbezirk mitten im Grünen, wo bin Ladens Sympathisanten residierten, die um des heiligen Krieges willen aus Tschetschenien, aus Europa, den USA und Arabien gekommen waren. Und die Region war eines der größten Mohnanbau-Zentren; es wimmelte dort von Opiumhändlern.

Es hatte also Anisas und Massudas ganze Überredungskunst gebraucht, um die Zustimmung ihrer Väter zu bekommen. Vor dem Morgengrauen waren wir losgefahren, die Müdigkeit hing uns noch in den Lidern, eine jede war in ihre Gedanken versunken. Plötzlich hörte ich neben mir auf dem Rücksitz, wo ich eingezwängt zwischen meinen beiden Schülerinnen saß, dass Massuda leise weinte. Ich wühlte in meiner Tasche, zog ein Taschentuch heraus und beugte mich besorgt zu ihr: »Was ist denn passiert?« Verschämt verbarg sie ihr Gesicht unter dem Kopftuch. Doch ich wiederholte meine Frage. »Massuda, warum weinst du?« Ich wartete, bis sie sich wieder beruhigt hatte, dann fragte ich noch einmal nach. Vor Aufregung war ihr Englisch sehr schlecht, doch sie sagte, sie sei vor fünf Jahren schon einmal über diese Straße gefahren. Damals war sie zwölf Jahre alt gewesen.

Ihr Vater war ein fortschrittlicher Mullah, der vor der Machtübernahme der Taliban für den damaligen Präsidenten Mohammed Nadschibullah gearbeitet hatte. Es war die Zeit der sowjetisch gestützten Demokratischen

Republik Afghanistan. 1996 nahmen die Taliban den Präsidenten, den die Afghanen etwas furchtsam »Doktor Nadschib« nannten, gefangen und hängten ihn an einer belebten Kreuzung an einer Straßenlaterne auf. Die Leiche ließen sie dort eine Woche lang wie ein Stück blutiges Fleisch an einem Strick baumeln.

Kurz nach diesem Terrorakt klopfte es eines Morgens bei Massudas Familie. So laut, dass man hätte meinen können, diese Leute wollten die Türe einschlagen. Der Vater war im Badezimmer im ersten Stock, die Mutter öffnete voller Angst die Tür, Massuda drängte sich an sie. Die Bärtigen rissen die beiden brutal auseinander. Sie hatten Kalaschnikows und trugen schwarze Turbane. Und sie wollten den Vater holen. »Sag deinem Mann, dass er kommen soll, sonst töten wir euch.« Wie tollwütige Hunde. Völlig verstört lief die Mutter in den ersten Stock und flüsterte ihrem Mann durch die Badezimmertür zu: »Verschwinde schnell durch die Hintertür.« Massuda klammerte sich an ihre Mutter. Die Männer kamen zu ihnen herauf, die Mutter sagte: »Mein Mann ist nicht mehr hier, er ist nach Pakistan gereist.« Das glaubten die Männer natürlich nicht. Sie packten die Mutter und warfen sie zu Boden. Mit dem Gewehrkolben schlugen sie erst auf ihren Kopf ein und traten mit den Füßen zu, dann traktierten sie den runden Bauch der schwangeren Frau, die in Kürze Zwillinge zur Welt bringen sollte. Die Männer schäumten vor Wut, sie schlugen und schlugen und hörten nicht mehr auf. Massuda schrie. Sie sah, wie ihre Mutter die Treppe hinunterfiel, und hörte die Männer ein letztes Mal drohen: »Sag deinem Mann, dass er zurückkommen soll, sonst kommen wir zurück. Und dann zerstören wir dein Haus und töten euch alle.«

In der Nacht holte der Vater seine Frau und seine sechs kleinen Töchter; sie flohen, ohne etwas mitzunehmen, im Auto über die Straße, auf der wir nun fuhren, Richtung Dschalalabad. Dort hielt sie ein anderer Schwarzturban an, weil der Vater weder einen langen Bart hatte noch einen Turban trug. Auf dem Rücksitz saß Massuda an ihre Schwestern gedrängt unter einer Decke und sah, wie der Mann eine Eisenstange in der Hand hielt, als würde er nur noch wenige Augenblicke zögern zuzuschlagen; Massuda hatte das Gefühl, bei jeder Frage, die der Mann stellte, ein Stück mehr zu schrumpfen. Der Mullah deutete auf seine schwangere Frau, die sich auf dem Beifahrersitz krümmte: Sie brauchte einen Arzt. Der Bärtige ließ sie weiterfahren. Am Morgen waren sie in Pakistan, wo die Mutter niederkam, ein Kind war tot, das andere wohlauf. Die Mutter schwebte noch tagelang zwischen Leben und Tod.

Mein Schmerz war unermesslich. Würde dieses Volk denn je aufhören zu leiden? Wie schafften diese Menschen es nur, diese Gräuel zu überleben, sich aufrecht zu halten und ihre Würde zu bewahren? Wie gelang es ihnen, dennoch über alles Mögliche zu lachen? Sicherlich hatten sie wie Massuda ihre Erinnerungen verdrängt, um weiterleben zu können. Ich drückte das Mädchen an mich, um ihr Wärme zu geben. Wie gern hätte ich sie mit mitfühlenden Worten getröstet, Worten, süß wie Honig, doch stattdessen hörte ich mich sagen: »Massuda, du bist so stark wie ein Mann. Du darfst nie denken, dass du eine wehrlose Frau wärst.«

In ihren Glanzzeiten vor dem Einmarsch der Sowjets hatte die Stadt Dschalalabad im Winter reiche Kabuler angezogen; sie wollten den eisigen Winden entfliehen, die durch die Hauptstadt bliesen. Schon in den Vororten säumten blühende Magnolien die breiten, asphaltierten Boulevards und verbreiteten ihren süßen Duft, Rikschas schlängelten sich klingelnd durch den Verkehr, die weißen Häuser verschwanden unter Bougainvilleas. In der Luft lag der liebliche Geruch des Zuckerrohrs, das auf den umliegenden Ebenen angebaut wurde. Auch die Zypressen dufteten. Dieses idyllische Bild wurde erst von den wiederholten Bombardements der Sowjets, dem nachfolgenden Bürgerkrieg und schließlich dem Taliban-Regime zerstört. Dschalalabad, das wir an diesem Dezembermorgen erreichten, war eine pulsierende Stadt, allerdings standen nur noch wenige Gebäude.

Vor unserer Abfahrt hatte ich den Staatssekretär im Ministerium für Stammesangelegenheiten um Unterstützung gebeten. Babrak war sehr charmant, nachgerade hinreißend mit seinem Turban, den er kokett drapiert hatte, wie es in Mazar-e-Scharif Mode war. Er hatte an der Pariser Université Panthéon-Assas Jura studiert und sprach ausgezeichnet Französisch, daher hätte er einer Französin nur zu gern geholfen – aber ich durfte mir keine Illusionen machen. Zwischen den Zeilen gab er mir zu verstehen, dass die Bevölkerung der Regionen im Osten, in den Paschtunen-Gebieten, in denen ich nun drehen wollte, ein sehr ausgeprägtes Unabhängigkeitsbewusstsein hätte und dass die Behandlung eines Empfehlungsschreibens aus Kabul immer von der Laune des jeweiligen Empfängers abhinge. In unserem Fall handelte es sich um Schahzada Mohmand Khan, den Stammesvertreter der Provinz. Auf der einen Seite vertrat er die Regierung, auf der anderen Seite die Stämme in der Region.

Das Büro der Stammesvertretung zu finden war nicht gerade einfach, aber wir schafften es. Ein bewaffneter Wachmann öffnete ein schweres Eisentor, und unser Jeep fuhr in einen herrlichen Park ein. Ein wahrer Rosengarten, bereits in Knospen, hier und da eine Palme, Schlafmohn, Klatschmohn und Rittersporn. Da wir im Reich der Paschtunen waren, in dem der Mann König ist, überließ ich dem jungen Journalisten und unserem Fahrer erst einmal die Verhandlungen. Unsere Ankunft »auf afghanische Art«, nämlich ohne Voranmeldung, überraschte niemanden, denn in diesem Land funktionierte keine einzige Telefonleitung.

Man gab uns ein Zeichen. Wir stiegen aus wie drei alte Frauen, völlig steif nach sechs Stunden Fahrt in dem schlecht gefederten Wagen. Seit Winteranfang war kein Tropfen Regen gefallen, auf den ungeteerten Straßen wirbelte der Staub umher wie im Hochsommer, er drang in den Kofferraum, setzte sich in unserem Gepäck und in unserer Kleidung fest.

Ich schüttelte mich. Wie ich wohl aussah, in meiner dicken Daunenjacke und dem grauen Tuch über meinen plattgedrückten Haaren? Ich bat Massuda, mich zu begleiten, sie sprach besser Englisch als Anisa, und die Übersetzung der Worte des Stammesführers müsste möglichst genau sein. Anisa stieg also wieder in den Wagen – heilfroh, dass sie diesen angsteinflößenden Paschtunen-Kriegern nicht gegenübertreten musste. Denn was sie durch die getönten Wagenfenster sah, war nicht gerade beruhigend: Im Park herrschte ein Kommen und Gehen von Männern mit Turban, die aus den Bergen gekommen waren, um irgendwelche Angelegenheiten zu regeln oder um im Basar Einkäufe zu tätigen. Männer mit weißen Zähnen und zerfurchten Gesichtern – und unter dem Mantel trugen sie ganz sicher einen Patronengürtel über der Schulter. Anisa zog ihr Kopftuch vors Gesicht und machte sich ganz klein.

Der Sekretär führte uns in einen großen, länglichen Raum, in dem vierzig Personen bequem Platz hatten. Ringsherum standen Sessel und Sofas, an der Wand prangte ein Bild von Präsident Hamid Karsai … Alles wirkte so, als befänden wir uns in dem Saal, in dem die berühmten *dschirgas* stattfanden, die Versammlungen der Stammesführer, auf denen wichtige Entscheidungen getroffen wurden. Ein abgeschotteter Raum, in den weder Blicke noch die Kälte von außen drangen. Drei Neonlampen spendeten ein kaltes Licht. Als ich an dem riesigen Tisch saß, meinte ich, auf dem Deck eines Dampfers zu wanken. Ganz sicher aus Müdigkeit. Wir warteten; warteten lange. Ein junger Diener schenkte uns Tee ein und stellte Schälchen mit *schirini* – afghanischen Süßigkeiten – und Zuckermandeln auf den Tisch, dann wurde es wieder still im Raum.

Ich nippte an meinem Tee und hörte ihn nicht kommen. Er schob den Wandbehang zur Seite und trat ein, gekleidet mit dem traditionellen weiten, weißen Hemd und einer taillierten Weste, den *pakol* hatte er nach hinten geschoben. Eine geschmeidige, leise Raubkatze. Seine

Bewegungen waren von außergewöhnlicher Eleganz. Und außerordentlich kraftvoll.

Ich wusste nicht, wie mir geschah. Ich war wie verhext – ich konnte keinen Finger bewegen, konnte nicht atmen. Ich war unfähig, die Augen von diesem Mann zu nehmen. Alles um mich herum verschwamm, verschwand dann ganz, ich sah nur noch ihn.

Ich sah, wie sich Schahzada Mohmand Khan an die andere Seite des Tisches setzte und uns begrüßte. Seine schwarzen Augen wanderten kurz über mein Gesicht, dann wandte er den Blick ab. Ein guter Moslem gibt einer Frau nicht die Hand, und er starrt sie auch nicht an. Die Sitten waren hier anders als in Kabul, wo sie, wie in allen Hauptstädten dieser Welt, lockerer sind. Doch die Männer, die Krieger aus den Bergen, nahmen die Umgangsformen ernst. Unsere Blicke kreuzten sich nicht mehr. Schahzada wandte sich an Massuda, die ihm mein Anliegen auf Dari vortrug. Sie wirkte verängstigt, war aber auch auf der Hut. Wovor hatte sie Angst? Ich beobachtete ihn unauffällig. Er wirkte höflich. Und sah jung aus, sehr jung für einen so mächtigen Stammesführer.

In Schahzadas Blick lag weder Sympathie noch besondere Neugier. Er hörte geduldig zu. Ich sprach, und Massuda übersetzte, er lauschte ihr, mich beachtete er nicht. Dann sprach ich erneut. Ich hatte den verstörenden Eindruck, gar nicht zu existieren. Wenn ich etwas sagte, schien er dennoch sehr aufmerksam auf den Klang meiner Stimme zu achten, um daraus wer weiß was für eine Wahrheit herauszuhören. Ich wusste nicht, wohin ich blicken sollte. Schließlich entschied ich mich, seinen *pakol* anzusehen und die Hände nicht zu bewegen. Ich sprach weder laut noch sehr moduliert, ich wollte ihn ja nicht schrecken, schließlich hing der Erfolg unseres Projekts von ihm ab.

Mein Plan war einfach. Einen Monat zuvor hatte ich Shaista und ein paar Schülerinnen bei Interviews begleitet. Auf dem Weg waren wir Kutschi-Nomaden begegnet, die aus der winterlich kalten Provinz Kabul in das frühlingshafte Klima Nangarhars zogen. Es gibt nichts Rührenderes als diese Babys, die auf dem Rücken der Esel schaukeln, auf ihren Köpfen bunte Mützen. Damit sie nicht herunterfallen, legen die Eltern sie zwischen die großen Bündel mit ihren Besitztümern. Die großen Kinder trieben die Herde schwarzer Ziegen vor sich her und drängten sie immer wieder an den Straßenrand, damit sie nicht von Lastern überfahren wurden. Manchmal warf uns ein Kamel, das, mit Wollquasten geschmückt, neben uns herstolzierte, einen hochmütigen Blick zu. Meine Mädchen im Auto waren außer sich vor Freude, als sie die Frauen in diesen eindrucksvollen, schillernd bunten Kleidern sahen. Leuchtendes Blau, Rosa, Gelb – Farben, die die jungen Mädchen aus Kabul nicht tragen durften, stachen ihnen nun hier in ihre begeisterten Augen. Diese Nomaden waren noch ärmer als die Stadtbewohner, dennoch waren sie schwer mit Silberketten behangen. An ihren bebenden Nasenflügeln trugen die Frauen Schmuckstecker. Die kleinen Mädchen trieben ausgemergelte Ziegen vor sich her, sie waren wunderhübsch mit ihren unzähligen kleinen Zöpfchen, die die Mütter geduldig geflochten hatten, bevor sie sie mit Schlamm bedeckten, der auf den Haaren trocknet und offensichtlich einen phantastischen Schutz gegen sengende Sonne und beißende Kälte bietet.

Ich erzählte also von meiner Bewunderung für diese Menschen, von meinem Traum, ein paar Wochen bei ihnen zu verbringen, ihr Leben in Sturm, Sonne und Schnee zu teilen, mit ihnen durch die Hochebenen zu wandern und die Herden über die Gebirgspfade zu führen. Dann kam ich wieder auf das Projekt zu sprechen. Ich wollte meinen Gesprächspartner beruhigen. Doch war das nötig? Sein Gesicht war noch immer undurchdringlich. »Wir wollen Sie nicht bedrängen, *Khan seb**. Wir haben keinesfalls vor, die Armut dieser Menschen zur Schau zu stellen, wir wollen lediglich das Leben der Kutschi-Frauen kennenlernen und verstehen und im Ausland darüber berichten.«

Massuda schien mittlerweile begriffen zu haben, dass niemand ihr etwas antun wollte. Sie fand zu dem ihr eigenen Temperament zurück und verteidigte unser Anliegen mit ihren eigenen Worten. Ihr rundes Gesicht strahlte. Aus dem Ton ihrer Stimme hörte ich heraus, dass sie für sich selbst sprach, als Journalistin und afghanische Frau. »*Rais seb***«, sagte sie, »diese Französin ist gekommen, um uns zu helfen, und dank Ihnen kann sie auch unserem Volk helfen.«

Er senkte den Blick und nahm sich Zeit, alles zu überdenken. Ich sah seine langen, dichten Wimpern, seine angespannte, schöne Stirn. Seine schlanken Hände, die gar nicht so zerschunden wirkten, wie es bei fast allen Gebirgsbewohnern der Fall war. Sie sahen weich aus.

* Herr, Sir
** Chef

»So etwas höre ich zum ersten Mal.« Er hatte eine melodische Stimme, tief und ruhig. Er machte Pausen zwischen den Sätzen, als hätte er Angst vor den Wörtern. Vielleicht wollte er sich auch nur gegenüber einer Frau aus dem Westen besser verständlich machen. »Ich glaube dir«, sagte er zu Massuda, »denn du bist eine afghanische Frau.« Er sagte es ganz ruhig, ohne die geringste Arroganz. Ein Ausländer, der mit dem Gefühl seiner angeblichen Überlegenheit hierhergekommen wäre, hätte nichts erreicht. Ich fand das amüsant. Diese Gesellschaft, die keine Komplexe, aber auch kein Gefühl der Überlegenheit kannte, faszinierte mich von Tag zu Tag mehr.

Am Ende versprach er uns seine Unterstützung und seinen Schutz. »Ich werde euch morgen begleiten. Wenn ich dabei bin, kann euch nichts passieren.« War das nicht ein wenig vermessen in dieser unberechenbaren Region? Wir würden sehen. Er fügte noch eine letzte Bedingung hinzu: »Ihr müsst bei den Ältesten vorsprechen, damit sie sich eine Meinung bilden können.« – »Ältesten?«, flüsterte ich meiner Dolmetscherin zu. »Ja, die alten Männer mit den weißen Bärten, sie sind weise und sie haben die Macht, sie wachen über den Frieden in den Dörfern. Sie sind das Gedächtnis dieser oralen Gesellschaft, seit Menschengedenken werden Geheimwissen und Regeln von einer Generation auf die nächste mündlich überliefert.«

Wir erhoben uns.

Schahzada fragte: »Wo wohnt ihr?«

»In einem Guesthouse«, sagte ich.

»Kommt gar nicht in Frage, ihr seid meine Gäste. Fühlt euch wie zu Hause.«

Diese reizende, afghanische Gastfreundschaft brachte mich in Verlegenheit, denn ich arbeitete lieber in einer gewissen Unabhängigkeit und wollte mich frei bewegen. Eine Ablehnung konnte zwar zu diplomatischen Verwicklungen führen, dennoch sagte ich: »Ist denn unsere Sicherheit hier wirklich gewährleistet?« Ich kannte den Ruf der Paschtunen, in den sie schließlich nicht ohne Grund gekommen waren.

Schahzadas Blick verdunkelte sich. Zweifelte ich etwa an seinem Wort? Er wiederholte seine Anordnung: Wir waren seine Gäste.

Wir schliefen in einem großen Zimmer im Parterre neben dem Ratssaal; der Journalist und unser Fahrer kamen im ersten Stock, in der Männeretage, unter. Kaum hatten wir Anisa aus dem Wagen geholt und das Gepäck ausgeladen, vertraute ich Massuda an: »Wenn zwischen mir und einem Mann wie ihm etwas wäre, würde ich ihn heiraten und Afghanistan nie wieder verlassen.« Sie sah mich völlig verdutzt an.

Fing ich jetzt an zu spinnen? Ich war ihre Lehrerin und führte mich auf wie ein Backfisch! Aber ich konnte mich nicht beherrschen, ich war buchstäblich verzaubert vom Charme dieses Mannes, der seinerseits nichts getan hatte, um mich zu verführen. Sein Gang. Sein Auftreten. Seine Stimme. Es hatte mich so plötzlich und so heftig erwischt, dass ich diesem Gefühl, das mich übermannt hatte, Ausdruck geben musste. Bevor dieser Mann noch ein Wort gesagt hatte, wusste ich schon, dass er eine Rolle in meinem Leben spielen würde. Und dass es für mein ganzes Leben wäre.

Am Nachmittag kam er ein paarmal und erkundigte

sich, ob wir auch alles hätten, was wir brauchten. Wir hörten ihn nie kommen, er klopfte auch nicht an, er öffnete die Tür und trat einfach ein wie unser Herr und Meister. Ein Diener brachte uns einen Stapel weiche Wolldecken. Sie waren ganz neu; Schahzada Mohmand hatte sie für uns auf dem Basar besorgen lassen. Ich wusste, dass im ganzen Land, auch bei den staatlichen Behörden, Geld und Mittel fehlten, und deshalb rührte mich diese noble Geste, mit der er uns seinen Respekt bekundete, unendlich an.

Der Antrag

Ich hatte schlecht geschlafen, eine verrückte Idee nach der anderen war mir durch den Kopf gegangen. Sooft ich auch sagte: »Aufhören! Das geht nicht, nicht er, niemals!« – mein kleiner innerer Projektor hatte nicht aufgehört, zu arbeiten. Um fünf Uhr, beim ersten Gesang des Muezzin, war ich mit einem Brummschädel aufgestanden. Anisa und Massuda schliefen noch fest. »Los, aufstehen, Mädchen!« Wir müssten im Morgengrauen mit dem Chef losfahren. Im Esszimmer neben unserem Schlafzimmer hatte man uns ein köstliches Frühstück mit reichlich Berghonig aus dem Mohmand-Land serviert, die Vorhänge waren sorgfältig zugezogen, damit wir von außen nicht zu sehen wären. Um sechs Uhr war Schahzada Mohmand Khan immer noch nicht da, um sieben Uhr auch nicht. Um halb acht kam er und sagte, er sei nun zu beschäftigt, aber am Nachmittag würde er uns mit den Menschen zusammenbringen, die uns interessierten.

Kein Wort des Bedauerns, dass er unseren Arbeitstag vergeudete. Er hatte sich mit den gleichen Schritten wieder entfernt, die ich am Tag zuvor so verführerisch gefunden hatte, doch nun war ich wütend. Wir hatten lediglich vier Drehtage und keine Minute zu verlieren. Wäre womöglich auch der Rest der Woche dahin? Der Zeitplan des Chefs entsprach nicht meinen Vorstellungen. Und so sagte ich zu den Mädchen: »*Dzou* – kommt, gehen wir. Wir filmen ohne ihn.« Wir brauchten keinen Anstandswauwau.

Unser Wagen holperte nach Osten. Bald schon wurde mir klar, dass das keine gute Idee gewesen war. Wir hatten eine kleine Kamera dabei, eine *Sony PD150,* semiprofessionell und unauffällig, ein Mikro, ein Stativ und ein paar Kassetten – insgesamt war das Material also ausreichend leicht, um diese Menschen nicht zu erschrecken, denen unsere Bilderwelt fremd war. Das Verhalten der Afghanen hatte mich gelehrt, dass es sinnlos war, die Situation beherrschen zu wollen; besser war es, sich auf Unbekanntes und Unerwartetes einzulassen, das ohnehin immer eintrat. Dennoch – als wir uns näherten, verschwanden die Frauen in den Häusern und waren weg, als hätte die Dunkelheit sie plötzlich verschluckt. Wir kurbelten also die Scheiben herunter und filmten durch die Autofenster; dabei konnte ich Anisa und Massuda in sogenannte Travellings, Fahraufnahmen, einführen.

Einige Dörfer hatten den Ruf, besonders gefährlich und die Heimstatt von al-Qaida-Kämpfern zu sein, doch ich sah keinerlei Gefahr am Horizont aufziehen. Dazu wäre ich auch gar nicht in der Lage gewesen – alle meine Sinne waren von meiner Wut beherrscht, die nur noch größer und wilder wurde, anstatt bei der Arbeit allmählich zu verpuffen. Ich schimpfte, weil Askar nicht schnell genug fuhr oder weil er trödelte, ich schalt die Mädchen, die pausenlos plapperten, kurz, ich war so sauer, dass sich auf der Rückfahrt alle vor mir zusammennahmen. Die Sonne wurde schon schwächer, als wir das Tor unserer Bleibe passierten.

Schahzada stand auf der Treppe, sein Gesicht war verschlossen, sein Blick furchterregend.

»Wo wart ihr? Warum seid ihr weggefahren, ohne Bescheid zu sagen?« Aus war es mit dem Plauderton des gestrigen Abends. Die Mädchen starrten auf ihre Schuhspitzen, und komischerweise war ich plötzlich gar nicht mehr so stolz auf meinen Alleingang. Etwas freundlicher sagte er dann: »Ich hatte versprochen, mich um euch zu kümmern. Aber ihr seid einfach weggefahren, ohne etwas zu sagen, das ist äußerst gefährlich. Ihr seid meine Gäste. Wenn euch etwas zugestoßen wäre, wäre ich dafür verantwortlich.«

Ich hatte es vergessen. Die Spielregeln sind hier anders als im Westen. Kaum hatte Schahzada erfahren, dass wir weg waren, hatte er Männer ausgeschickt und uns suchen lassen, sie hatten Dschalalabad und die umliegenden Dörfer nach uns durchkämmt. »Sucht sie überall und bringt sie zurück. Sie haben eine Ausländerin dabei, das ist gefährlich.« Doch die Männer waren mit leeren Händen zurückgekommen. Ich hatte einen Leichtsinn an den Tag gelegt, der uns teuer zu stehen kommen konnte.

Er drehte sich auf dem Absatz um und sagte: »Kommt, wir werden erwartet.« Wir betraten den Ratssaal. Fünfzig ehrwürdige Weißbärte erwarteten uns – sie hatten schon seit einigen Stunden geduldig gewartet. Schahzada, ihr oberster Chef, der damit betraut war, Konflikte zu schlichten und zu verhindern, dass sie in blutigen Streit oder gar Familienfehden ausarteten, Schahzada, der Hochgeachtete, hatte die Ältesten zusammengerufen, und diese Männer hatten alles stehen und liegen lassen und waren von ihren Bergen heruntergekommen. Und wir waren nicht hier gewesen. Ich hatte eine Riesendummheit begangen, etwas Schlimmeres hätte ich nicht tun können: Meinetwegen hatte Schahzada das Gesicht verloren. Ich sagte mir: Nun ist alles vorbei, ich habe alles verspielt, er wird uns nicht mehr helfen.

Meine Wangen glühten vor Scham. Da stand ich in meiner dicken Daunenjacke und versuchte, wieder Haltung anzunehmen. Die Männer, die dichtgedrängt auf der anderen Seite des Tisches saßen, sahen mich schweigend an. Eine unglaubliche Versammlung – ein Meer aus riesigen Turbanen und gramzerfurchten oder auch bewundernswerten Gesichtern, aus denen die Güte alter, weiser Menschen sprach. Glühende, mit Kajal umrahmte Augen, graumelierte Bärte. Sie strahlten eine Mischung aus roher Gewalt und Adel aus. In ihrem Blick lag gelassene Neugier. Sie waren gekommen, damit ich ihnen mein Projekt vorstellte, und warteten nun in aller Ruhe auf meine Rede.

Ich durfte keinen Fehler machen. Diese Männer aus den Bergen hatten ein sicheres Gespür, sie würden merken, ob ich es ernst meinte oder nicht. Doch zunächst musste ich mich bei ihnen entschuldigen und meine Hochachtung für ihren Fürsten ausdrücken. Mein Kopftuch saß richtig, also hob ich an: »Ich möchte mich bei Ihnen entschuldigen, *Khan seb*. Ich hatte nicht gewusst, dass diese Herren heute kommen wollten, ich habe einen

Fehler gemacht.« Das Lampenfieber schnürte mir die Kehle zu. Ich drehte mich zu Schahzada, der am anderen Ende des Tischs saß. Er schien amüsiert zu sein. Kein Wunder, ich war ja auch lächerlich! Er ergriff das Wort und sprach auf Paschtu zu den Männern, die anfingen so laut zu lachen, dass es bis hinauf zu Hamid Karsais Bart schallte, dessen Porträt über der Versammlung hing. Hatte sich Schahzada über die Furchtlosigkeit der Ausländer lustig gemacht? Egal. Der Sturm hatte sich jedenfalls verzogen.

Er erklärte den Weißbärten kurz, was wir vorhatten, dann sagte er zu uns: »Ihr könnt jetzt fragen, was ihr wollt. Diese Männer sind Afghanen, ihr könnt ihnen vertrauen.« Und mit zurückgewonnener Freundlichkeit ermutigte er uns erneut: »Also, stellt euch vor, sagt, was ihr zu sagen habt, sagt ihnen, was ihr mir gestern gesagt habt.«

Ich erzählte, warum ich nach Afghanistan gekommen war – dass ich diesen Mädchen ein wenig Handwerkszeug fürs Filmen beibringen wollte und dann wieder abreisen würde. Massuda übersetzte. Ich betonte, wie streng wir bei dieser Reportage vorgehen und unter allen Umständen die Traditionen respektieren wollten. Ich sah, dass die Turbane nickten.

Ich war derart auf meine Stehgreifrede konzentriert, dass ich nicht auf meine Dolmetscherin achtete. So hatte ich gar nicht bemerkt, dass sie ganz bleich geworden und zurückgewichen war, als sie den Saal betreten hatte, in dem fünfzig Augenpaare auf uns gerichtet waren. Auch war mir entgangen, dass sie meine Entschuldigung mit tonloser Stimme übersetzt hatte.

Erst später erfuhr ich, dass Massuda ein Martyrium durchlebt hatte.

Die Schreckensbilder waren unaufhaltsam zurückgekommen, sie waren stärker als jede Vernunft: Massuda sah nicht mehr die aufmerksamen Gesichter alter Familienoberhäupter, sondern die wutverzerrten Fratzen der Schwarzturbane. Die fürchterlichen Worte, die ihrer Kindheit ein Ende gesetzt hatten, hallten in ihrem Kopf wider: »Wir werden euch töten, wir werden euch töten …« Sie fing an zu zittern, dann verschwamm ihr alles vor Augen. Ich dachte, sie sei lediglich eingeschüchtert, und ging zu ihr, um sie zu stützen. »Ganz ruhig, hab keine Angst!«

Am Abend zuvor hatte ich Anisa und Massuda, die zum ersten Mal mit einer Männerversammlung konfrontiert wären, in unserem Zimmer darauf vorbereitet. Die Mädchen hatten ihren eigenen Kopf, und ich wollte nicht, dass diese Männer in ihnen etwas sahen, das sie nicht waren, nämlich brave Schülerinnen, die schlicht die Worte ihrer Lehrerin nachplapperten. Also flüsterte ich Massuda ins Ohr: »Komm schon, beweise diesen Männern, dass du sprechen und dir Respekt verschaffen kannst.«

Sie bekam sich wieder in den Griff und fand zu ihrer Redegewandtheit zurück. Ich rechnete mit einer schwierigen Auseinandersetzung mit dem Ältestenrat. Und meine beiden Schülerinnen waren sowieso mit der Überzeugung hierhergekommen, dass in den Paschtunen-Bergen nur ungehobelte, engstirnige Leute hausten. Doch die Männer schienen sich zu freuen, dass wir ihre Frauen zu Wort kommen lassen wollten. »Es wäre schön, wenn Sie auch in unserer Region jemanden ausbilden könnten, wenn Sie Zeit haben«, sagte ein Mann zu mir; er war ein wenig jünger als die anderen. Und manch einer dankte den beiden Mädchen sogar für ihre Arbeit zugunsten des afghanischen Volkes. Mit unseren Vorurteilen hatten wir also weit danebengelegen. Einer der Ältesten wartete, bis es wieder ruhig war, dann wandte er sich an Schahzada: »Wir sind einverstanden. Wir vertrauen dir, *Rais seb*, der du dich für diese Frauen verbürgst. Und so vertrauen wir auch ihnen. Seid uns willkommen«, sagte er zu uns.

Aus dem Augenwinkel wagte ich einen Blick auf Schahzada. Er wirkte zufrieden. Der Raum leerte sich. Ich ging zu ihm und entschuldigte mich noch einmal für meinen Fehler. Sein Blick streifte mich. »Reden wir nicht mehr davon, es ist vorbei«, sagte er.

War es so, oder bildete ich mir das nur ein, dieses fröhliche Funkeln, das in seinen Augen tanzte?

Es war kalt. Trotz des milden Klimas von Dschalalabad, wo man nicht heizen musste, zog ich meine Daunenjacke nicht mehr aus. Ich aß sogar in diesem Aufzug. Im Esszimmer hatte der Chef einen Tisch nach westlicher Manier decken lassen – Tischtuch, Besteck, Stühle. Die schweren, bunten doppelten Vorhänge waren zugezogen, damit die kalte Luft nicht hereinzog. Der Chef empfange Besucher und werde uns später Gesellschaft leisten, sagte man uns. Obwohl wir aufgefordert waren, ohne Schahzada zu essen, wollte ich auf ihn warten. Ich hatte ja nicht die Absicht, noch mehr Fehler zu machen. Doch er kam und kam nicht, und wir hatten einen solchen Hunger, dass ich die Mädchen schließlich zum Zugreifen aufforderte. Als Schahzada dann eintrat, hatten wir uns bereits heißhungrig über die Limonaden, die Salate, das Fladenbrot und den delikaten Reis mit wilden Orangen hergemacht. Er setzte sich an den Tisch und sagte zu mir: »Ich habe den ganzen Tag hart gearbeitet, ich komme spät, und du hast mit dem Essen nicht auf mich gewartet?«

Anisa übersetzte. Verwirrt starrte ich auf meinen Teller. Wie war diese Veränderung in seinem Ton zu erklären? Wichtig war jedenfalls, dass das Eis offensichtlich gebrochen war, mir fiel ein Stein vom Herzen.

Ich hatte keine Zeit, weiter darüber nachzudenken, ein Diener stellte einen Topf voller gefüllter kleiner Vögel auf den Tisch. Uns zu Ehren hatte der Chef das Beste aus der afghanischen Küche auffahren lassen, die, so sagte er, viel besser sei als die pakistanische Küche. Ein eigenartiges Geflügel brachte man uns da, geschmort im eigenen Saft. Nach den Mienen meiner Mädchen zu urteilen, hatte Schahzada ihr Vertrauen noch nicht gewonnen. Kritisch begutachteten sie die Vögel. Die Armen – mit ihren ausgebreiteten Flügeln und den dicken Bäuchen sahen sie so aus, als hätte man sie im Flug gekreuzigt! Doch sie schmeckten köstlich. Ähnlich wie gefüllte Wachteln. Die winzigen Knochen knackten beim Kauen, dann zergingen sie auf der Zunge. Mit dem Messer schnitt ich den Bauch auf, der mit dampfenden Rosinen gefüllt war. Die Mädchen rührten dieses unsaubere Zeug erst einmal nicht an. Sie warfen sich entsetzte Blicke zu – ganz sicher waren sie hier bei irgendwelchen Bauerntölpeln gelandet, die Geflügel kochten, ohne es vorher zu säubern! Doch wie sollten sie die Speise ablehnen, ohne ihren Gastgeber zu beleidigen? Ein Afghane weiß, dass man besser leidet, als unhöflich zu sein, und so schickten sie sich schließlich darein, es mir gleichzutun und zu essen. Und sie ließen es sich wahrlich schmecken.

Eine Sache war mir aufgefallen: Ich hatte im ganzen Haus keine einzige Frau gesehen, alle Bediensteten waren Männer. Ich fragte Schahzada: »Wer kocht denn hier? Frauen?« Wieder hatte er dieses amüsierte Funkeln im Blick, begleitet von einem leichten Lächeln, das sein ansonsten unbewegtes Gesicht erhellte. »Nein. Bei mir kochen die Männer, und die Frauen essen an meinem Tisch …« Dieser Mann brachte mich wirklich durcheinander. Von einer Sekunde auf die andere konnte er von Gleichgültigkeit zu innigem Einverständnis und von höflicher Konversation in einen spöttischen Ton wechseln.

Und als würde es mich gar nicht mehr geben, plauderte er dann mit Askar und den Mädchen auf Dari. Sie sprachen schnell, lachten und vergaßen ihre Zurückhaltung. Schahzada redete ganz normal mit ihnen. Ich beneidete sie. Immer wieder sah ich ihn unauffällig an. Wie alt er wohl war? Die tiefen Falten, die große Sattelnase und die eingefallenen Wangen sagten nichts darüber aus. In Afghanistan alterten Männer und Frauen schneller als anderswo. Doch sein heiterer Blick und seine schlanke Statur ließen vermuten, dass er um die dreißig war; auch der dichte schwarze Bart über seiner glatten Oberlippe, sein Lächeln, das immer breiter wurde, die hohe Stirn und die kurzen, nach europäischer

Art geschnittenen Haare bekräftigten diese Vermutung. Dreißig und ein paar Zerquetschte. Und ich war über zehn Jahre älter. Ich sollte die Sache also besser vergessen. Und dennoch ... Zum tausendsten Mal versuchte ich, die kärglichen Hinweise zusammentragen, die ich hatte. Und so unwahrscheinlich es auch klingt: Mir schien, er brachte mir Interesse entgegen.

Ich selbst bemerkte den ganzen Nachmittag und Abend über, dass ich alle Symptome der Verliebtheit zeigte. Fieberhaftes Warten, Herzklopfen, wenn er kam, und den Rest der Zeit malte ich mir die unmöglichsten Szenarien aus. Am Tisch sprach man eine Sprache, die ich nicht verstand. Ich ließ mich von diesem melodiösen Hintergrundgeräusch davontragen und träumte, versuchte, mir eine Brücke zwischen unseren beiden so unterschiedlichen Welten vorzustellen. Wie würde er sich verhalten? Was würde er sagen? Alles ließ nur einen einzigen Schluss zu: »Es hat keinen Sinn. Beruhige dich wieder!«

Schahzada setzte uns davon in Kenntnis, dass wir am Morgen sehr früh losfahren würden, er käme mit, um unsere Sicherheit zu gewährleisten. In der Tür goss uns ein junger Diener Wasser über die Hände. Verstohlen sah er uns an, er hatte noch nie ein Frauengesicht aus dieser Nähe gesehen, abgesehen von seiner Mutter und seinen Schwestern. Nach dieser Waschung begleitete uns Schahzada zu unserer Zimmertür, dann ging er zu den Besprechungen, die ihn noch erwarteten.

Ich sah nach, ob auch niemand auf dem Grundstück wäre, und ging hinaus in den Park. Ich musste allein sein. Die Nacht war sehr kalt, doch ich spürte die Kälte nicht. Ich ging über die verlassenen Wege, wo ich ihn kurz zuvor, die Hände auf dem Rücken verschränkt, im Gespräch mit einem Mann gehen sah, dessen Bart mit Henna gefärbt war. Schahzadas Haus war auf der anderen Seite des Gartens hinter den üppigen Rosensträuchern und der Lehmmauer. Was er wohl in diesem Augenblick tat? Stand er am Fenster und sah auf den Weg, der zum Gästehaus führte? Versuchte er, meine Gedanken zu ergründen, so wie ich die seinen?

Als ich am nächsten Morgen in unseren Wagen steigen wollte und Schahzadas Fahrer sah, der ein Gewehr trug, sowie zwei Leibwächter, die mit schweren Maschinenpistolen bewaffnet waren, wurde mir erst richtig klar, welche Panik mein Leichtsinn tags zuvor bei Schahzada ausgelöst haben musste.

Schahzada fuhr uns in seinem *Pajero* voraus. Der japanische Geländewagen machte Eindruck auf die Mädchen. »*The best in Afghanistan*«, sagte Anisa verschwörerisch. »*Very modern.*« Der *Pajero* bahnte sich unter lautem Hupen seinen Weg, ohne ein einziges Mal anzuhalten. So draufgängerisch würden Kommandeure immer fahren, erklärte man mir, damit man sie nicht im Stau abknallte wie die Karnickel. Wir folgten in unserem Jeep, der alles andere als blitzte und blinkte.

Ich war gespannt auf die Region im Osten, das Reich des Mohns. Doch zu dieser Jahreszeit sah man am Horizont nur Reisfelder und abgeerntete Weizenfelder. Der Dezemberhimmel war tiefblau. Wir fuhren vorbei an Bilderbuchdörfer aus Lehmhäusern und einladenden Gassen. Wer hätte vermutet, dass hier nur wenige Monate zuvor noch alles in Trümmern gelegen hatte, verwüstet in fünfundzwanzig Jahren Krieg? Der Wiederaufbau verriet die große Tüchtigkeit der Bevölkerung und ihren hartnäckigen Willen, das Leben dort wieder aufzunehmen, wo es unterbrochen worden war.

Nach einer Stunde Fahrt über eine schreckliche Trasse kamen wir schließlich in einem kleinen Dorf mit strohgedeckten Häusern an. Ein Weißbart empfing uns und hieß uns willkommen. Trotz der Zustimmung des älteren Mannes und trotz Schahzadas Anwesenheit trat ein Bursche mit struppigem Bart dazwischen und wollte uns daran hindern, die Frauen zu filmen. »Bei uns Afghanen zeigen Frauen ihr Gesicht nicht im Fernsehen«, protestierte er.* Die Frau, die wir zu interviewen begonnen hatte, zog schnell den Schleier vor ihren Mund. Anisa versuchte es mit einem Bluff: »Aber das ist doch gar keine Kamera, das ist nur ein Tonbandgerät.« Ich war baff. Wo hatte sie nur solche Tricks gelernt? Bei mir bestimmt nicht. Trotzdem mussten wir ohne Bildmaterial abziehen.

Nach einer weiteren Stunde Fahrt durch eine steinige Hochebene der aufgehenden Sonne entgegen blieb der *Pajero* plötzlich vor einem Weiler stehen. In der Ferne weideten zwei Büffel. Schahzada stieg aus. Ich sah, wie er einen Revolver in sein Schulterholster steckte. In was für ein Wespennest würden wir denn hier stechen?

* In der alten Paschtu-Sprache ist das Wort für Paschtunen und Afghanen dasselbe – *afghan;* der Mann sprach also von den paschtunischen Sitten. (Anm. d. Autorin) Dieser Begriff wird heute jedoch nur noch selten als Eigenname der Paschtunen gebraucht, die sich selbst *paschtun* nennen. (Anm. d. Übers.)

Schahzada sprach mit dem Dorfvorsteher, dann machte er uns ein Zeichen: »Ihr könnt kommen, hier dürft ihr filmen.«

Wir waren bei den Kutschi. Die Frauen trugen glänzende Kleider, in die Silberfäden eingewoben waren. Schon die simple Tatsache, dass die Frauen ihr Gesicht nicht vor Fremden verbargen, wies darauf hin, dass es Nomaden waren. Die Sitten der Paschtunen waren weniger streng in Bezug auf diese Frauen, die sich in ihrem Leben schon immer und aus Tradition Fremden anpassen mussten. Dieser Stamm hatte sich nach der Machtübernahme der Taliban nach Pakistan geflüchtet. Als die Leute zurückgekommen waren, hatten sie feststellen müssen, dass ihr Land im Bamiyan-Tal, wo sie früher ihre Schafe und Rinder weideten, ihnen nicht mehr gehörte. Die Kamele waren ebenfalls verschwunden, auch sie waren ihnen geraubt worden. Kein Land mehr, keine Herden, keine Fortbewegungsmittel ... Sie saßen im Elend fest. Der Traum, wieder weiterzuziehen, sich über Grenzen hinwegzusetzen, quälte diese Menschen, die dazu geboren waren, sich vom Wind und von den Jahreszeiten treiben zu lassen. Verachtet von allen, bewohnten sie nun ein karges Gebiet, das Schahzada ihnen zur Verfügung gestellt hatte. In nur wenigen Wochen hatten die Männer dieses primitive Dorf aus Stroh und Lehm gebaut. Ein paar braune Zelte, die über Strohballen gespannt waren, erinnerten an ihre nomadische Vergangenheit.

Eine wunderschöne Frau mit einem Silberstecker in der Nase kam zu uns. »Ich will sprechen«, sagte sie.

Auf dem Feuer köchelten kleingeschnittene Kartoffeln, in denen sie rührte, während sie mit uns sprach. Sie erzählte, wie sie und die anderen Frauen ihres Stammes leben. »Ich habe weder Öl noch Gewürze für die Kartoffeln ... Das hier ist alles, was uns geblieben ist. Wir haben nichts, keine Schulen, keine Krankenstationen, unsere Kinder müssen barfuß laufen. Unsere Männer sind nicht da, keiner weiß, wann wir Öl oder Mehl bekommen ... Und jeden Tag wird es schlimmer.«

Dschalalabad war zwei Autostunden entfernt, und ohne Mann konnten die Frauen nichts kaufen, nicht einmal ein Stück Seife. Die Männer gingen in die Stadt auf den Basar und kehrten zurück, sobald sie konnten, doch sie brachten kaum etwas nach Haue. Sie seufzte. »Wir können uns nicht einmal Gemüse kaufen.« Doch sie heischte kein Mitleid, im Gegenteil, während sie mit uns sprach, lag ein strahlendes Lächeln auf ihrem Gesicht.

Andere Frauen waren gekommen, das Stimmengewirr übertönte langsam die Erzählerin. Massuda legte einen Finger an ihre Lippen und forderte Ruhe. Diese einfache Geste berührte mich zutiefst. Kaum sechs Monate Ausbildung, und schon filmten die Mädchen begeistert und waren voll und ganz bei der Sache. Das war wirklich eine Belohnung für mich. Ich hatte eine zweite Kamera mitgenommen, mit der ich die Mädchen bei der Arbeit filmte, manchmal nahm ich auch die gleichen Einstellungen auf wie sie. Meine Sorge galt den Dialogen auf Dari und Paschtu, von denen ich kein Wort verstand. Hatte das Hand und Fuß? Passte das? Oder lief es aus dem Ruder? Ich war erschöpft und nervös. Ich merkte nicht, dass Schahzada mich ansah, während ich arbeitete.

Man kann den Beruf des Journalisten auf unterschiedliche Art und Weise ausüben, doch wenn man mit einer solchen Not konfrontiert ist, sehe ich nur eine Möglichkeit: zu helfen. Ich ging zu Schahzada und sagte ihm, dass ich in dieses Dorf zurückkehren und Lebensmittel bringen wollte. Er war einverstanden. »Gute Idee, aber Lebensmittel sind nicht das Allerwichtigste. Ich werde Shampoo und Seife auf dem Basar besorgen.«

»Ist das nicht unhöflich? Das heißt doch, dass ich sie schmutzig finde.«

»Sie brauchen es«, sagte er scharf. Und fügte hinzu, dass er für die Frauen auch ein paar Stoffe besorgen wollte.

Damals in Bamiyan hatten wir Zainab nach ihrem schmerzlichen Bericht versprochen, dass wir ihr Lebensmittel bringen würden. Sie nahm unsere Zusage dankbar an, aber ohne diese übertriebene Demut, die es für alle Beteiligten unangenehm macht. Sie verließ sich darauf, dass wir diskret vorgingen, sie wollte nämlich nicht, dass die anderen neidisch wurden oder dass man sie gar verdächtigte, Geld für das Interview genommen zu haben. In einem Laden im Dorf kauften wir Bonbons und andere Süßigkeiten, die Zainab an die Kinder verteilen konnte, für sie selbst kauften wir Reis, Zucker und Fleisch – von dem sie vergessen hatte, wie es aussieht und wie es schmeckt. Ihr Sohn kam zu uns, als es dunkel wurde, und nach mehreren Gängen hatte die Schmuggelware ihre Empfängerin Päckchen für Päckchen erreicht, ohne Aufmerksamkeit zu erregen.

Nun fiel die Nacht über das Dorf herein, erleuchtet von kleinen Holzfeuern unter den Kochtöpfen. Es war Zeit zurückzufahren. Schahzada lud uns in seinen Wagen ein, seine Leibwächter würden mit unserem Chauffeur und dem Journalisten fahren, der uns begleitete. Wir setzten uns auf den Rücksitz, ich saß direkt hinter Schahzada, zwei Fingerbreit von seinem Nacken entfernt. Ich sog seinen Geruch ein, einen dezenten, leicht süßlichen Duft.

Um den Kopf nicht zu verlieren, konzentrierte ich mich auf Anisas und Massudas Gespräche, die Schahzada ohne die geringste Scheu ausfragten. Ihr Ton hatte sich verändert. Sie sprachen weiterhin respektvoll mit ihm, aber man merkte deutlich, dass sie keine Angst mehr hatten. Und als gute Journalistinnen, die alles dokumentieren müssen, filmten sie ihn. Worin bestanden die Aufgaben eines Stammesvertreters der Provinz Nangarhar?, fragten sie. Warum hatte er angeboten, uns die Reportage zu erleichtern? Wer war er? Schahzada antwortete mit großer Selbstverständlichkeit und lieferte eine Menge Details. So vergingen die drei Stunden Fahrt bis zu seinem Haus.

Zuerst und vor allem war Schahzada ein Mohmand. Die Ältesten hatten ihn zum Führer ihres Stammes gewählt. Seine Familie stand seit Generationen den Mohmand vor, jenen Bergbauern, die einen der größten Paschtunen-Stämme bilden. Sein Vater, sein Großvater und davor sein Urgroßvater waren geachtete Stammesfürsten gewesen. Es war also ganz normal, dass auch Schahzada regieren würde, wenn seine Zeit gekommen war. Und die vierhundert Weißbärte, die sich in der *dschirga* versammelt hatten, hatten es so entschieden.

Schahzadas Vater, ein erhabener Mann, hatte fünf

Frauen gehabt und unzählige Nachkommen gezeugt. Teils waren sie noch in der Kindheit gestorben, teils in den Kriegen, die Afghanistan seit einem Vierteljahrhundert spalten. Seine Frauen, seine Familie und seine Dörfer fürchteten seinen Zorn, doch gegenüber seinen Kindern hatte er nie die Hand erhoben. Er brauchte lediglich die Stirn zu runzeln, und der Missetäter wusste, wo sein Platz war. Für 900 000 Mohmand aus Afghanistan und Pakistan hatte er die Traditionen und die Moral einer feudalen Gesellschaft verkörpert, die in der Zeit erstarrt war. Mit eiserner Hand hatte er vierzehn Paschtunen-Bezirke gehalten, die diesseits und jenseits der pakistanischen Grenze liegen, er hatte den blutigen Warlord Hektmatyar bekämpft und sich den Respekt Präsident Nadschibullahs erworben. In hohem Alter hatte er schließlich auf alle Ehren verzichtet, er wollte lieber im Land der Mohmand leben, einem unfruchtbaren, steinigen, gebirgigen Landstrich. Die Bevölkerung dort ist so arm, dass die Habe jedes Einzelnen in ein kleines Säckchen passt. So verlebte Schahzadas Vater in der Ruhe seines Dorfes auf einer Bergkuppe seinen Lebensabend.

Schahzada kannte den Krieg, solange er denken konnte. Er war ein Jugendlicher gewesen, als die Sowjetarmee in sein Land einmarschiert war. Sein Vater und sein Stamm nahmen sofort die Waffen auf, um die Besatzer zu vertreiben. »Ich will nicht, dass man mein Volk schlecht behandelt«, hatte der damalige, gefürchtete Chef gesagt.

Seine Mutter, eine zarte, feinfühlige Frau, hat Schahzada sehr geliebt. Ihr verdankt er seine schlanke Erscheinung. Nach ihrem Tod hatte es ihm schrecklich gefehlt, dass sie ihm hinter dem Rücken des Vaters nicht mehr zuzwinkern konnte.

Zum Glück hatte er einen großen Bruder, der fünfzehn Jahre älter und von der gleichen Mutter war. Wie sein Vater hatte er Kraft und Charisma. Er hatte gespürt, wie groß Schahzadas Not gewesen war, er hatte geahnt, wie mutig er war, und hatte aus ihm einen Mann gemacht. Schahzada verehrte ihn so sehr, dass er ihn »Mohmand« nannte, und aus seinem Mund klingt dieser Name wie die Ehrbezeigung für einen Helden.

Der Vater hielt die Ordnung in den Stämmen aufrecht, »Mohmand« befehligte erfolgreich eine kleine Armee, und als Schahzada mit siebzehn Jahren die Militärschule in Kabul abschloss, betraute man ihn damit, über die Familie zu wachen; über etwa fünfzig Personen, deren Konflikte er schlichten und die er zur Arbeit antreiben musste.

Mit neunzehn war er dann in einem Alter, in dem sich ein Mann eine Blume an den *pakol* steckt und ans Heiraten denkt. Doch stattdessen bekam Schahzada eine weit schwerere Verantwortung übertragen. Präsident Nadschibullah zeichnete ihn aus; er ernannte ihn zum Oberst und zum Kommandeur der Grenzpolizei von Nangarhar. Aufgrund ihrer durchlässigen Grenze zu Pakistan, an der immer Truppen aktiv waren, die die afghanische Regierung stürzen wollten, war diese Provinz besonders schwer zu regieren.

Schahzada hätte lieber weiterstudiert. Oder die Welt gesehen. Oder er wäre gern in den diplomatischen Dienst gegangen. Das Ausland zog ihn an. Doch sein Vater sagte zu ihm: »Wer sonst soll sich um unser Volk kümmern?«

An jenem Tag wusste er, dass es sein Schicksal war, der Führer der Mohmand zu werden. Und dass ihm die fremde Welt, deren Reichtümer in der Ferne glänzten, für immer verborgen bleiben würde.

Die bewegte Geschichte seines Landes hatte zu Nadschibullahs Sturz geführt. In Kabul war der Bürgerkrieg ausgebrochen und hatte auf andere größere Städte übergegriffen. In Dschalalabad schlugen 1994 drei Monate lang pausenlos, Tag und Nacht, Tausende Raketen ein und zerstörten die Verbindungswege nach Pakistan. Zum Flughafen führte nur noch eine einzige Straße, die vollständig mit Bombensplittern übersät war. In den Wäldern stand bald kein Baum mehr, in dem nicht eine oder mehrere Kugeln steckten. Die fruchtbaren Orangenhaine, deren Bäume jahrhundertelang so wohlschmeckende Früchte geliefert hatten, dass sie in der ganzen Welt gerühmt wurden, waren verwüstet. Desgleichen die Olivenhaine. Während der Feind eine Offensive vorbereitete, zog Schahzada sechstausend Widerstandskämpfer zusammen und konnte die »Mörder« zurückschlagen, die die Hauptstadt des Ostens einnehmen und unterwerfen wollten. Es war aber nur ein kurzer Aufschub – drei Monate später fiel Dschalalabad.

Gewalt, Krieg, Tod und Entbehrungen aller Art hatten Schahzadas Jugend gekennzeichnet. Dem großen Bruder hatte eine Mine das Bein zerfetzt, ein paar Jahre später wurde er auf dem Weg zum Gouverneur vom Chef des Geheimdienstes mit sechs Kugeln getötet. Schahzada wollte seinem Schmerz nicht nachgeben, er hat keine einzige Träne vergossen. Die Wut, die ihn seitdem besetzt gehalten hatte, verschwand an dem Tag, als er seinen Bruder rächen konnte. Doch die Trauer blieb. Beide Familien hatten nun einen Toten zu beklagen, sie waren also quitt, und die Blutrache hätte hier enden können – genauso wie sie von einem Augenblick zum nächsten wieder aufflammen konnte; eine Blutschuld wird auf Kinder und Kindeskinder übertragen und bleibt zweihundert Jahre lang bestehen. Demnach hatte es niemand eilig.

Mit einundzwanzig Jahren war Schahzada der älteste Sohn der großen Familie.

Unter den Taliban ging er ins Exil nach Peschawar. Im Viertel der Afghanen hauste er monatelang in einer überfüllten Wohnung. Er hatte keine Arbeit und fühlte sich unnütz. Ein Nichts. Also kehrte er lieber zurück und bekämpfte die Feinde, die in seinem Land Angst und Schrecken verbreiteten. An der Spitze von achthundert Männern hielt er sechs schreckliche Jahre lang, hungernd und frierend, die Berge des Mohmand-Landes mit der logistischen Unterstützung des Warlords Hadschi Qadir, einem Verbündeten der Nordallianz. Tagelang aß er nichts außer einem Stück altes Brot, und er schlief trotz klirrender Kälte in Höhlen. Die Angst vor Massakern und die Trauer über die Soldaten, die er verloren hat, hätten fast die Oberhand gewonnen, sagte er, wenn Gott ihm nicht Kraft gegeben hätte. Denn Gott war gegen die Usurpatoren. Wie sagt doch der Prophet? – Wer selbstgerecht in meinem Namen handelt, dessen wahres Gesicht wird sich eines Tages offenbaren.

Nach dem Abzug der Taliban wurde Hadschi Qadir Gouverneur von Nangarhar und ernannte Schahzada zum Stammesvertreter der Provinz. Mit zweiunddreißig Jahren war er einer der zehn Stammesvertreter in der Regierung Afghanistans. Seit einem Jahr regelte er die Angelegenheiten zwischen den Stämmen, schlichtete Konflikte zwischen den Sippen, informierte die Regierung über den Bedarf an Schulen und Krankenstationen und wies den Nomaden Gebiete zu, in denen sie überwintern konnten. »So weit bin ich im Moment«, schloss er seinen langen Bericht.

Und dann waren wir mit unserem Projekt gekommen. Er dachte, dass unser Film vielleicht helfen könnte, das miserable Bild zu korrigieren, das die Welt von den Paschtunen hatte. Die Taliban sind auch Paschtunen – diese »Briganten« hatten also gleichzeitig den Islam und das afghanische Volk verraten. Wer könnte solche Verbrechen verzeihen?

Das war also der Mann, der uns einen Einblick in seine Gesellschaft gewährte, gezeichnet von einem Krieg, den er nicht mehr wollte.

Aber ich hatte natürlich kein Wort verstanden. Ich hatte mich einfach dem Wohlklang seiner gesetzten, tiefen Stimme überlassen. Meine beiden Dolmetscherinnen waren mit ihrer Reportage beschäftigt und hatten mir versprochen, mir später in unserem Zimmer alles in Ruhe zu erzählen.

Schahzada rief uns in den Ratssaal. Auf dem Tisch lagen drei Pakete für uns; ein jedes enthielt drei schöne Stoffe, die er auf dem Basar hatte besorgen lassen. Das blaue Tuch war für mich – »es soll zu ihren Augen passen«, hatte er zu meinen Schülerinnen gesagt. Verlegen wies ich das Päckchen zurück. Anisa war entsetzt. »Bitte, du musst das annehmen, das ist bei uns Brauch; wenn du es zurückweist, stößt du den Chef vor den Kopf.«

Also nahm ich das schöne Geschenk ohne große Umstände an. In mir kamen die unterschiedlichsten Gefühle hoch. Bislang hatte mir noch kein Mann Stoff oder gar ein Kleid geschenkt, damit ich schön aussah. Es war also eine symbolisches Gabe, die mir beileibe keine Seelenruhe schenken würde ... Schahzada wollte, dass ich morgen zu einem Schneider im Basar ginge, der meine Maße nahm und mir afghanische Kleider nähte – die er mir nach Kabul liefern lassen würde. Morgen! Morgen würden wir eine weitere Kutschi-Familie filmen, danach würde es zurück nach Kabul gehen.

Am Morgen bat uns Schahzada wieder in seinen Wagen. Dieses Mal saß er selber am Steuer. Er deutete auf den Beifahrersitz und sagte zu mir: »Komm, dein Platz ist hier.«

Ich sah nichts mehr. Keinen Himmel, keine Straße, sah nicht, was sich am Straßenrand abspielte.

Doch immer wieder gab es ungewöhnliche Szenen, die gefilmt werden wollten. Im dürftigen Schatten eines Feigenbaumes kauerte eine Gestalt in einem blauen Stoffgefängnis schicksalsergeben neben einem anderen gefangenen Wesen, einem Rebhuhn, das in einem Käfig aus Weidengerten vor Angst zitterte. Wie lange saß diese Frau bereits hier in der Sonne und wartete auf die eher unwahrscheinliche Ankunft eines Kleinbusses, der sie in irgendein abgelegenes Dorf am anderen Ende dieser unendlichen, verlassenen Weite bringen würde? Oder da war dieser ärmliche Verschlag am Feldrain, wo sich ein

Friseur über Männerköpfe beugte und Haare schnitt – ein erfrischender Anblick. Oder unsere angeekelten Mienen angesichts der fliegenschwirrenden Fleischerstände an der Straße, wo Hammelhälften an Haken hingen und von jedem vorbeifahrenden Auto ein bisschen mehr eingestaubt wurden.

Wir mussten einen Fluss queren. Am anderen Ufer legte ein seltsames Wasserfahrzeug ab und pflügte sich durch die schäumenden Fluten, um uns abzuholen: eine Art mittelalterlicher Katamaran. Zwei breite Motorboote waren zusammengebunden, darauf war ein Bretterboden angebracht – eine perfekte Pontonfähre für Autos. Schahzada deutete flussaufwärts. »Als ich klein war und wenn der Fluss zu reißend für die Fähre war, setzten wir uns in Autoreifen, die an einem Stahlseil befestigt waren, und ließen uns ans andere Ufer ziehen.« Er lächelte bei dieser schönen Erinnerung. »Es war riskant, ging aber schnell.« Ich sah ihn an – er stand auf der Böschung, sein weißes Hemd flatterte unter der kurzen Weste im Wind, der *pakol* saß auf seinen schwarzen Haaren – und versuchte mir vorzustellen, wie er als Kind gewesen war. Ganz sicher hatte er eine Schleuder im Hosengurt stecken gehabt und war hinter Papierdrachen hergerannt wie alle kleinen Afghanen, bevor die Taliban ihnen das Spielen verboten hatten.

Ich bekam langsam eine klare Vorstellung von diesem kleinen Jungen und dem Mann, der aus ihm geworden war. Denn wir sind nicht nur wir selbst, wir sind auch die Welt, in die wir hineingeboren wurden, die Stadt oder der Hof, wo wir unsere ersten Schritte machten. Wir sind die Märchen, die uns in den Schlaf wiegten, das Essen, das wir bekamen, die Spiele, die wir ausgelassen spielten und mit denen wir großgeworden sind. All das macht uns aus, und jede Kleinigkeit, die ich erhaschen konnte, war ein kleiner Schlüssel, der mir die geheime Tür zum Herzen und zur Seele dieses undurchdringlichen Mannes öffnete.

Kilometerweit fuhren wir durch eine Mondlandschaft, ohne einer Menschenseele zu begegnen. Schweigen hatte sich auf uns gesenkt. Massuda und Anisa waren angespannt, mit den Augen suchten sie die Steinwüste nach einem beruhigenden Hinweis auf menschliches Leben ab. Kein einziger Kutschi am Horizont. Krüppelbäume, steinige Hügel, sonst nichts, nicht mal eine Ziege. Hinter uns fuhr unser Fahrer Askar mit Schahzadas Leibwächtern im Jeep. Ich erfuhr erst später, dass er unaufhörlich Stoßgebete ausgesandt hatte. Er war so lange Angst und Willkür ausgesetzt gewesen, dass allein der Gedanke, einem Paschtunen aus den Bergen zu vertrauen, seine Kräfte überstieg. Nachdem wir ans andere Ufer übergesetzt hatten, hatte Schahzada nicht ohne Stolz in der Stimme verkündet: »Hier bin ich nun zu Hause und kann machen, was ich will.« Wir waren im Land der Mohmand. Und in Schahzadas Hand.

Sein Stammesgebiet reicht von Dschalalabad bis an den Fluss Kunar im Norden und bis zum pakistanischen Schabqadar im Osten. Er war der Herr über dieses steinige Dreieck voller Disteln, eine Enklave außerhalb der Reichweite der Regierung, der Polizei und auch der Taliban. Die Mohmand kümmern sich nicht um Mächte von außen – sie regeln ihre Angelegenheiten unter sich, angeführt von den Dorfvorstehern und den Familienoberhäuptern, deren oberster Schiedsherr Schahzada war. Diese unabhängige Geisteshaltung beruht auf der Prämisse, dass ein Stamm eine große Familie ist, die sich zwar manchmal streitet, doch wie jeder weiß, dürfen Familienstreitigkeiten nicht nach außen getragen werden. Schahzada versicherte uns, sein Volk sei stolz und unabhängig, aber friedfertig.

Erst tauchten Ziegen auf, die das karge Land abweideten, dann kamen Kinder, die sich einen Spaß daraus machten, hinter unserem Wagen herzurennen. Zelte aus grober, brauner Plane, die an Pflöcke gespannt waren, kündigten ein Kutschi-Lager an. Die Zelte wurden mit Kamelen transportiert und nach jeder Etappe aufgeschlagen. Diese Kutschi genossen noch den Zauber des Wanderlebens. Sie hatten Herden, die sie in die Täler und auf die Hochweiden des Landes führten. Die sechs Zelte für die sechs Familien waren im Kreis aufgestellt.

Wir kamen überraschend, und die Männer schienen sich äußerst geehrt zu fühlen, Besuch vom Chef persönlich zu bekommen. Die Frauen standen neben, nicht hinter ihren Männern, und sie waren auch nicht verschüchtert, ganz anders als die Frauen, die wir am Abend zuvor in den Dörfern filmen wollten. Es herrschte einige Minuten lang Aufregung, als die Männer den Frauen befahlen, Essen für uns zu kochen, dann war wieder alles friedlich. Zwei Frauen fielen uns besonders auf, sie saßen im Schatten eines Zeltes und waren in leuchtend bunte Tücher gehüllt. Die Spiegelplättchen im Stoff blitzten im Licht, schwere Ketten aus Lapislazuli und Koralle hingen um ihre Hälse. Anisa verschlang diese

Schönheiten förmlich mit den Augen. Sicherlich gingen ihr tausend Fragen durch den Kopf, doch eine plagte sie besonders – sie platzte heraus: »Wo geht ihr denn auf die Toilette?«

Die Nomadenfrau deutete auf die unermessliche Weite hinter ihr: »In der Wüste ... nachts.«

Meine Damen aus der Stadt konnten es kaum fassen – und dabei spielte es überhaupt keine Rolle, dass ihre Stadt auch recht ärmlich und vor allem kaputt war. Anisa sagte vor laufender Kamera: »Sie leben wie die Tiere.«

»Und sie essen Dinge, die wir gar nicht kennen«, fügte Massuda hinzu, die von meinen Schülerinnen die verwöhnteste war.

Eine Nomadenfrau stützte sich auf ein dickes Bündel, über dem eine Decke lag. Neugierig fragte Anisa, was darunter sei. Als hätte die Frau nur darauf gewartet, hob sie mit einer geschmeidigen Bewegung die Decke an und enthüllte eine Kalaschnikow.

»Wozu braucht ihr denn die?«

»Um uns gegen Wölfe und Männer zu wehren.«

Am Abend zuvor hatte ein Wolf drei Schafe gerissen. »Man weiß nie, was kommt«, erklärte die ältere der beiden Frauen mit heiserer Stimme.

Die Augen der beiden angehenden Journalistinnen weiteten sich vor Bewunderung.

Auf der Rückfahrt sagte Schahzada mit einem Lächeln im Blick: »Genug von mir geredet. Eure Lehrerin weiß schon so viel über mich. Nun bin ich dran mit Fragen.« Sein Fahrer hatte wieder seinen Platz am Steuer eingenommen und ich den meinen auf dem Rücksitz neben Anisa und Massuda. Die zwei amüsierten sich sehr, als sie die Fragen des Chefs übersetzten. Auch ich hatte Mühe, ernst zu bleiben. In diesem Wagen ging etwas Unerklärliches vor: Es knisterte wie zwischen zwei Verliebten.

Schahzada stellte seine Fragen, während er nach vorn auf die holprige Straße blickte und meinen Antworten lauschte. Dabei sah er mich aber kein einziges Mal an. Wir wurden derart umhergeschüttelt, dass ich mich an den Schaffellüberzug des Sitzes klammern musste, um nicht umzufallen. »Ist sie verheiratet?«, fragte er unumwunden. Hätte ein solcher Einstieg ins Thema anderswo als in Afghanistan stattgefunden, wäre ich verlegen geworden, aber hier gehörte so etwas zu den Umgangsformen. Dann fragte er mich, warum ich nicht verheiratet sei.

Afghanen sind der Auffassung, alle Frauen aus dem Westen seien freizügig und würden keine Tabus kennen; für sie selbst aber stehen Ehre und Jungfräulichkeit an oberster Stelle. Ich musste meine Worte also wohl abwägen. »Ich habe noch keinen Mann getroffen, mit dem ich mich verstehen würde.«

»Was für einen Mann suchst du?«

Wie kam er darauf, dass ich einen Mann suchte? Typisch Paschtune – zu denken, alle Frauen seien nur zum Heiraten geboren, und wenn sie nicht verheiratet sind, träumen sie davon, es zu sein! In Wahrheit suchte ich nicht mehr, ich erwartete keinen Mann mehr in meinem Leben. Durch meine viele Arbeit hatte sich dieses Thema schon vor Langem erledigt, und ich hatte mich damit abgefunden. Früher hatte ich auf diese so einfache und zugleich doch so komplizierte Sache gehofft: auf die große, die einzigartige Liebe, in der man alles teilt, ohne Lug und Trug. Vielleicht hatte ich die Latte etwas zu hoch gehängt, dennoch hatte ich eine genaue Vorstellung von meinem Idealmann. Ich hob die Stimme, um den Motor zu übertönen, der laut dröhnte, weil wir gerade über eine Geröllpiste fuhren, und sagte: »Ach, einen Mann mit ganz einfachen Werten: treu, ehrlich, mutig ...«, und ich hätte am liebsten noch hinzugefügt: »Wie Sie.«

Im Rückspiegel sah ich, wie er lächelte. »Na, vielleicht willst du dann ja gar nicht heiraten ... Oder hast du schon jemanden im Sinn?«

Eine heikle Frage. Bevor ich antworten konnte, fragte er noch: »Willst du Kinder?«

Er konnte sich gar nicht vorstellen, wie sehr! Ich wollte heiraten, wollte Kinder, wollte alles haben wie auch alle anderen Leute. Ich wollte eine große, liebende Familie gründen – das genaue Gegenteil meiner früheren Familie.

Und da hörte ich den unsinnigsten Vorschlag, den man einer verliebten Frau überhaupt machen kann: »Wenn du einverstanden bist, machen wir Folgendes: Ich bin verheiratet und will eine zweite Frau haben. Wenn du einen Mann suchst, suche ich einen für dich. Einen guten Mann. Und du suchst für mich eine Frau.«

Das war ein bisschen viel auf einmal. Ich erfuhr also, dass der Mann, für den ich mich interessierte, verheiratet war, dass er eine Doppelehe führen wollte und dass ich mich um die Sache kümmern sollte, dafür würde er mir einen Mann besorgen. Ein Seitenblick auf meine

Gefährtinnen verriet mir, dass sie am liebsten im Boden versunken wären. Ich wollte mich zwar nicht ernsthaft auf dieses Spiel einlassen, dennoch lotete ich meine Chancen aus. »Willst du eine junge Frau?«

»Nein, nicht unbedingt. Sie muss auch nicht besonders schön sein ... Ich hätte gern eine gebildete Frau.« Ich hörte Bedauern in seiner Stimme. Und nicht erhörte Gebete.

»Dürfte dein Mann Afghane sein?«, fragte er in neutralem Ton.

Es gefiel mir nicht, wie sich das Gespräch entwickelte. Schahzada kannte meine Gefühle für ihn nicht, er spielte mit mir, machte mich verlegen, ohne es zu wissen. Ich mag es nicht, wenn man mit meinen Gefühlen spielt, ich bin weder leichtfertig noch draufgängerisch, und ich hatte keine Lust mehr auf dieses Spielchen. Ich schwieg, bis die anderen wieder anfingen zu reden und zu scherzen und sich nicht mehr um mich kümmerten. Meine Wut wurde immer größer, der Druck auch. Ich musste Schahzada unverzüglich aufzeigen, wo für mich die Grenze war. Bis zur Ankunft in Dschalalabad sagte ich kein Wort mehr.

Als wir ausstiegen, nahm ich Massuda beiseite. »Geh kurz zu ihm und sag ihm: ›Ich muss Ihnen etwas von Brigitte mitteilen: Sie ist ein ernsthafter Mensch, und sie ist hier, um zu arbeiten, sonst nichts. Wenn Sie sich einen Spaß mit ihr erlauben wollen, sollten Sie sich das besser gleich wieder aus dem Kopf schlagen.‹«

Vom Fenster unseres Zimmers aus konnte ich die Überbringerin meiner Nachricht beobachten. Sie stand im Hof und sprach lange mit dem Chef, zu lange für meinen Geschmack. Was ging da vor? Dann kam sie mit einem Lächeln auf den Lippen zu mir. »Er will heute Abend mit dir reden.« Mehr war nicht aus ihr herauszubekommen.

Nach dem Abendessen kam er. Ich sah, dass er sehr angespannt war. Er sagte zu den Mädchen: »Ich muss mit Brigitte reden.«

Wir setzten uns an einen Tisch auf der Veranda des Gästehauses. Schahzada wartete, bis der Diener den Tee serviert hatte und wieder gegangen war. Dann sprach er. Die Worte kamen ihm nur schwer über die Lippen – als hinge sein Leben davon ab.

»Ich habe einen Mann für Brigitte gefunden. Der Mann lebt in den Bergen, es ist ein armer Mann. In seinem Haus gibt es weder Wasser noch Strom. Es gibt keinen Fernseher. Es gibt nichts.«

Massuda übersetzte Satz für Satz. Dann gab es eine Pause. Ich traute meinen Ohren nicht, es war nicht möglich – er hatte wirklich einen Mann für mich gefunden, einen anderen Mann ...

Er sprach langsam weiter, damit Massuda Wort für Wort übersetzen konnte: »Dieser Mann ist verheiratet ... Er hat eine Frau ... Er hat Kinder ... Zurzeit ist seine gesellschaftliche Position sehr gut, doch es kann sein, dass er schon morgen gar nichts mehr besitzt.«

Unter dem Tisch fingen meine Beine unkontrollierbar an zu zittern. Ich spürte, wie ein Knie sich an mein Knie drückte, um das Zittern zu dämpfen. Es war Anisas Knie. Sie sah mich voller Sorge an. Auch sie hatte begriffen: Der Mann, von dem Schahzada sprach, war er selbst.

Zum ersten Mal seit unserem Zusammentreffen sah er mir in die Augen. »Würdest du einem Mann deine Gefühle offenbaren, wenn du ihn wirklich liebst?« Er wartete auf ein Zeichen, bevor er sich weiter vorwagte. So unvorstellbar es auch war – er wollte mir einen Heiratsantrag machen. Ich konnte ihm die Aufgabe jedoch nicht erleichtern, weil ich noch größere Angst hatte als er.

»Nein«, sagte ich, »das könnte ich nicht, wenn er mir seine Liebe zuvor nicht gestehen würde.«

»Aber warum? Du bist eine Ausländerin, du kannst das tun …«

Eine innere Stimme flüsterte mir zu: »Hilf ihm, er ist aufgeregt.« Doch es war nichts zu machen – ich war unfähig, auch nur ein einziges Wort zu sagen. Ich spürte, dass er sich überwinden musste, um weiterzusprechen: »Könntest du dieses Leben akzeptieren? Es ist kein leichtes Leben. Würdest du diesen Mann heiraten?«

Mir war, als würde ich jeden Moment tot umfallen. Ich weiß nicht wie, aber es gelang mir zu sagen: »Ja. Aber bevor ich heirate, würde ich gern wissen, wer dieser Mann ist.«

»Ich bin es.«

Er hatte all seinen Mut zusammengenommen und war das Risiko eingegangen, im Beisein anderer Menschen zurückgewiesen zu werden. Er hatte in einem Atemzug gesprochen, mit der Stimme eines jungen, erregten Mannes.

Weil er mir diese Worte gesagt hat, die mir noch kein anderer sagte, weil er sich dieser Sache ganz verschrieb, weil er es wagte, weil dieses Land in mir Gefühle von nie da gewesener Tiefe ausgelöst hat – deshalb fühlte ich mich mit einem Mal in der Lage, in den Bergen zu leben, egal, wo, egal, wie, Hauptsache mit ihm. Er war alles, von dem ich gedacht hatte, dass ich es niemals bekommen würde, und das sagte ich ihm auch mit brüchiger Stimme. Sein Gesicht entspannte sich, ich sah seinen Blick aus seinen braunen Augen, warm wie die Sonne. In meinem Inneren dankte ich still dem Leben. Das Leben ist wunderbar. Ich wurde in einem Moment auserwählt, da ich dachte, alles sei endgültig vorbei. Ich spürte, wie mein Herz wieder anfing zu schlagen, stärker als je zuvor …

Ich hörte Anisas Stimme erst von weiter Ferne wie eine Sirene, dann wurde sie lauter. Und nun redete sie heftig auf mich ein, ich konnte sie nicht mehr überhören: »Brigitte-*jan**, was machst du denn da? Massuda und ich sind Afghaninnen, aber wir würden nie im Leben einen Mann aus den Bergen heiraten und in einem Dorf leben. Wie kannst du nur leben wollen wie im Mittelalter? Du als Französin!« Sie war vollkommen schockiert.

Massuda aber teilte diese Meinung offenbar nicht: »Warum denn nicht? Warum denn nicht?«, sagte sie immer wieder verträumt.

Da saßen die beiden Schulter an Schulter an dem riesigen Tisch wie zwei junge Friedensrichterinnen. Und Schahzada schien sie sehr ernst zu nehmen, er diskutierte mit ihnen und beleuchtete die Situation von allen Seiten, sodass das Gespräch über eine Stunde dauerte. Er wollte, dass ich unsere Verlobung in aller Ruhe überdachte, als würde er noch nicht ganz daran glauben.

* Höfliche und zugleich vertraute Anrede. (Anm. d. Autorin)

Er wollte nicht, dass unsere Beziehung sich weiterentwickelte, bevor ich sein Dorf nicht gesehen hätte, und er wollte auch, dass ich seine Frau kennenlernte. Dagegen hatte ich nichts einzuwenden, mir erschien dies sogar unvermeidlich, also willigte ich ein. Innerhalb von kaum vier Tagen hatte sich mein Leben von Grund auf verändert.

Ich ließ sie diskutierten, es interessierte mich nicht mehr, ich hatte meine Entscheidung getroffen und zog mich innerlich zurück. Ich dachte nach. Bevor die großen Probleme kämen, die sich in so einer schwer einschätzbaren Situation ganz sicher türmen würden, fielen mir tausend Probleme ein, die man lösen musste. So hatten wir zum Beispiel keine gemeinsame Sprache, um uns zu verständigen. Ich kam auf die Idee, ihm ein Heft zu geben, in das er seine Gedanken auf Paschtu oder auf Dari schreiben konnte, und ich würde es in Kabul übersetzen lassen. Wie sollte ich ihn hier und jetzt meiner Gefühle versichern und ihm zeigen, dass ich es ernst meinte? Ich löste die dünne Goldkette – ohne Anhänger und ein bisschen zerkratzt –, die ich seit Jahren trug, und reichte sie ihm. Er war verwirrt und murmelte: »*Manana, dera manana* – vielen, vielen Dank.« Dann betrachtete er die Kette, als hätte er das Gold von Baktrien vor sich. Auch ich wollte ein Andenken an ihn, bevor ich nach Kabul zurückkehrte, ein Andenken, in das ich meine Nase stecken und seinen Duft atmen konnte. Ich deutete auf den braunen *patu*, in den er sich bis zum Hals gehüllt hatte. Er versprach ihn mir.

Ich begleitete ihn bis zu der Mauer, die sein Haus vom Gästehaus trennte. Mit unseren Anstandsdamen auf den Fersen gingen wir durch den Park; alles war ein wenig gezwungen. Als wir uns voneinander verabschieden mussten, ging er nicht auf mich zu, er breitete auch seine Arme nicht aus. Er stand einfach da, nickte und sagte, er würde morgen früh vor meiner Abfahrt nach Kabul zu mir kommen.

Die Atmosphäre in unserem Zimmer war seltsam. Natürlich lagen bei allen die Nerven blank. Massuda saß nachdenklich in einer Ecke, dann sagte sie plötzlich leise: »Brigitte … ich bin auch verliebt.« Massuda – verliebt? »Ein Junge aus Kabul. Meine Eltern wissen nichts davon.« Nun verstand ich besser, warum sie es gleich begrüßt hatte, dass ich Ja zu Schahzada gesagt hatte. Ich drehte mich zu Anisa um, die auf ihrem Bett saß und ihr langes, schwarzes Haar bürstete. »Und du, Anisa? Liebst du auch jemanden?«

Sie hielt kurz im Bürsten inne, ihr Lächeln verschwand, sie erschien mir plötzlich sehr alt. »Ich glaube nicht, dass ich jemals einen Mann lieben kann, Brigitte-*jan*. Mein Herz ist mit meiner Mutter gestorben … Weißt du, es gibt Blüten, die öffnen sich und blühen an den Zweigen der Bäume. Dann kommt ein großer Regen, sie fallen zu Boden, welken und sterben. Ich war auch einmal eine Blüte, und als meine Mutter starb, bin ich zu Boden gefallen.«

Ich sagte zu ihr, dass auch ihr Herz sicherlich eines Tages für einen Jungen schlagen würde. Sie verzog zweifelnd den Mund. Doch dann kehrte innerhalb weniger Minuten wieder Fröhlichkeit im Zimmer ein, und die Mädchen führten mir zu Ehren Freudentänze auf. Die Afghanen haben die Fähigkeit, innerhalb von Sekunden ganz gegensätzliche Gefühle zu zeigen, was mich immer überrascht hat. Ich war wie in Trance und ließ mich schminken, damit die Mädchen diesen Moment auf einem Foto festhalten konnten.

Um drei Uhr früh klingelte der Wecker. Ich hatte wach gelegen. Trotz der Kälte ging ich ungeduldig auf der Veranda auf und ab. Leise knarrte eine Tür, und der helle Schein einer Taschenlampe wanderte durch die Dunkelheit. Er war es, eingehüllt in seinen *patu*. Er wirkte zurückhaltender als am Abend zuvor. Auch er hatte nicht geschlafen. Zum ersten Mal waren wir allein, ohne Zeugen. Wir flüsterten uns Worte zu, die der jeweils andere nicht verstand. Langsam löste er seinen *patu* und reichte ihn mir. Es war nicht das grobe Wolltuch, das die Männer im Pandschir tragen, es war aus ganz feiner Angorawolle, weich und zart. Ich wollte ihm sagen, wie glücklich ich bin, dass ich ihn getroffen habe, doch er verschloss meine Lippen mit einem Kuss. Dem ersten. Einem kurzen Kuss, der kaum meinen Mund berührte.

Dann war er weg.

Schahzada

Gott hatte ihm diese Frau geschickt. In dem Moment, als er sie gesehen hatte, hatte er seinen Frieden gefunden. Er wusste nicht, warum. Doch er wusste, wann er angefangen hatte, sie zu lieben.

Groß und gerade stand sie vor den Ältesten. Erhaben wie eine Steinskulptur. Ihre blonden Haare unter dem Tuch waren zerzaust. Es war ihr egal, wie sie aussah. Mit ihrer tiefen Stimme, aus der er heraushörte, wie die Gefühle in ihr brodelten, hatte sie die Worte gesprochen, auf die er gehofft hatte, sie hatte ihm die Würde zurückgegeben, die sie ihm mit ihrer westlichen Unbekümmertheit gestohlen hatte.

Er hatte angefangen, sie zu lieben, als sie vor dem Ältestenrat genauso viel Mut gezeigt hatte wie ein Mann. Und er, Schahzada, hatte das Gefühl, ihm würde das Herz aufgehen.

War das also Liebe? Das Begehren kannte er, aber noch nicht die Leidenschaft und auch nicht das Warten auf einen Menschen, der ihn Tag und Nacht beschäftigte. In der Welt, in der er lebte, ist Liebe ein Vergehen und das Wort tabu. Paschtunen heiraten nicht aus Liebe, sie suchen sich ihre Frauen nicht aus. Und sie vertrauen niemandem ihre Gefühle an, nicht einmal ihren eigenen Brüdern.

Doch plötzlich ließen ihn die goldenen Haare und die vitale Kraft dieser Frau nicht mehr los. Und ihrer Stimme war er auch gleich erlegen. Er hätte für den Rest seines Lebens die Augen schließen und ihr zuhören können, sich in dieser tiefen, kraftvollen Musik treiben lassen können. Sie durchfloss ihn, wusch ihn rein vom Schmutz der Vergangenheit, trug seine Aggressivität und seine Härte weit fort und löste die Spannungen auf, die ihn immer beherrscht hatten.

Mohabat, *das Dari-Wort für Liebe,* mohabat, *hatte er immer wieder zu sich gesagt. Die Liebe hatte ihn ganz plötzlich und ganz unerwartet überwältigt, als er begonnen hatte, eine zweite Frau zu suchen. Die Kriegsjahre in den Bergen gehörten der Vergangenheit an, und es war nun Zeit, diesen neuen Frieden, so brüchig er auch sein mochte, mit einer Frau zu feiern, die sich um ihn kümmerte. Er mochte seine erste Frau gern, und er achtete sie, aber sie lebte in den Bergen und war von der Arbeit auf dem Hof stark in Anspruch genommen. Sie hatte ihre sieben Kinder aufopferungsvoll großgezogen. Nun wollte er eine Frau, die nur für ihn da wäre. Eine gebildete Frau, die ihm die Welt eröffnete.*

Die Ausländerin würde bald wieder abreisen, die Zeit drängte. Er sah sich mit ungewohnten Problemen konfrontiert; wie er die Sache auch drehte und wendete, die Situation ließ es nicht zu, die afghanischen Konventionen zu respektieren, denn: Welche Familie sollte er an-

sprechen? Mit welchem Familienoberhaupt sollte er die Heirat verhandeln? Wie sollte er ihr sagen, dass er sie wollte? Und interessierte sie sich denn überhaupt für ihn? Sie war keine Paschtana, die dazu erzogen war, sich zu fügen, sie würde niemals etwas gegen ihren Willen tun. Er hatte erlebt, wie sie wütend geworden war, wie sie ihm entwischt war und ihren Kopf durchgesetzt hatte.

Er wollte sie weder erschrecken noch beleidigen. Im Lauf der langen Tage, die sie zusammen verbrachten, und bei den gemeinsamen Abendessen hatte er sie beobachtet und auf irgendeinen Hinweis gelauert, doch alles deutete darauf hin, dass sie in ihm lediglich einen Mittelsmann sah, der ihr die Arbeit erleichtern sollte.

Die Mädchen waren eine große Hilfe. Sein Interesse an ihrer Lehrerin war ihnen nicht entgangen. Eines Abends, als sie von einer Ausfahrt zurückkamen, beauftragte sie die Mädchen, ihm zu sagen, dass er aufhören solle, mit ihr zu spielen. Bei dieser Gelegenheit fragte er die Mädchen: »Kennt ihr sie gut? Was haltet ihr von ihr?« Ihre Gesichter strahlten. Die lebhafte, fröhliche Anisa, die ihn immer an ein kleines Küken erinnerte, rief: »O Malik**! Sie hat uns alles beigebracht. Sie ist wie elektrischer Strom für uns, ohne sie hätten wir nie das Licht gesehen!« Die Mädchen liebten sie, sie waren ihr ergeben, auch wenn sie ihr gegenüber zurückhaltend waren.*

Und noch eine andere Frage beschäftigte ihn, denn darin war die Tradition nicht zu umgehen. Er zögerte.

* Herr, Sippenführer

Massuda erschien ihm noch zu jung für ein solches Gespräch, aber wen sollte er sonst fragen? Normalerweise mussten die Frauen der Familie diese Information erbitten. Doch er wollte es wissen. Leise fragte er also auf Dari: »Sag mal … hat Brigitte schon andere Männer gehabt? Ist sie noch Jungfrau?«

»Fragst du nur aus Neugier, oder ist es dir ernst?« Das Mädchen zog missbilligend die Stirn kraus und sah aus wie ein kleiner, zorniger Richter. Diese Frau hatte ihre Leibwächterinnern wahrlich gut ausgesucht!

»Ich will sie!«, sagte er empört. »Ja, ich will ihr einen Antrag machen!«

»In diesem Fall muss ich dir sagen, dass ich nicht weiß, ob sie andere Männer hatte, aber wenn es so ist, dann wird sie in diesem Punkt sicherlich ehrlich zu dir sein, und wenn du sie wirklich liebst, musst du das akzeptieren.«

Er ging eine ganze Weile in sich. Die Leute würden sich das Maul zerreißen. Aber die Liebe schenkte ihm Vertrauen.

»Gut, ich nehme sie, wie sie ist.«

Massuda versicherte ihm, dass sie ihm helfen würde, seine Gefühle auszudrücken.

Und dann geschah das Unvorstellbare: Diese Frau, für die er mitnichten vorbestimmt war, sagte, dass sie ihn vom ersten Augenblick an geliebt hatte. Mohabat. *Sofort hatte sie alles akzeptiert. Vielleicht zu schnell. Seine Frau, seine Kinder, den Hof in den Bergen, alles und bedingungslos. Er war glücklich, doch eine Sorge quälte ihn.*

Sie war den Kutschi begegnet und hatte deren Elend

gefilmt, auch das der Hazara in Bamiyan – dennoch konnte sie sich nicht vorstellen, wie arm er war, sie wusste nicht, was es für eine Frau bedeutet, sich der Familie untertan zu machen, und dass man im Dorf langsam erstickt. Er wusste es. Wenn er sie heiratete, müsste sie sich an die Regeln des Stammes halten. Und das war undenkbar.

Es gab auch noch ein anderes Hindernis, von dem er ihr nichts sagen würde: Er war von Feinden umgeben; ob nun aus uralter Blutrache oder aus politischen Motiven – sie verfolgten ihn seit Jahren. Er war sich schon immer sicher gewesen, dass er jung sterben würde … Was für eine Zukunft könnte er dieser starken, freien Frau also bieten?

Im Grunde war sie wie die Meisen, die er hinten im Garten in einer Voliere hielt. Er betrachtete sie oft, es gab für ihn nichts Schöneres, als sie tschilpen zu hören oder auf einem Ast aufgereiht schlafen zu sehen. Im Winter brachte er sie ins Haus, im Sommer ins Freie. Sie waren umsorgt und geliebt, aber sie waren nicht glücklich. Wie sollte man in einem Käfig auch glücklich sein? Brigitte wäre wie diese Vögel. Wenn er sie heiratete, würde sie ihn eines Tages verlassen und nie mehr zurückkommen. Und dann würde sich sein Herz wieder verschließen.

Er würde niemals von hier weggehen. Er war groß geworden, indem er seinem Vater auf dem Fuße gefolgt war, er war mit ihm zu Fuß, auf dem Rücken eines Esels und auch im Auto durchs Land der Mohmand gezogen. Er hatte unter freiem Himmel geschlafen, war stundenlang durch die sengende Sonne gewandert, hatte fri-

sches Wasser aus einer Schale getrunken, die von Hand zu Hand gegangen war. Er liebte dieses Land von ganzem Herzen, und wenn seine Gedanken manchmal auch hinter diese Hügel wanderten und er sich andere schöne Orte vorstellte – Meere, Städte –, so kam er doch immer wieder zurück, denn alles, was ihn glücklich machte, befand sich hier, innerhalb dieser Grenzen.

Im Übrigen könnte nichts an die Pracht dieses steinigen Tales heranreichen – flach wie eine Hand und ohne jeden Strauch –, das sich jedes Jahr im Frühling in nur wenigen Stunden auf wundersame Weise mit einem dicken Teppich aus Wildblumen überzog. Kein anderer Himmel wäre so samten wie das Sternenzelt, das sich über die Nächte im Mohmand-Land wölbte. Keine Stadt besäße die lautere Schönheit eines Dorfes aus Lehmhäusern und Gassen aus gestampfter Erde, durch die eine Herde Zicklein sprangen. Welcher andere Wind würde ihm den feinherben Duft von Eukalyptus, vermischt mit Staub, herantragen? Er wusste es, er wusste mit jeder Faser seines Seins: Nirgendwo sonst könnte er die Bahn der Sonne von ihrem Aufgang bis zu ihrem Verglühen am Horizont verfolgen. Das sagte er sich immer, um die Ausbruchsträume zu vertreiben, die ihn nach wie vor umtrieben.

In der Nacht, nachdem die letzten Besucher endlich gegangen waren, zog er sich in sein kleines Zimmer zurück und nahm das große Heft zur Hand, das sie ihm geschenkt hatte und in das er seine Gedanken niederschreiben sollte. Wo beginnen? Er saß im Schneidersitz auf dem Bett und schrieb unter dem flackernden Neon-

licht die Wahrheit. Er wollte nicht, dass ihre Heirat zum Nachteil dieser Frau stattfand.

»Brigitte, mein Herz ist voller Liebe für Dich. Ich bin glücklich, dass Du Dich entschieden hast, Dein ganzes Leben nun mit mir zu verbringen. Doch Du sollst wissen, dass es zwei Arten von Leben gibt, das Leben in der Stadt und das Leben im Dorf. Der Unterschied ist gewaltig, so groß wie zwischen Tag und Nacht. Und bei uns ist die Nacht sehr dunkel. Du bist frei geboren wie ein Vogel, doch wenn der Vogel erst einmal gefangen ist, muss er allem entsagen, was vorher sein Leben gewesen ist …«

Er schrieb die ganze Nacht. Als der erste Gesang des Muezzin die Frommen zum Gebet rief, beendete er seinen langen Brief.

Tanz der Freude

Unter dem Himmel der befriedeten Hauptstadt ließ das stete Ballett der Hubschrauber und Flugzeuge nur noch die Fensterscheiben erzittern. Dennoch war die militärische Präsenz im Dezember 2002 so stark wie nie zuvor. Ständig wurden Umfriedungsmauern um Büro- und Wohnhäuser gezogen, mit Stacheldraht versehen und mit Sandsäcken verstärkt, überall gab es Spanische Reiter aus Beton, Spiegel und uniformierte, bewaffnete Wachen.

Ich hatte meine Träume in Dschalalabad zurückgelassen und mich von Schahzada mit dem Versprechen verabschiedet, dass wir uns in einem Monat wiedersehen würden. Der Kontrast zwischen der Weite Nangarhars und dieser Stadt, die eingezwängt zwischen Bergketten liegt, brachte mich wieder gnadenlos in die Wirklichkeit zurück. Trotz aller Verbesserungen, die uns Tag für Tag die Dinge ein wenig erleichterten, war das Leben in Kabul alles andere als bequem. Man musste zwar immer noch durch morastige Straßen mit verstopfter Kanalisation waten, doch auf dem Markt in unserem Viertel gab es mittlerweile auch Obst und Gemüse. Die Preise für ausländische Kunden waren natürlich immens. Ganz in der Nähe, im schicken Schar-e-Nau-Viertel, hatten ein paar neue Läden eröffnet – wahre Schatzhöhlen, die vor Haushaltsgeräten nur so überquollen. Mixer, Waschmaschinen, Backöfen, Porzellan aus China und vom persischen Golf erinnerten uns an die vergessenen Wohltaten der Konsumgesellschaft. Und die Waren, die in den kleinen Läden mit Sanitärbedarf angeboten wurden, hätten auch einem Palast in Dubai gut zu Gesicht gestanden: ausladende Glasbecken, vergoldete Wasserhähne in Schwanenhalsform, Stöpsel wie geschliffene Diamanten, Whirlpools ... Doch der normale Afghane, der einen Teekessel kaufen wollte, musste sich mit einem Sonderangebot begnügen; für ihn war das Leben weiterhin schwer. Mühsam bewältigte er den Alltag, indem er zwei, drei Jobs gleichzeitig machte. Wer als Beamter bessergestellt war, verdiente 50 Dollar im Monat, doch wenn man eine halbwegs gute Wohnung wollte, musste man sich bei den ständig steigenden Mieten den Platz mit Verwandten teilen.

In knapp einem Jahr waren eine halbe Million Flüchtlinge auf überladenen Lastern aus Pakistan zurückgekehrt und mussten feststellen, dass sie kein Land, kein Saatgut, keine Geräte und Werkzeuge mehr hatten. Alles war ihnen gestohlen worden. Andere, die auf dem Land das Taliban-Regime stoisch ertragen hatten, hatten nichts mehr zum Leben, weil seit vier aufeinanderfolgenden Jahren Dürre herrschte. All jene drängten sich in den Slums rund um Kabul, alle mit der Illusion, dort irgendeine Gelegenheitsarbeit zu finden, während ihr

Land brachlag. Die Menschen mussten sich von den Weizenlieferungen der internationalen Hilfsorganisationen und von Hühnchen ernähren, die aus Brasilien importiert wurden. Und doch konnten sie sich glücklich schätzen.

Ungeachtet all dieser Probleme, wurde *Aina* immer erfolgreicher. Voller Energie wurden neue Projekte angepackt. Das Satiremagazin *Zambil-e-Gham,* das in der Taliban-Zeit mit großer Nachfrage unter der Hand verkauft worden war, wurde wieder aufgelegt. Sein Gründer Osama Akram hatte anfangs Fotokopien vertrieben, dann, als Kopierer rar wurden, hatte er handschriftliche Exemplare verteilt. Ob die Taliban nun quietschende Schuhe verboten oder Musikkassetten für illegal erklärt hatten – Akram hatte in all dem Grauen, das über seinem Land lag, immer Material für seine Satire gefunden. Des Weiteren wurde die erste afghanische Frauenzeitschrift, *Malalai,* herausgegeben. Und unser Videosektor florierte dank der vielen Ausbilder, die jeweils für eine gewisse Zeit mitarbeiteten.

Die Expats bereiteten sich schon auf Weihnachten vor, als die terroristische Gewalt am 19. Dezember 2002 mit aller Macht über uns kam.

Die Journalistin Elsa Leroy, die den *camerawomen* Montage-Kurse gab, der Journalist Eric Coorevits und Habibulah Schahimi, der auf dem *Aina*-Gelände einen kleinen Laden betrieb, waren zur Behandlung im deutschen ISAF *(International Security Assistance Force)*-Hospital. Sie standen in der Schlange vor der Medikamentenausgabe, als sich ein Mann neben sie stellte und einen Sprengstoffgürtel unter seiner Jacke zündete. Habibullah starb wenige Stunden danach, Eric wurde schwer verletzt, Elsa kam mit ein paar Kratzern davon, zumindest was ihre körperlichen Verletzungen betraf. Sie waren die Opfer des ersten Selbstmordanschlags auf die Internationalen Schutztruppen in Kabul.

Dieses Klima der Unsicherheit hätte mich eigentlich eines Besseren belehren sollen, aber nein, ich bereitete mich mit einem zweiten Schülerinnen-Team darauf vor, unser Roadmovie über afghanische Frauen zu vervollständigen. Dieses Mal wollten wir in Herat drehen, im Nordwesten des Landes. Die Behörden rieten dringend davon ab, nachts zu reisen, auch in der Umgebung von Kabul bestand die Gefahr, überfallen zu werden oder noch Schlimmeres zu erleiden. Also nahmen wir das Flugzeug. Farida und Halima begleiteten mich.

Herat, unweit der Grenze zum Iran, ist eine der konservativsten Städte Afghanistan. Hier werden Frauen noch immer weggesperrt, als würden sie gar nicht existieren, und die Männer hatten zu viel Angst vor Repressalien, als dass sie uns eine Begegnung mit ihnen gestattet hätten. Würden sie mit uns sprechen, würde man sie schlagen, denn hier, eine Flugstunde von Kabul entfernt, machten noch die Taliban die Gesetze und sprachen Todesdrohungen gegen die Familien aus.

Mit dem Wagen fuhren wir durch die Straßen, trauten uns aber nicht zu filmen. Trotz der Gefahr weigerten sich Farida und Halima nicht nur, sich in ihr Stoffgefängnis sperren zu lassen, nein, sie waren geradezu empört, dass ich, zu ihrer Sicherheit, überhaupt auf so eine

Idee kam. »Wir sind Journalistinnen. Wie sollen wir unter der Burka arbeiten?« Schließlich gelang es uns, einen Arzt zu interviewen. Die Güte sprach ihm aus dem Gesicht. Er hatte so viel zu tun, dass er nicht wusste, wo ihm der Kopf stand. Täglich kamen weinende Frauen in seine Sprechstunde, die kein Geld für eine Behandlung hatten. Ihre Männer waren oft drogensüchtig und arbeiteten nicht. Also behandelte der gutherzige Doktor diese armen Geschöpfe, die von morgens bis abends damit beschäftigt waren, für sich und ihre Kinder ein wenig Essen aufzutreiben, umsonst. Und dann steckte er ihnen auch noch ein paar Afghani zu – kleine Tropfen, die in einem Meer der Not untergingen.

Er deutete auf die Patientin, die er untersucht hatte, als wir gekommen waren. Sie trug die Burka, hatte den Gesichtsschleier aber zurückgeschoben und zeigte ihr Gesicht. »Sie hat sieben Kinder. Deren Schicksal hier können Sie sich leicht ausmalen – keine Bildung, keine Nahrung, schlechte Gesundheit.« Er sah in die Kamera und sagte mit wutbebender Stimme: »Im Namen Gottes, im Namen der Menschheit – es muss eine Lösung her!«

Wie damals Massuda in der Höhle von Bamiyan riss nun Farida vom Grauen gepackt die Augen auf, als sie das hörte. Dann versteckte sie vor dem Objektiv, das ich auf sie richtete, ihr Gesicht unter ihrem Kopftuch.

Waren wir dabei, der Versuchung eines jeden Journalisten nachzugeben – dem Voyeurismus? Ich weiß es nicht. Ich wusste nur, dass wir diesen Frauen nicht viel mehr anzubieten hatten als unser Mitgefühl und ein wenig Trost. Doch indem wir ihnen zuhörten und sie filmten, indem unsere Tränen sich mit ihren vermischten und wir ihnen unsere Gefühle zeigten, hoffte ich, dass ihr Leid nun wahrgenommen würde und dass das geteilte Leid ihnen einen Funken Hoffung schenkte.

Wieder zurück in Kabul, ließ ich Schahzada mit dem Taxi einen weißen *patu* und köstliches, knuspriges Gebäck mit Pistazienfüllung bringen, das ich in Herat besorgt hatte. Er schrieb mir: »Als hättest Du mir die Welt geschenkt.«

Was kannte er von der Welt, dass er sie mit drei kleinen Kuchen und einem Wolltuch verglich? Ganz sicher hatte ihm zum ersten Mal eine Frau ein Geschenk gemacht.

Wie alle Verliebten entdeckten wir einander nach und nach. In unserem Fall war das recht kompliziert. Wir hatten keine gemeinsame Sprache außer der Sprache der Augen. Und wir lebten sechs Autostunden voneinander entfernt. Wie schade, dass es die afghanische Tradition der Brieftauben und der Papierdrachen nicht mehr gab! Diese Liebesboten sind unter den Taliban verschwunden. Zum Glück gab es wenigstens Taxis. Gegen Bezahlung überbrachten sie Nachrichten von Kabul nach Dschalalabad und umgekehrt. Schahzadas Briefe waren hinreißend. Sie enthüllten einen guten, starken und gefühlvollen Mann, aus dem die Aufrichtigkeit strahlte.

Ich hatte ein heimliches Ritual. Morgens stand ich immer sehr früh auf, bevor die anderen in diesem eiskalten Gästehaus erwachten. Im Ofen des Aufenthaltsraums zündete ich ein Feuer an, schob einen Sessel heran und setzte mich in aller Stille in die Wärme, die sich langsam ausbreitete. Eingehüllt in Schahzadas *patu*, der noch immer seinen Geruch trug, auch wenn er jeden Tag etwas schwächer wurde, schloss ich die Augen und visualisierte dieses beruhigende Gesicht; und wenn ich es dann vor mir sah, lächelte es mir zu und der Geruch wurde wieder stärker und lebendiger. Dann las ich immer wieder die Briefe, die ich übersetzen ließ. Schahzada schrieb viel und flüssig. In seinem letzten Brief stand: »Bevor noch irgendetwas zwischen uns sein kann, werde ich Dich in mein Dorf mitnehmen, sobald Du aus Badachschan zurück bist.«

Der letzte Teil unseres Films sollte tatsächlich in Badachschan gedreht werden, ganz im Nordosten des Landes auf der anderen Seite des Hindukusch. Auf der Landkarte sah diese Bergprovinz aus wie der Kopf eines Widders, der eine Bresche ins herrliche Tadschikistan schlagen will. Anisas Vater hatte keinerlei Bedenken, er erlaubte seiner Tochter ohne Weiteres, ins Reich des *buzkaschi* zu fahren, dieses Reiterspiels der Steppen, an dem früher keine afghanische Frau, sei sie Bäuerin oder Königin, teilnehmen durfte. Auch Farida konnte ihre Mutter ein weiteres Mal überzeugen. Und dann fragte mich Polly: »Warum nimmst du denn Fauzia nicht mit?«

Ich hatte das zurückhaltende Mädchen ganz vergessen. Sie war immer noch stur und desinteressiert. Ich war todmüde. Wozu sollte ich zusätzlichen Ballast auf eine Tour ins Hochgebirge mitnehmen, die sich als gefährlich herausstellen könnte? Und dieses Mal hatte ich die Absicht, Afghanistan zu Pferde zu erkunden. Aber Polly blieb beharrlich. Sie mochte Fauzia, sie glaubte sogar daran, dass es eine winzige Chance gäbe, das Mädchen wachzurütteln. »Sie traut sich nicht, dich zu fragen.«

Nun gut, versuchen wir's.

Wir landeten in der Provinzhauptstadt Feyzabad. Auch hier war keine einzige Frau auf der Straße zu sehen, hier herrschte nach wie vor der Terror der Warlords und der Mudschaheddin, die noch nicht entwaffnet waren. Der Absatz von Burkor war im freien Fall begriffen, wenn man dem Stoffhändler mit dem runden Gesicht glaubte, der über die Leere rund um seinen früher so gut besuchten Laden klagte. Er stöhnte so sehr und wirkte so hilflos inmitten seiner gefältelten Stoffe, dass es fast schon komisch wirkte. Unter den Taliban hatte er gute Geschäfte gemacht und dreißig Schleier am Tag verkauft, nun aber wollte keiner mehr eine Burka haben.

Da wir nur Männern begegneten, beauftragte ich Anisa, in den Basar zu gehen und sie dort zur Burka-Tradition zu befragen. Fauzia würde die Tonaufnahmen machen, ich würde filmen. Die Stadt war verschneit, wir mussten uns durch Schneeverwehungen kämpfen, durch Matsch waten, Mulis ausweichen, die unter ihren Holzbündeln fast zusammenbrachen, und uns durch die Menschenmenge drängen. Ich konzentrierte mich auf ein paar Stimmungsbilder, die ich einfing, und als ich den Kopf wieder hob und mich umsah, war Anisa verschwunden. Meine Güte! Was war geschehen? Ich sah einen Trupp bärtiger Tadschiken mit schwarzen Augen und buschigen Brauen. Was ging hinter dieser Menschenmauer vor sich? Ich eilte hin. Die kleine Anisa stand vor den Männern. Einer, er war noch relativ jung, starrte auf ihr Kopftuch mit dem Blumenmuster, das ihr Haar nur zum Teil verbarg, und auf ihre Nägel, die mit Perlmuttlack überzogen waren. Diesen Anblick missbilligte er eindeutig. Anisa hielt ihm ein Mikro unter die Nase, er sagte: »Nach dem Propheten Mohammed, Friede sei seiner Seele, bleibt eine gute Muslima zu Hause, sie verbirgt ihr Gesicht sowie ihre Hände und Füße vor allen Männern außer vor den Angehörigen ihrer Familie.«

Erwartete er nun, dass Anisa ihr Mikrofon einpackte, sich den Schleier über die Stirn zog und so schnell wie möglich dahin zurückging, woher sie gekommen war? Stattdessen geschah etwas Unglaubliches: Diese kleine Frau, die dem Mann kaum bis an die Brust reichte, sah ihm offen in die Augen und wiederholte noch einmal laut ihre Frage: »Steht im Koran wirklich geschrieben, dass eine Frau ihr Gesicht nicht zeigen darf?«

»Ja, nach dem Islam ist die Burka Pflicht. Und nach der Scharia ist sie es auch.«

Und nun erlebte dieser Mann zum zweiten Mal innerhalb weniger Sekunden sein blaues Wunder. Von einer Wut gepackt, die sie auch gar nicht mehr zu beherrschen versuchte, sagte Anisa ihm ins Gesicht: »Das stimmt nicht! Wie kann man nur so unwissend sein! Sie lügen!«

Worum ging es hier? Ich verstand natürlich kein Wort, aber ich spürte, dass eine düstere, schwere Bedrohung über uns hing, ein Sturm, der gleich ausbrechen würde. Wie um meine schlimmsten Vermutungen zu bestätigen, ging ein Raunen durch die Menge, zuerst kaum hörbar, dann wurde es immer lauter. Und dann fingen die Leute an, wie verrückt zu lachen. Sie fanden es herrlich, wie dieses Persönchen seinen Gegner fertigmachte. Die Tadschiken amüsierten sich königlich.

Ein Riese von einem Mann ergriff immer noch lachend

Partei für Anisa. »Sie hat recht. Wenn wir um jeden Preis das Tragen der Burka aufrechterhalten wollen, zeigt das, dass wir kein Vertrauen in uns selbst haben. Wir wollen Freiheit, nicht die Burka!« Er hatte graumeliertes Haar, also musste er als junger Mann freiere Zeiten erlebt haben. Stolz auf sich und erleichtert, dass sie endlich loswerden konnte, was sie schon so lange bedrückte, erklärte Anisa den Männern, woher sie ihre Überzeugung hatte: »Meine Mutter war Muslima und hat nie die Burka getragen. Sie ist tot, ein Opfer des Hasses. Und heute verteidige ich meine Erinnerung an sie.«

Ich ging zu ihr. Ich hatte eine Heidenangst.

»Hattest du keine Angst?«

»Überhaupt keine, ich habe keine Angst, ich bin Journalistin.«

Sprachlos richtete ich mein Objektiv auf sie.

»Du trägst die Burka nicht mehr, aber du trägst immer noch ein Kopftuch, weite Kleider und Pluderhosen … Hast du die Absicht, dich in absehbarer Zeit westlich zu kleiden?«

»Nein. Weißt du, ich bin froh, dass ich die Burka nicht mehr tragen muss. Natürlich gehe ich nicht ohne Kopftuch aus dem Haus, aber es ist so leicht, dass es mich nicht stört. Und ich bin auch froh, dass ich endlich meine Nägel lackieren kann und im Sommer Sandalen ohne Strümpfe tragen darf. Mehr verlange ich nicht. Aber diese Rechte sollen für alle Frauen in Afghanistan gelten.«

Sie verblüffte mich wirklich.

Das Glück war uns gewogen, oder besser gesagt, unsere Beharrlichkeit wurde endlich belohnt, und wir durften eine Hochzeit filmen, eine ganz außergewöhnliche Hochzeit, bei der die Braut sich den Mann aussuchen durfte. Trotz dieses Privilegs und trotz ihres wertvollen, reich bestickten Kleides, obwohl sie die Augen mit Kajal schminken und Rouge auf ihre Wangen auftragen durfte – trotzdem wirkte die junge Frau wie erstarrt und sah so aus, als sei sie den Tränen nah. Die Tradition wollte, dass das Mädchen seine Trauer darüber ausdrückte, das Elternhaus verlassen zu müssen.

Doch wie viele Frauen hatten im Gegensatz zu dieser glücklichen Braut ernsthaften Grund, am Tag ihrer Hochzeit traurig auszusehen? Wir wurden mit einem Mädchen zusammengebracht, das es gewagt hatte, einen Antrag abzulehnen. Seitdem ist das arme Ding dazu verdammt, eingesperrt im Haus der Eltern zu leben. Der Bewerber, ein bereits verheirateter Warlord, der für seine Grobheit und Brutalität bekannt ist, hat die Fatwa über sie verhängt und geschworen, sie zu schlagen, ihr die Brüste abzuschneiden und Schlimmeres, sollte er sie erwischen. Sie lebt völlig isoliert und terrorisiert zwischen ihren Träumen und Albträumen.

Sie hatte gehofft, wie andere junge Afghaninnen wieder in die Schule gehen zu können, doch darauf musste sie verzichten. »Diesen Traum werde ich mit ins Grab nehmen«, weinte sie über ihr verwünschtes Leben. Sie war erst achtzehn Jahre alt. Sie wollte ohne Schleier vor der Kamera sprechen, Fatwa hin oder her. Farida war in Tränen aufgelöst. Als sie sich wieder beruhigt hatte, sagte sie vor der Kamera: »Das reicht! Wie lange müssen wir diese Unterdrückung noch ertragen? Wir haben genug gelitten!«

In diesen Momenten wanderten meine Gedanken zu Schahzada. Diese Kultur, zu der ich nach und nach Zugang fand und deren schwarze Seite ich dabei entdeckte – dieses Grauen, die schrecklichen Verbote –, diese Kultur hatte den Mann hervorgebracht, den ich liebte. Er hatte recht: Die Nacht ist hier sehr dunkel. Könnte ich das aushalten?

Ich wusste in meinem Inneren, dass ich Opfer würde bringen müssen.

Wir trafen uns mit Habib, einem Kollegen von *Aina*. Er begleitete uns in den Norden, in das Dorf Khosch, wo er Freunde hatte. Khosch unterstand keinem bewaffneten, reaktionären Warlord, dort wären wir in Sicherheit.

Die strapaziöse Fahrt dauerte acht Stunden. Strapaziös vor allem deshalb, weil der Fahrer ständig dieselbe Kassette mit indischen Schnulzen laufen ließ. Dass ich im Wagen die Einzige war, die diese honigsüßen Melodien nicht kannte, die auf Hindi von der Liebe erzählten, wurde mir schnell klar. Der Fahrer, der Guide und die Schülerinnen, Fauzia inbegriffen, kannten die Lieder auswendig und trällerten unermüdlich mit. Es war ihnen so lange verboten gewesen, dass ich es nicht über mich brachte, diesen fröhlichen gemischten Chor zum Verstummen zu bringen.

Auf dem verschneiten Weg am Dorfeingang erwartete uns ein sehr alter Mann mit einem makellos sauberen Turban, seine Hand lag auf der Schulter eines Kindes, das ihm gewissermaßen als Stock diente. Der Älteste

Zusammentreffen mit den Nomaden in der Wüste von Guschta. Die Frauen halten sich im Hintergrund.

Über den Fluss Kabul geht es nach Guschta.

Im Gespräch mit afghanischen Frauen bei einer Pressekonferenz der Hilfsorganisationen.

Brigitte Brault hat als erste Journalistin einheimische Frauen zu Kameraleuten ausgebildet. Hier in Dschalalabad bringt sie ihnen bei, wie man eine Pressekonferenz dokumentarisch filmt.

Mit Massuda, einer ihrer Schülerinnen, bei Nomadenfrauen vom Stamm der Kutschi.

Auf dem Basar von Kandahar, der gefährlichsten Stadt des Landes. Die Kamerafrau verbirgt sich aus Sicherheitsgründen unter ihrer grünen Burka. Frauengespräche mit klopfendem Herzen …

Eine Schule im Bezirk Guschta in der Nähe von Dschalalabad. Die Kinder haben nach wie vor Unterricht im Freien. In dieses Gebiet sind noch keine Hilfsgelder geflossen.

Auf einer eher provisorischen Pontonfähre muss man von Dschalalabad nach Guschta übersetzen – es ist jedoch die einzige Möglichkeit, ans andere Ufer zu kommen.

hieß uns willkommen, dann lud uns ein Kommandeur in sein Haus ein. Kaum hatten wir uns am Ofen ein wenig aufgewärmt und heißen Tee getrunken, brachte uns der Mann Pferde ohne Sattel und ohne Steigbügel. Damit sollten wir auf das Hochplateau reiten, wo ein *buzkaschi* stattfand. Ich hatte Angst vor diesem Ritt auf dem bloßen Rücken eines Pferdes, doch ich willigte ein. Wie sollte ich auch ablehnen, durch eine der schönsten Landschaften der Welt zu reiten, wo die wenigsten Frauen jemals auf einem Pferd gesessen sind? Meine Gefährtinnen aber schreckten vor dem Gedanken an eine derartige sportliche Leistung zurück und zogen es vor, zu Fuß zu gehen.

Später saßen wir vor einer Bergflanke und genossen ein wunderbares Spektakel. Zwei Reitermannschaften, die *tschopendoz,* galoppieren, in dicke Steppmäntel gehüllt, durch eine Art Arena und wirbeln Staubwolken auf. Einer nimmt im Galopp einen mit feuchtem Sand gefüllten Ziegenbalg vom Boden auf und muss einen möglichst großen Kreis abreiten, währenddessen müssen die anderen versuchen, ihm den Balg zu entreißen, bevor er seine Trophäe in einem vorgezeichneten Kreidekreis ablegen kann. Um jeden Preis will sich ein jeder des Balgs bemächtigen; mit unvorstellbarer Akrobatik und schwindelnden Einsätzen, mit Peitschen und wildem Gerangel setzen sie alles dafür ein und stoßen dabei ein irres Geschrei aus – das ist der Sport, der die afghanische Natur verkörpert: Geschmeidigkeit, Mut, Wildheit und Eitelkeit. Fasziniert sahen wir uns diesen barbarischen Reigen an und bliesen dabei ständig in unsere Hände, um uns zu wärmen.

Das laute Hämmern der Hufe und die vibrierende Erde hallten noch lange in meinem Kopf nach, während ich in einer Kammer, die Schlafzimmer und Küche zugleich war, auf einer Matratze auf dem nackten Boden einzuschlafen versuchte. Der Ofen bullerte. Der Älteste kam mit einem Lächeln auf den Lippen herein. Sein dürrer Arm zitterte, als er uns einen Teller reichte. Darauf lagen kleingeschnittene, rohe Karotten. Dann ging er wieder. Hörte er das laute Lachen, in das wir ausbrachen? Wir konnten nicht mehr an uns halten! Damit lösten sich wahrscheinlich all die Spannungen und die intensiven Gefühle, die wir kurz zuvor durchlebt hatten. Afghanistan war wirklich ein Männerland. Ein Land sehr seltsamer Männer.

Am Morgen begleiteten uns acht Männer aus dem Ort zu Fuß nach Baharaka, einem Usbeken-Dorf oben in den Bergen. Die Wege dorthin waren für Pferde- und Mulihufe und für die Beine der Bergbauern gemacht, nicht aber für einen Wagen. Und so hatte unser Gastgeber vier *buzkaschi*-Pferde bereitgestellt, nervöse Tiere, die es gewöhnt waren, auf den kleinsten Schenkeldruck ihrer Reiter zu reagieren. Wenigstens waren diese Pferde gesattelt. Schicksalsergeben saßen wir auf, da hörte ich plötzlich Fauzias schüchterne Stimme: »Brigitte-*jan*, ich habe ein Problem ... Ich will mein Bein nicht noch mal kaputtmachen.«

Aha. Ihr verletztes, zerfetztes, schlecht zusammengeflicktes Bein. Ihre Bürde. Doch ich ließ mich nicht erweichen. Wenn es überhaupt eine klitzekleine Chance gab, dass sie jemals aus sich herausging, dass sie es endlich wagte – dann war es jetzt. »Du bist wie alle anderen und du machst alles so wie die anderen. Sitz auf und diskutiere nicht herum. Das ist ein Befehl.«

Ein Mann brachte einen Schemel und stellte ihn an die Flanke des Tiers. Fauzia stützte sich auf und zog sich mühsam in den Sattel, dann kauerte sie dort zusammengekrümmt wie ein schwarzes Etwas, das sich schämte.

»Richte dich auf, die anderen sitzen auch aufrecht.«

Vorne glucksten Farida und Anisa ganz euphorisch über das, was sie geschafft hatten, begeistert von der Höhe und der klaren Luft und so berauscht von diesem Ritt im Schritt, als würden sie im gestreckten Galopp dahinfliegen. Sie sahen ihr Land vom Rücken eines Pferdes aus! Wer hätte das vor einem Jahr für möglich gehalten? Ich folgte ihnen; trotz des vereisten Weges war ich beruhigt, weil mein Pferd genau darauf achtete, wohin es seine Hufe setzte. Ganz weit hinten blieb Fauzia stehen, sie war krank vor Angst. Wieder einmal hätte sie sich am liebsten aufgelöst, wäre verschwunden und hätte gewünscht, dass man sie vergisst. Ich hielt an und schrie: »Komm schnell. Sonst wirst du immer ein Leben im Schlepptau der anderen führen. Willst du das?«

Nie werde ich dieses Bild vergessen: eine traurige Stoffpuppe, erstarrt in einer Schneelandschaft. Ich sah, wie sie leicht winkte, sich zusammennahm, aber noch zögerte. Dann forderte sie mit einem leichten Druck ihrer Ferse das Pferd zum Weitergehen auf. Es gehorchte ihr zutraulich. Fauzia ritt weiter, erstaunt darüber, nicht zu fallen, erstaunt darüber, dass das temperamentvolle Pferd nicht durchging. Ich sah, wie sie die Schultern reckte und versuchte, es sich im Sattel bequemer zu machen. Ein Wunder war geschehen. Sie richtete sich noch mehr auf, immer weiter, und nun ritt sie erhobenen Kopfes. Ich glaube, in jenem Augenblick hatte sie beschlossen, sich darauf einzulassen – auf die regelmäßigen Bewegungen des Pferdes, auf die Schneeflocken, die ihre Wangen sanft streichelten, auf ihr Leben überhaupt. Ihre Augen strahlten, als sie mir zulächelte. Es war nur eine winzige Kleinigkeit, fast ein Nichts. Doch zum ersten Mal sah ich Fauzia, wie sie längst hätte sein sollen: endlich jung, endlich frei.

Die Ankunft unserer Equipage löste im Dorf helle Aufregung aus. Dutzende Männer, Jungen und kleine, braunhaarige Mädchen, die aussahen wie Zigeunerkinder, empfingen uns. Sie lachten vor Glück über den Anblick fremder Frauen – die ersten überhaupt, die sie besuchten. Ein Mann klatschte in die Hände, die anderen fielen gleich ein, und er sang:

»Glücklich macht es mich, eure schönen Gesichter zu sehen. Morgen gehe ich nach Mazar …«

Mit erhobenen Armen drehte er sich wie ein plumper Bär, angefeuert von der Menge. Die Lieder begleiteten uns bis zu dem Haus, in dem wir schlafen sollten, das ganze Dorf sang unter unserem Fenster … Das war schön, ganz spontan, ein Moment reiner Freundlichkeit und Herzenswärme. Und für die Mädchen war es ein tolles Erlebnis. Es gab also noch ein Leben ohne jeden Hass.

Ich hatte Schahzada nicht mehr wiedergesehen seit dem Tag, als er mir den Heiratsantrag gemacht hatte. Diese drei Wochen waren vergangen wie im Flug. Sein Gesicht vor meinem Gesicht, sein Lächeln, seine Augen, seine

Stimme waren in mir, aber er fehlte mir. Eines Morgens konnte ich nicht mehr widerstehen und bat Askar, mich nach Dschalalabad zu fahren. Die Gefahren auf der Straße kümmerten mich nicht, denn diese Straße führte zu ihm. Dass ich kam, überraschte niemanden, im Büro der Stammesvertretung herrschte immer reges Treiben, ständig strömten Männer aus den Bergen herbei, ohne sich anzumelden. Man bemühte sich eifrig um mich, bot mir Platz auf der Veranda an und schickte einen Beamten, um Schahzada zu holen. War er denn überhaupt hier? Wie würde er mich empfangen? War der Zauber verflogen? Was ging in seinem Kopf vor? Hatte er mich aus seiner Erinnerung gelöscht? Ich schlug die Augen nieder, meine Hände lagen zitternd auf meinen Knien. Dann kam er, eine weiße, geschmeidige Gestalt. Als er vor den Stufen der Veranda stand, strahlten mich seine Augen so an, dass sich meine Unsicherheit in Luft auflöste. Ich war kein lästiger Eindringling, ich wurde sehnsüchtig erwartet.

Nach unseren »*Salaam*« schwiegen wir plötzlich. Was sagen? Mit welchen Worten? Ich sah mich um. Niemand. Hier sprach man nur Paschtu und Dari. Er deutete auf sein Haus und lud mich mit einer Handbewegung ein, ihm durch den Garten zu folgen. Neben ihm ging ich durch das Tor in der Trennungsmauer und über den Hof. Mein Herz überschlug sich fast. Bebend schritt ich über die von Rosensträuchern gesäumten Wege wie eine Braut durchs Kirchenschiff zum Altar. Das Haus war voller Bediensteter, die sogleich anfingen herumzuwuseln, kaum dass Schahzada gekommen war. Außentreppe, Glastür, und dann betraten wir ein großes Zimmer. Ich nahm die smaragdgrünen Wände in mich auf, die Schabracken mit den Fransen an Fenstern und Türen, die schweren Wandbehänge mit Blumenmuster, die dicken Teppiche; alles von fahlem Neonlicht beschienen. Riesige Sofas standen an den Wänden, an die zwanzig Gäste konnten hier Platz nehmen. Das Zimmer war zwar überladen, aber es war einladend. Hier verbrachte Schahzada einen Großteil seines Tages.

Wir saßen uns auf einem Sofa gegenüber und sahen uns an. Und dabei blieb es, wir waren gefangen in unseren Gefühlen und konnten nicht sprechen. Die Geschäftigkeit des Dieners, der den Tee servierte, half uns über eine kurze Zeit hinweg. Dann waren wir allein im Raum. Er sah mir in die Augen. Ich betrachtete sein Gesicht. Freundschaftlich. Hätte ich nicht die zerknitterten Briefe in meiner Tasche gehabt, hätte ich nicht behaupten können, dass er verliebt wirkte. Und wie verliebt! Wir schwiegen, er blickte die Wand an, dann kreuzten sich unsere Blicke erneut, dann war wieder die Wand oder eine Fliege dran, die herumschwirrte ... Wie dumm von mir, dass ich ohne Dolmetscher und ohne Wörterbuch gekommen war! Trotz unserer verlegenen Blicke war dennoch das Gefühl greifbar, das uns drei Wochen zuvor zusammengeführt hatte.

Die Nacht brach herein, ich konnte auf keinen Fall in der Dunkelheit nach Kabul zurückfahren. Er ließ für mich das Zimmer seines ältesten Sohnes im ersten Stock herrichten, wo seine Kinder und deren Cousins lebten, zumindest jene, die in Dschalalabad in die Schule gingen. Während ich hier war, schlossen sie sich schüchtern in ihren Zimmern ein. Ich sah ein paarmal, wie der

Saum eines Hemdes oder die nackte Ferse eines Kinderfußes in einer Sandale hinter einer Tür verschwand, wenn ich kam.

Ich hatte zu viele Fragen im Kopf, um es dabei zu belassen. Ich stand vor einer vollkommen verwirrenden Situation und hatte das Gefühl, die Kontrolle darüber zu verlieren. Ich war ein Soldat ohne Waffe, der sich auf Gott verlassen musste, während er ins Nirgendwo marschierte und wohlbehalten wieder herauskommen wollte. War Schahzadas Liebe stark genug, um mir zu helfen und um die Probleme zu meistern, die vor uns lagen? Dieses Vertrauen, das ich ihm entgegenbrachte, war das wertvollste Geschenk, das ich ihm machen konnte. Ich hatte das Bedürfnis, beruhigt zu werden.

Einige Tage später fuhr ich erneut nach Dschalalabad, dieses Mal war ich umsichtig genug, die junge Silay mitzunehmen, die fließend Englisch und Paschtu sprach.

Man brachte mich direkt in sein Haus, und er empfing uns sogleich. Ich bat Silay zu übersetzen. »Schahzada, wir sind nur kurz hier, wir fahren nachher wieder.«

Nach einem kurzen Moment des Schweigens, während er über die Armlehne des Sessels strich, sagte er mit dem Ton eines Mannes, der daran gewöhnt war, dass man ihm gehorchte, zu Silay: »Du kannst fahren, wenn du willst. Brigitte aber bleibt hier.« Diese Stimme gab mir das Gefühl, dass ich ihm bereits gehörte. Und das gefiel mir.

Ich war gekommen, um gewisse intime Fragen anzusprechen, und musste mich über Schahzadas natürliche Zurückhaltung hinwegsetzen. Ich kannte die Schamhaftigkeit der Paschtunen, aber er musste mir antworten; das war er mir schuldig.

»Warum willst du eine zweite Frau, Schahzada?«

»Ich war jung. Meine erste Frau hat mein Vater für mich ausgesucht. Die Hochzeit fand im Krieg, im Unglück statt. Dschalalabad war voller Mudschaheddin, meine Familie war weit weg in Pakistan, ich kämpfte in meinen Bergen und sah viele meiner Freunde sterben. Es war eine Zeit großen Unglücks und großer Not. Zur Hochzeit konnte ich nicht einmal neue Kleider tragen, wie es die Tradition verlangt ... Nun aber will ich eine Hochzeit, an die ich mich mit Freude erinnern kann.«

»Aber warum ich? Warum hast du mich gewählt?« Mit angehaltenem Atem wartete ich auf die Lösung des Rätsels, das ich mir nicht erklären konnte.

»Seit ich dich getroffen habe, habe ich das Gefühl, dass mein Leben besser wird. Du sollst eines wissen, Brigitte: Gott hat uns zusammengeführt, und Er weiß, wieso.«

Er verließ das Zimmer. Als er zurückkam, hatte er zwei Päckchen unterm Arm, die er vor mich hinlegte. »Das ist für Brigitte«, sagte er leise. Die Päckchen waren in glänzendes Papier eingewickelt. Vor lauter Rührung konnte ich sie kaum auspacken, ich wagte es nicht. Zögernd entfernte ich die Jasminblüte und die rote Rose aus Plastik, die an den Päckchen steckten, dann löste ich die Geschenkbänder. Das Papier glitt mir unter den Fingern weg, ich riss es auf. In einem Päckchen war ein Tuch. Im anderen ein blaues Kleid, das über und über mit kleinen Perlen bestickt war, und die dazugehörige Hose – die Kleidung einer afghanischen Frau. Ein wunderschönes Kleid. Ein Kleid für eine Prinzessin.

Koutis Weisheit

An den Namen des Dorfes erinnere ich mich nicht. Vielleicht habe ich ihn auch nie gehört. Für mich heißt es »Da oben«. Ein unwirkliches Gebiet, verschwommen wie unsere Zukunft.

Schahzada hatte Wort gehalten. »Bevor noch irgendetwas zwischen uns sein kann, will ich dich in mein Dorf mitnehmen, damit du weißt, wer ich bin«, hatte er immer wieder gesagt. »In meinem Dorf haben die Frauen kein Parfüm, wir essen nicht jeden Tag Obst, auch kein Fleisch. Oft müssen wir uns mit Hirse und Brot begnügen …« Er fürchtete, ich hätte mich leichtfertig mit ihm verlobt. Und bei den Mohmand ist nichts heiliger als ein Versprechen.

Ernst und schweigend fuhren wir nach »Da oben« im äußersten Osten des Landes. Anisa war dabei, sie sollte uns bei der Verständigung helfen. Schahzada war angespannt, aufgeregt, und ich ahnte, warum. Dass er aus einer Bauernfamilie kam, störte mich jedoch nicht, ich kannte das harte Leben auf dem Land, und davor hatte ich sehr viel weniger Angst als vor dem Zusammentreffen mit seiner Frau. Was hatte ich mir da nur eingebrockt! Ich war Tausende Kilometer von meiner Heimat und von meinen Freunden entfernt in einem Land, in dem man von einem Tag auf den anderen einfach verschwinden kann, und nun war ich auf dem Weg in eine Situation, die für Menschen aus meinem Kulturkreis völlig inakzeptabel ist. Doch ich fuhr weiter. Das Blut pochte mir in den Schläfen, mein Magen krampfte sich immer mehr zusammen, je näher wir dem Dorf kamen. Mit der Angst im Nacken war ich auf dem Weg zu dieser Frau. Wie würden wir aufeinander reagieren?

Schahzada hatte mir gesagt, dass er seine Frau seit fast zwanzig Jahren zärtlich liebte und dass sich an seiner Zuneigung nie etwas ändern würde.

Nach unserem Treffen war er in sein Dorf gefahren, um seiner Frau von mir zu erzählen. Sie war ihm zuvorgekommen – vor ein paar Nächten habe sie geträumt, dass er eine andere Frau liebte, hatte sie gesagt. Und er antwortete ohne Umschweife: »Ja, ich habe eine Frau kennengelernt. Sie ist Ausländerin.«

Kouti, so heißt Schahzadas Frau, hatte angefangen zu zittern. Das bedrohliche Gewitter, das über jeder paschtunischen Frau hängt, hatte sich über ihr entladen: die Angst, eine andere Frau ins Haus kommen zu sehen, die sie aussticht. Nach den Regeln des Islam musste Schahzada sie um Erlaubnis bitten, die Ausländerin heiraten zu dürfen. Er hatte Kouti beruhigt und ihr den Koranvers ins Gedächtnis gerufen: »Zwei, drei oder höchstens vier könnt ihr zugleich heiraten unter der Bedingung, sie alle gleich mit Gerechtigkeit zu behandeln.« Und er hatte ihr geschworen, dass er sie nie verlassen würde. Dennoch hatte sie heimlich geweint.

Von unserer Verlobung wusste nur Kouti. Die anderen Familienmitglieder wollte Schahzada später informieren.

Durch diesen Strudel düsterer Gedanken drang Schahzadas Stimme: »Welches ist mein Haus? Rate mal.«

Wir waren durchs Gebirge gefahren, waren durch Mondlandschaften und Flachland gekommen und an Schluchten entlanggefahren, wir hatten Flüsse überquert und schließlich Dörfer erreicht, die so hoch in den Bergen liegen, dass sie auf keiner Landkarte zu finden sind. Schahzada war ein Mohmand von »Da oben«, einer, der das Pech hatte, aus einem Landstrich zu sein, in dem kaum etwas wächst, während jene von »Da unten« in der Gegend um Peschawar im Reichtum leben, den ihnen das Zuckerrohr schenkt. Für Schahzada wie für jeden Paschtunen, ob er nun Afghane oder Pakistani ist, existiert die Grenze nicht, die die beiden Staaten offiziell trennt, auch wenn sie sich mitten durch ihr Land zieht. Die Menschen springen einfach darüber wie über einen Bach. Die einzige Grenze, die sie immer respektiert haben, ist für sie das gottgeschaffene, breite Band des Indus weiter östlich in Pakistan; erst wenn man diesen Fluss quert, dringt man in ein fremdes Land ein.

Wir kamen in ein Dorf, das sich ganz in die Landschaft einfügte. Jedes Haus war eine Festung aus Lehm, die an den vier Ecken mit zinnenbewehrten Türmen versehen war. Über einem Eingangstor sah ich die afghanische

Flagge wehen; wenn sie im Wind an die Mauer schlug, hörte es sich an, als fielen Schüsse. Dieses Haus war sein Haus.

Schahzada ging uns voraus. In der Tür, etwas im Hintergrund, wartete ein Schatten. Eine Haltung wie eine Königin, leuchtender Blick. Kouti stand aufrecht wie eine Flamme.

Schahzada deutete auf mich und sagte zu ihr: »Brigitte.«

Leben kam in die Gestalt, das braune Gesicht hellte sich auf. Kouti kam zu mir und küsste mich auf die Wangen. Zwei dicke, ziemlich plumpe Küsse, fast grob. Überrumpelt und verlegen, wie ich war, ließ ich es geschehen. Ich konnte mich nirgendwohin flüchten, ich war für alles allein verantwortlich und durfte niemanden mit unangebrachten Reaktionen irritieren. Die Männer kamen zu Schahzadas Empfang. Sie umarmten ihn flüchtig und drückten ihm drei Küsse auf die Wange.

Vor der Tür des Zimmers, das Kouti betreten hatte, zog ich die Schuhe aus. Es war ein dunkler, niedriger Raum. Nackte Wände, auf dem Boden eine Strohmatte, die als Tisch und Teppich diente. Die junge Frau bat uns auf einen *toschak*, der mit einer alten Decke überzogen war. Anisa und ich setzten uns und begrüßten eine endlose Reihe von Tanten, Cousinen und Müttern, die uns willkommen hießen. Doch ich war nicht bei der Sache, ich geriet aus der Fassung. Was hatte ich hier zu suchen, in diesem kahlen Raum mit dem gestampften Lehmboden, an dem das ganze Leben des Mannes hing, den ich liebte?

Kouti machte mir ein Zeichen, sie nahm mich an der

Hand und führte mich in eine noch dunklere Ecke dieses ohnehin düsteren Zimmers. Ich sah ihr Bett. An einem Pfosten hing ein zusammengefaltetes Stück Stoff. Darin schlief ein ganz kleines Kind, ein Baby. Kouti lächelte, sie sah die Bewunderung in meinem Blick, die Anerkennung, auf die jede junge Mutter ein Recht hat. Ich unterdrückte den Schmerz, der mir nun in den Bauch fuhr – ich rechnete kurz nach: Wie alt war das Kind? Zwei Monate? Drei? Gut, drei. Vor schmerzlicher Eifersucht zog sich mein Herz zusammen. Hier hatte ich den Beweis für die Zärtlichkeit vor Augen, die Schahzada für seine Frau empfand, den lebenden Beweis ihrer Liebe. Ich weiß nicht, wie ich die Kraft fand zu lächeln, ich war wie gelähmt. Diese Frau hatte es nicht verdient, verletzt zu werden.

Koutis sauberes, ordentliches Haus hatte zwei kleine Zimmer und einen winzigen Waschraum. Anisa und ich waren bei Familienmitgliedern untergebracht, die weiter oben in der *qala* wohnten – innerhalb der Mauern einer Art Lehmburg, die mehrere Häuser umfriedete. Ein ganzer Schwarm Frauen in bunten Kleidern begleitete uns zwischen den Häusern mit den Flachdächern hindurch, auf denen schon das erste Frühlingsgemüse trocknete. Sie hatten noch nie Fremde gesehen. Ahnten sie die Sache mit Schahzada und mir? Ich hätte wetten können, dass sie es schon nach meinem ersten Besuch in Dschalalabad vier Monate zuvor gewusst hatten. Die Onkel und Cousins, die bei Schahzada als Sekretäre arbeiteten, waren die besten Informanten. Und in Afghanistan wird gern getratscht.

Schahzada holte uns zum Abendessen wieder ab und

ließ uns mit seiner Frau allein. Wir tranken ein Glas heißen Tee, während Kouti kochte. Da hörten wir aufgeregtes Rascheln an der Tür, eilige Schritte entfernten sich in alle Richtungen. Irgendetwas belastete plötzlich die Situation.

Die Tür ging auf. Schahzadas schlanke Gestalt verbarg kaum den älteren, stattlichen Mann hinter ihm. Er ging schweren Schrittes auf einen Stock gestützt, der Kopf unter dem Turban war hoch erhoben. Der Vater. Hartes Gesicht und ein Blick von schneidender Kälte. Das Alter, die körperliche Schwäche und die Schmerzen hatten dieser eindrucksvollen Erscheinung und der Macht, die er ausstrahlte und die ihn für immer zum Oberhaupt der Familie und der Mohmand überhaupt machte, nicht das Geringste anhaben können. Ohne mich anzusehen, drückte er mir die Hand. Er lehnte mich ab, dessen war ich sicher. Ich fühlte mich miserabel. Dabei hatte ich ganz einfach vergessen, dass der alte Mann nur nach dem Brauch handelte, der es Männern verbat, Frauen in die Augen zu sehen. Er hieß uns willkommen, erkundigte sich, ob alles zu unserer Zufriedenheit sei, und verabschiedete sich wieder, nachdem er seinen Tee getrunken und mit seinem Sohn die Neuigkeiten aus dem Dorf besprochen hatte. Und gleich entspannte sich die Atmosphäre wieder. Schahzada auch. Aus Respekt vor seinem Vater war er wie versteinert gewesen. Ich war erschüttert. Dieser Mann hatte mir mit seiner stillen, statischen Kraft meine Bedeutungslosigkeit vor Augen geführt und mich erniedrigt. Nun war ich sicher, dass die Familie mich niemals akzeptieren würde. Es würde nicht funktionieren.

In seinem kleinen Haus bewegte sich Schahzada zwischen Kouti und mir mit der vollkommenen Selbstverständlichkeit eines Mannes, dem die Tradition es erlaubt, fünf Ehefrauen zu haben. Zu meiner großen Erleichterung behandelte er eine jede von uns mit Achtung, und sollte er gemerkt haben, welche Gefühle mich plagten, so zeigte er es jedenfalls nicht. Ich hatte mich umgezogen; nun trug ich das blaue, mit Perlen bestickte Kleid, das er mir geschenkt hatte. Doch das Zusammenleben des Paares und seine Lebensweise beobachtete ich wie aus weiter Ferne. Ich musste viele Kilometer zwischen die beiden und mich, zwischen meine Gefühle und mich legen, um diesen Schmerz nicht mehr zu spüren. Kouti war sehr freundlich zu mir, sie achtete darauf, dass es mir an nichts fehlte, füllte mein Glas mit *masta,* Sauermilch, kaum dass es leer war, und stellte mir Fragen auf Paschtu. Für den Bruchteil einer Sekunde glaubte ich einen Hauch von Zuneigung in ihren Augen zu sehen, wenn sie mich anblickte. Nein, ich musste mich täuschen; das war nicht möglich!

Hinten im Bett hörte man Gebrabbel. Das Baby war aufgewacht. Die Mutter holte es vorsichtig aus seiner kleinen Hängematte und legte es mir in die Arme. Große, mit Kajal umrandete Augen sahen mich erstaunt an. Kamen ihm meine helle Haut, meine blauen Augen komisch vor? Es war so süß, dieses Kind der Liebe. Ich gab es Kouti zurück, die sich in eine Ecke setzte, um es zu stillen. Ich verbat es mir, Schahzada anzusehen.

Während wir weiteraßen, gelang es mir, aus meinem zugeschnürten Hals ein paar Worte zu stammeln, die so wirr waren wie meine Gedanken. »*Wale? Wale?*«, stotterte ich immer wieder: »Warum? Warum?« und gab mich dabei ganz konzentriert. Kouti lachte auf und sagte zu ihrem Mann: »Ich verstehe die ganze Zeit immer nur ›*Wale, wale?*‹ Warum das?« Er antwortete ihr spaßhaft, wie er es gerne tat. Und ganz sicher auf meine Kosten. Das war zu viel! Ich war nicht darauf vorbereitet, ein solches Einvernehmen zwischen den beiden zu erleben, das einem ganz alten, tiefen Quell entsprang und trotz all der Jahre immer noch frisch war. Ich sprang auf und sagte zu Anisa: »Das reicht, wir gehen jetzt schlafen.«

Mit einem trockenen »Gute Nacht« schlich ich mich hinaus wie eine Diebin, bevor Schahzada etwas dagegen tun konnte. Der Schmerz explodierte in meinem Kopf, breitete sich in meinem Bauch aus und griff auf meine Hände über. Schnell raus hier, nur noch verschwinden! In dem anderen Haus hatten die Frauen auf uns gewartet und hätten am liebsten die ganze Nacht geredet. Ich bat sie zu gehen, ich wollte allein sein. Und weinen, bis mein Herz trocken wäre.

Ich warf mich auf meine Matte, ohne das Perlenkleid auszuziehen, und starrte an die rissige Lehmdecke. Ich durfte vor allem nicht daran denken, dass Schahzada ein paar Meter weiter unten neben seiner Frau schlief. Ich musste deren Verbundenheit vergessen, die Erinnerung an das Kind auslöschen, die grollende Wut unterdrücken und nichts mehr denken – nur noch in die Nacht eintauchen wie ein Stein. Während ich mich im Bett herumwälzte, ohne eine Träne zu weinen, sprach sich das Ganze sicherlich herum, und noch vor Sonnenaufgang würde die ganze Familie wissen, wie wütend ich war.

Am Morgen kam Schahzada mit angespannten Gesichtszügen und betretener Miene an und holte uns ab. Später erzählte er mir, dass Kouti ihn ausgiebig geschüttelt und für sein Verhalten gerügt hatte, sie war ihrerseits wütend, weil er mich verletzt hatte. Sie verstand meinen Kummer, sie hatte ja den gleichen.

Wieder begegnete ich Kouti. Das Morgenlicht fiel schräg auf ihr schönes Gesicht, das mir nun markanter erschien als am Abend zuvor. Das Leben in den Bergen gerbt die Haut und macht Falten, und plötzlich kam sie mir älter vor als Schahzada. Eher in meinem Alter. Ihr schwarzes Haar, die vollen Lippen, ihre scharfen Züge hatten die Sinnlichkeit hübscher Nomadinnen. War diese schöne, einfache und harte Frau meine Rivalin? Sie empfing mich mit ruhiger Würde.

Wir saßen gerade beim Frühstück, als der Vater eintrat. Die anderen Frauen verschwanden schnell aus dem Raum. Ganz sicher würde er mir nun den Gnadenstoß versetzen. Ich war völlig aufgelöst. Mit gekreuzten Beinen setzte er sich mir gegenüber. Und zu meiner großen Überraschung sah er mich an. »Ich habe gehört, du seist traurig gewesen …«

Am liebsten wäre ich im Erdboden versunken.

»Weißt du, du darfst nicht traurig sein, du darfst nicht unglücklich sein.« Und da begriff ich, dass dieser große Paschtune, der sich gegen den Brauch um die Gefühle einer Frau kümmerte und nun mit mir sprach wie mit einem menschlichen Wesen, dass dieser Mann mich akzeptiert hatte. Durch seine Stimme sagte mir die Familie, dass sie Schahzadas Freundin aufgenommen hatte, was auch immer dieses Wort Freundin beinhaltete. Der

Schmerz von gestern war wie durch Zauberhand verschwunden.

Ich hatte Schahzada versprochen, mich bei seinem Vater für ihn zu verwenden. Schahzada litt an einer Stauballergie, er hatte Atemnot und hustete sich oft die Lunge aus dem Leib. Diese Krankheit wäre ein guter Vorwand, damit wir zusammen nach Frankreich reisen könnten. Schahzada wollte so gern Europa kennenlernen, davon träumte er seit seiner Jugend, doch über Peschawar war er nie hinausgekommen. Er war auch noch nie im nahen Dubai gewesen, dieser Boomtown mit Einkaufszentren, die vor Luxusartikeln überquollen, mit Hotels der Superlative und den verschwenderischsten Restaurants. Die Afghanen sind ganz versessen auf Dubai, und die Expats fahren oft übers Wochenende dorthin, wie man andernorts zum Relaxen ins Wellness-Spa geht.

»Wenn wir im Dorf sind, fragst du meinen Vater um die Erlaubnis, uns nach Frankreich reisen zu lassen.« Das erstaunte mich nun doch sehr. Was hatte sein Vater damit zu tun? Schahzada war immerhin der geachtete Führer der Mohmand und des ganzen Paschtunen-Stammes in Dschalalabad.

Nun blickte ich ihn an – in seinem blitzsauberen *salwar kamiz* stand er aufrecht hinter seinem Vater und sah aus wie ein unbeholfener, kleiner Junge. Mir war klar, dass Schahzada die ganze Sache mir überließ.

»*Khan seb*, Ihr Sohn ist krank. Er ist schon einmal operiert worden, aber es hat nichts genützt. Ich würde ihn gern mit nach Frankreich nehmen, damit er sich untersuchen lassen kann. Ich habe dort Freunde, sie sind Ärzte.« Schweigen. Nach einem Blick auf Schahzada hinter dem unbeugsamen Rücken des Vaters fuhr ich fort: »Ich habe seine Frau um Erlaubnis gefragt. Sie ist einverstanden. Sind Sie es auch?«

»Seine Frau brauchst du nicht zu fragen, ich allein entscheide das.« Wieder die Stimme eines Mannes, der es gewöhnt ist zu befehlen. Ich biss mir auf die Zunge. Musste man denn hier immer brav jedes Für und Wider abwägen, bevor man den Mund aufmachen durfte?

Wieder ein langes, erwartungsvolles Schweigen, dann fiel das Urteil: »Ja. Selbstverständlich kannst du meinen Sohn mit nach Frankreich nehmen, so oft du willst. Und wann du es willst.«

Der alte Mann vertraute mir. Er hatte mich schnell und hart beurteilt, wie er es sein ganzes Leben lang getan hatte, um Gefahren, Feinde und Verräter abzuwehren. Nunmehr beruhigt, fing er an zu plaudern: »Ich bin sehr stolz, eine Ausländerin in meinem Dorf empfangen zu dürfen. Früher bin ich viel gereist. Ich war in deinem Land. Und auch in der Schweiz«, sagte er seufzend. »Du solltest länger hier bei uns bleiben. Ein Tag ist ja nichts ...«

Nachdem ich nun gewissermaßen den Ritterschlag erhalten hatte, machte ich mich endlich mit offenen Augen an die Erkundung von Schahzadas Hof, auf dem ich mich sicherlich eines Tages niederlassen würde. Er hatte nicht gelogen: Der Fortschritt hatte sein Reich bislang weitgehend gemieden. Kein fließendes Wasser, kein Strom, zwei schwarz-weiße Kühe, Hühner und eine Ziege. Er erzählte mir, sie hätten auch zwei Kaninchen gehabt, die überall herumgesprungen sind; da sie keinen Hasenstall hatten, hatten sie die Tiere in einen Schuppen gesperrt. Dort waren sie vor Erschöpfung gestorben, nachdem sie versucht hatten, den gestampften Lehmboden aufzuscharren und Höhlen zu graben. Schahzada schien darüber sehr traurig zu sein.

Neugierig besah ich mir alles und nahm es in mich auf.

Sieh dir Koutis Leben an, sagte ich mir, so wird eines Tages auch dein Leben sein. Ich sah, wie diese mutige Frau sich auf die Fersen hockte und Wäsche wusch, wie sie den Kühen Heu brachte und sie molk, wie sie Körner für die Hühner streute, wie sie Getreide mahlte, Joghurt machte, Brot buk und den Garten wässerte, ohne je zu klagen, ohne je aufzubegehren. In diesem Dorf war das Wasserholen Männersache. Wie sich Kouti um die fünf Söhne kümmert, wenn sie in den Ferien zu ihr kommen, sah ich nicht. Wie sie gebückt auf dem Feld arbeitet und schwere Heuballen trägt, während die Männer in der Moschee sind oder auf dem Dorfplatz Stammesangelegenheiten besprechen, sah ich auch nicht, aber ich konnte es mir vorstellen – eine entbehrungsreiche Arbeit wie die unserer Bäuerinnen vor noch kaum einem halben Jahrhundert. Nur dass das Schicksal Kouti eine zusätzliche Last aufgebürdet hatte: Sie war einem erbarmungslosen Ehrenkodex unterworfen, ohne jede Hoffnung, ihm jemals zu entkommen. Wenn ich Schahzada heiratete, wäre dies auch mein Leben. Es wäre eine Reise, von der es kein Zurück mehr gab.

Wie war Kouti als Mädchen gewesen? Welche Träume hatte sie gehabt, bevor sie von diesem extrem männer- und sippendominierten Leben verschlungen worden war? Sie hatte sich ihren Mann nicht ausgesucht, aber im Gegensatz zu anderen Paschtuninnen liebte sie ihren Mann, und er liebte und achtete sie auch. Ich wollte nicht weiter darüber nachdenken.

Beim Abschied packte sie energisch meine Hand und steckte mir etwas zu. Ich öffnete meine Finger – ein funkelnder Ring in Form eines Herzens.

»Für dich.«

Das ging alles ein bisschen schnell. Ich hätte gern noch ein wenig mehr Zeit gehabt, um mich in dieser so anderen Welt zurechtzufinden. Doch Koutis Offenheit und dass sie mir Vertrauen schenkte, obwohl sie mich nicht kannte, rührte mich. In all ihrer Armut schenkte sie mir ein Juwel. Schrecklich verlegen wühlte ich in meiner Reisetasche, in der ich einen Schatz hegte, den ich an einem Stand in der Chicken Street erstanden hatte. Ein Türkis-Medaillon mit einer Kalligrafie aus Silber: Es gibt nur einen Gott, und Mohammed ist sein Prophet. Ich mochte das Kleinod sehr. Unsere Geschenke besiegelten eine Freundschaft, an die wir glauben mussten, damit wir gemeinsam die Zukunft gestalten konnten, die nun vor uns lag.

Im Wagen herrschte Stille, aber sie war verbindlicher und weniger spannungsgeladen als das lähmende Schweigen auf der Hinfahrt. Mit jedem Meter, den wir auf der Trasse zurücklegten, entfernten wir uns weiter von der pakistanischen Grenze und den Lehmburgen.

Wieder fuhren wir durch diese weite, verlassene Ebene vor den braunen Bergen. Hier stellt die Natur den Menschen ständig vor Herausforderungen. Sie ist übermächtig; die eisige Kälte im Winter, die sengende Hitze im Sommer und die tosenden Winde haben den Charakter der Mohmand geformt. Schahzada und die Leute aus dem Dorf strahlten eine Mischung aus Stolz und Demut, Hartnäckigkeit und Schicksalsergebenheit aus. Diese Steinwüste war unendlich groß, und wir, die wir mitten hindurchfuhren, waren winzig klein.

Ein nie gekanntes, wundervolles Gefühl überkam mich: Ich war in Frieden mit mir. Ich war weder in der Vergangenheit noch in der Zukunft, ich war im Hier und Jetzt und schwebte in diesem Augenblick der Ewigkeit. Tränen schossen mir in die Augen. Sah Schahzada mich im Rückspiegel? Nein, er blickte mit gerunzelter Stirn auf die Straße. Meilenweit entfernt von den Gefühlen, die mich verwirrten, betrachtete er im Stillen die dunkle Seite unserer Geschichte. »Wenn Du enttäuscht bist, wenn Du Dich schlecht fühlst, nachdem Du mein Haus und mein Dorf gesehen hast, dann sag es mir bitte. Denn dann ist es besser, wir sehen uns nicht mehr wieder, bevor es zu spät ist«, hatte er in seinem letzten Brief geschrieben.

Ich hätte ihn gern beruhigt, hätte gern seine Hand genommen und sie gedrückt. Aber das ging nicht. Diese einfache Geste der Freundschaft durfte es vor seinem Fahrer, den Leibwächtern und auch vor Anisa nicht geben. Ich starb fast vor Verlangen.

Innerhalb weniger Wochen hatten mir dieses Land, dieser Mann und seine Familie einen Schatz geschenkt, der mir bislang immer verwehrt gewesen war: dass man mich voll und ganz so nahm, wie ich war. Auf dieses Geschenk hatte ich lange gewartet, aber niemand, und schon gar nicht meine Eltern, hatte mich je damit bedacht.

Seit meiner Ankunft hatte mich Afghanistan ständig

nur mit Leben und mit Liebe erfüllt. Dieses Land war eine Wohltat für mich. Alles, was ich bisher in Büchern gesucht hatte, wurde mir hier von den Menschen geschenkt, die ich liebte. Auch die Art und Weise, wie sie ihre Religion befolgten, war für mich ein Geschenk. Ich hatte immer vermutet, dass es jenseits unserer Wirklichkeit eine andere Welt geben musste, und auf diese Welt hatte ich hier in diesem islamischen Land einen Blick erhascht. Es war wie ein Ruf, unüberhörbar. Meine Entscheidung war gefallen.

Wir fuhren durch die Berge, die Schatten unter den sanften Strahlen der Sonne wurden schon länger. In der Ferne lief ein alter Mann in Lumpen, auf dem Rücken ein großes Bündel Zweige, er schien aus dem Nichts zu kommen. Ich sagte: »Halt an, Schahzada. Ich möchte mit dir reden.«

Er war erstaunt, tat aber, was ich sagte. Ich bat ihn, die Leibwächter im Auto zu lassen und mit mir und Anisa an einen ruhigen Ort zu gehen.

Ohne eine einzige Frage zu stellen, gab er seine Befehle, dann ließ er seinen Blick kurz über die Felsen ringsum wandern und machte mir ein Zeichen, ihm zu folgen. Wir stiegen einen steilen Pfad hinauf. Er kletterte so flink wie eine Ziege. Ich ging neben Anisa, die mir immer wieder den einen Satz zuflüsterte, den ich sie zu übersetzen gebeten hatte und den ich leise und beharrlich wiederholte. Wir waren so außer Atem, dass wir schon um Gnade betteln wollte, doch da bedeutete uns Schahzada, stehen zu bleiben. Er streckte den Arm aus, half uns über ein paar Felsen hinweg und zog uns auf einen grasbewachsenen Felsvorsprung, einen Platz, der von unten nicht einsehbar war. Vor uns unter diesem strahlend blauen Himmel zogen sich die Berggrate des Hindukusch wie eine schimmernde Spitzengirlande bis ins Unendliche. Unter uns fiel der Berg sanft ab. Der ideale Ort, um einen Pakt zu schließen.

Ich bat Schahzada, sich einen kleinen weißen, runden Stein zu suchen, vom Wind und von der Ewigkeit poliert. Sein Gesicht blieb undurchdringlich, aber ich sah ein kaum wahrnehmbares Lächeln. Auch ich bückte mich und suchte einen Stein. Dann setzten wir uns nebeneinander und blickten auf diese majestätische Landschaft. Anisa hielt sich im Hintergrund, sie hatte ein wenig Angst vor dem, was nun kommen sollte, denn sie ahnte es schon fast. Sie übersetzte:

»Schahzada, seit wir uns kennengelernt haben, hast du mir sehr viel Liebe geschenkt, und du hast mich nie belogen. Ich habe vollstes Vertrauen zu dir, und deshalb liebe ich dich.« Ich hätte mir gewünscht, meine Stimme hätte nicht gezittert und der Kloß in meinem Hals hätte mich nicht am Weitersprechen gehindert. »Danke, dass du mich in dein Dorf gebracht und mich deiner Familie vorgestellt hast. Ich weiß, dass das Leben dort schwierig ist … Schahzada, ich bin bereit, dich zu heiraten und alles auf mich zu nehmen, was dies mit sich bringen mag.«

So, nun hatte ich mich ihm vollständig verschrieben und meine Zukunft in seine Hände gelegt. In keiner Sprache der Welt gibt es ein Wort, das die Intensität meiner Gefühle ausdrücken konnte. Schahzada hatte begriffen. Er schien genauso angespannt und bewegt zu sein wie ich. Dann wurde sein Blick tiefschwarz.

»Du nimmst an?« Er schwieg verwirrt. »Ich bin kein

gebildeter Mann, ich kenne die Welt nicht, ich bin ein Krieger … Du bist ein freies Leben gewöhnt, Brigitte. Glaubst du wirklich, dass du die Kraft hast, hier mit mir zu bleiben?«

Der Mann, den ich begehrte und mit dem ich verschmelzen wollte, saß ungläubig da. Er berührte fast meine Schulter. Ich versicherte ihm – und nahm mir damit vielleicht auch selbst ein wenig von meiner eigenen Unsicherheit: »Schahzada, wo du bist, werde auch ich sein. Das steht außer Frage, denn ich bin glücklich mit dir, und du wirst mit mir glücklich sein.« Sein Gesicht entspannte sich.

Aber ich war noch nicht fertig. Ich zögerte noch einmal kurz, dann fegte das Bedürfnis, meinen Dank in der äußersten Form auszudrücken, die es überhaupt gab, auch noch den letzten Zweifel hinweg. In dieser unvorstellbar klaren Luft sagte ich leise: »Ich möchte dir für all das danken, was mir widerfährt. Und ich habe beschlossen, zum Islam überzutreten.«

Er erstarrte. Wieder sah er mich verblüfft an, dann sagte er leise, dass ich ihm das schönste Geschenk machen würde. Ich hatte ihm gerade eine Opfergabe dargebracht.

Er war gläubig, auf eine tiefe, schlichte Art. Woher wir kommen, wer uns geschaffen hat – für Schahzada sind wir von derselben Hand geformt, die seit Anbeginn der Zeiten alle Menschen erschaffen hat. Liebe, Leid, Gesundheit, Glück, der süße Geschmack einer Mango – alles kommt von Gott. Mir gefiel die Vorstellung eines beschützenden, beschenkenden Gottes. Das war eine schöne, warme Welt – ganz anders als dieser grauenvolle

Islam, mit dem ich in Hodscha Bahauddin Bekanntschaft gemacht hatte. Mein Gefühlsleben war darin gut aufgehoben – was es im katholischen Glauben nie gewesen war.

Wir blieben lange sitzen, jeder in seine Gedanken versunken vor dieser weiten, lebendigen Landschaft. Ich hörte seine Stimme, er sagte mir die ersten Worte der Liebe, sicherlich die ersten, die er überhaupt je ausgesprochen hat: »Ich bin glücklich, eine Frau wie dich getroffen zu haben. Und ich bin voller Stolz, dass du Muslima werden willst, dass du es für mich tust. Ich liebe dich dafür sehr.«

Er wusste, dass eine Kluft zwischen seiner und meiner Kultur besteht, und vielleicht bezweifelte er, dass auch ich das wusste, jedenfalls wollte er sich rückversichern, dass ich in vollem Bewusstsein der Sache handelte.

»Heißt das, dass du einen Schleier tragen wirst, wenn du in Afghanistan bist?«

»Ja.«

»Dass du nie wieder mit einem anderen Mann zusammensein wirst?«

»Nie wieder. Mit keinem.«

Mir wurde ein wenig schwindlig. Nun war der Moment gekommen, den Satz zu sprechen, den Anisa mir kurz zuvor beigebracht hatte und der mich fürs ganze Leben binden würde: »Ich bezeuge, dass es keinen Gott gibt außer Allah und dass Mohammed sein Prophet ist.«

Der heilige Satz schwebte durch die Stille, er hing noch einen kurzen Augenblick lang in der Luft, dann schwang er sich wie ein Blatt in den Himmel, der nun dunkelblau geworden war.

Während der ganzen Zeit hatte ich meinen kleinen, weißen Stein in der Hand gehalten. Ich bat Schahzada, die Augen zu schließen und mir seine Hand zu geben. Ich legte den Stein hinein, und er gab mir zärtlich den seinen. Diese beiden Steine würden diesen einzigartigen Moment für immer symbolisieren.

Schahzada steckte den Stein in die Hosentasche, stand auf und sagte: »*Dzou* – kommt.«

Die Sache war erledigt.

Es war bereits Nacht, als wir in Dschalalabad ankamen. Wir waren völlig erschöpft von der anstrengenden Fahrt und der Tiefe unserer Gefühle, doch wir wollten noch nicht auseinandergehen, noch nicht. Ich trug drei Stühle in den Garten. Nach meinen wenigen Besuchen war diese grüne Insel mittlerweile der einzige Ort, der ein bisschen uns allein gehörte. Unsere Zuflucht unter freiem Himmel. Wir plauderten im silbernen Mondschein. Plötzlich hielt Anisa inne, sah ins Sternenzelt und betete leise: dass der kommende Monat erfolgreich sei und unsere Liebe fruchtbar. Dann spuckte sie kräftig über ihre linke Schulter – einen präzisen Strahl, der einige Übung verriet. Und nachdem sie ihr Gebet somit beendet hatte, wandte sie sich wieder unserer Unterhaltung zu. Schahzada winkte sie diskret heran und flüsterte ihr etwas zu, Anisa spitzte die Ohren. »Du weißt, dass ich ein gefährliches Leben führe. Versprich mir also, dass du bei Brigitte bleibst, wenn mir etwas zustößt und ich sterbe.« Sie versprach es, und Schahzada atmete erleichtert aus.

Dann kniff er die Augen spöttisch zusammen – was

mich oft in Harnisch brachte – und sagte wieder laut: »Nachdem du hier leben wirst, musst du lernen, mit einem Maschinengewehr zu schießen. Wir sind in Afghanistan, wie du weißt.«

Oh, das werde ich lernen, vorausgesetzt, er ist mein Lehrer. Und ich werde am Ende genauso geschickt damit umgehen und genauso gut zielen können wie er. Er sah mich amüsiert an. »Du bist sehr stark, Brigitte. Du hast mich eingefangen. Was der al-Qaida nie gelungen ist – du hast es geschafft.«

Vorurteile

Seit diesem Tag, seit der Rückkehr aus dem Dorf, leben wir zusammen. In dem großen Zimmer, in dem ständig Bedienstete und Besucher ein und aus gingen, war unser Zusammensein immer noch keusch und ein wenig unbeholfen. Jedes Mal, wenn ein Dorfvorsteher oder ein Regierungsmitglied kam, verschwand ich und ging auf mein Zimmer, wo mich Schahzada dann später wieder besuchte. Der Raum war unglaublich klein, ein winziges Kabuff, und es gab dort nicht den kleinsten Schmuck, keine persönlichen Gegenstände, kein Möbelstück, kein Bild. Aber es lag zum Garten hin. Ich musste mich nur aus dem Fenster lehnen und den Arm ausstrecken, um Moosrosen und Pfingstrosen zu pflücken. Schahzada hatte sie pflanzen lassen, als er in dieses nüchterne, staatliche Gebäude eingezogen war. Sein Vorgänger unter dem Taliban-Regime hatte den Garten und den großen Park um das Gästehaus herum verwahrlosen lassen, einen Park voller Leben und bunter Farben. Es wäre ein Vergnügen – und somit für die Taliban eine Sünde –, im betörenden Duft der Blumen zu wandeln. Schahzada hingegen konnte nicht ohne Schönheit leben, und die Schönheit der Natur war allem anderen überlegen.

Schahzadas Vorgänger hatte es auch versäumt, den Stammeschefs seine Tür zu öffnen. Er hatte sich hinter dem hohen Tor und in der Bequemlichkeit seiner Position abgeschottet und Menschen, für die Worte wie »Termin« oder »Planung« keinerlei Sinn haben, nur auf Verabredung hin empfangen. Dann war Schahzada mit seiner Familie gekommen und hatte innerhalb weniger Wochen alles auf den Kopf gestellt. Er ordnete an, im Park Klatschmohn, Cosmeen, Lupinen, Sonnenblumen und Rittersporn sowie Obstbäume, Palmen, Platanen und eine Weide zu pflanzen, die denjenigen Schatten spenden sollten, die ruhigen Schrittes durch den Garten gehen und dabei leise ein Problem besprechen wollten. Schahzadas Gärtner waren vielbeschäftigt, aber zufrieden. Gleich in der Nähe hatte er in einem großen, leerstehenden Haus neben der Moschee ein Wohnheim für Jugendliche eingerichtet, die weit entfernt von ihren Familien in Dschalalabad zur Schule gingen. Und was die Besuche der Stammeschefs anging – Schahzada betrachtete es als seine Pflicht, jeden zu empfangen, der von weit her kam, um eine Angelegenheit zu regeln, und zwar zu jeder Tages- und Nachtzeit.

Wenn Schahzada keinen Besuch hatte, verbrachten wir in meinem Zimmerchen schöne Stunden, so selbstverständlich wie zwei Freunde, die sich gut kennen und nicht miteinander reden müssen. Mit Schahzada hatte ich immer das Gefühl, dass wir nicht nur ein Mann und eine Frau sind, die ineinander verliebt sind, sondern zwei alte Freunde, die sich lange gesucht und endlich gefunden haben.

Da ich nun Teil seines Lebens und kein Gast mehr war, aßen wir nicht mehr im Esszimmer, sondern in diesem Zimmer – auf traditionelle Art auf dem Boden neben einem Wachstuch sitzend. Ein junger Vetter Schahzadas brachte uns feinsten Reis, *kofta* – Hackfleischbällchen –, mariniertes Hähnchen und köstliche Salate aus Tomaten, Zwiebeln, Gurken und Kräutern, alles so klein geschnitten, dass man den Bissen geschickt mit einem Stück *nan* – Fladenbrot – greifen musste. Wir aßen immer schweigend. Ich fragte Schahzada nicht, warum; es war eben so. Ein friedvolles Schweigen, in dem ein jeder seinen Gedanken nachhing.

Nach und nach lernte ich ein wenig Paschtu. In Kabul hatte ich einen Übersetzer ins Vertrauen gezogen, der mir Worte der Liebe beibrachte. *Mina* – Liebe. *Der grana mina* – sehr große Liebe. *Schahzada* – Prinz. *Ze khoschala yam ta sara* – ich bin glücklich mit dir. *Ze der mina laram* – ich liebe dich. Ein kleines Überlebens-Set, das »meinen Prinzen« erfreute.

Komischerweise kamen mir diese Worte, die ich zuvor noch keinem Mann gesagt hatte, leicht über die Lippen. Ich sprach sie gern aus und bereute es nie; vielleicht klangen sie weniger intim, weil ich sie in dieser mir fremden Sprache sagte. Ansonsten half uns ein Französisch-Dari-Wörterbuch. Wir deuteten auf das Wort, das wir sagen wollten, und schafften es mit Gestik und Mimik, uns zu verständigen.

Schahzada entdeckte die Freiheit, Gefühle haben und sie ausdrücken zu dürfen. Eine riesige, neue Welt eröffnete sich ihm, die Welt des individuellen Selbst, des Loslassens, der Zärtlichkeit. Von mir aus hätte dieser Zustand der Gnade ewig andauern können, aber Schahzada wurde immer ungeduldiger. Und davor hatte ich entsetzliche Angst – ein Fehler, und die Liebe wäre dahin.

Eines Abends führte er mich in sein Schlafzimmer. Ich trat nur zögernd ein. Der kleine, kahle Raum mit den violett gestrichenen Wänden, der am hellen Tag einen so warmen Eindruck machte, wirkte im Neonlicht eiskalt. Als Bett diente eine schmale Baumwollmatratze. Wir setzten uns. Er streichelte meinen Hals, dann wanderte seine Hand zu meiner Brust hinunter. Verärgert stieß ich ihn zurück. »Hör auf, Schahzada. Sonst muss ich nach Kabul zurückfahren.«

Er legte den Kopf auf meine Brust, so nah an meine Lippen, dass mein Atem seine schwarzen Haare an den Schläfen sanft bewegte. Ein beunruhigendes Schweigen senkte sich auf den Raum. Er hätte protestieren und sich aufregen sollen, hätte mich zum Teufel schicken sollen, aber eigenartigerweise blieb er ganz still liegen. Ich wagte kaum zu atmen und hoffte, er sei eingeschlafen und ich könne über seinen Schlaf wachen. Doch dann spürte ich, wie sein Kopf zitterte und Tränen über meine Finger liefen, die seine Wange streichelten. Er weinte. Erschöpft von mangelndem Schlaf und mangelnder Liebe. Mit brüchiger Stimme und in einem Kauderwelsch, das nur er verstehen konnte, schilderte ich ihm meine Ängste. Er hob den Blick: »Warum kommst du zu mir, wenn du nicht an mich glaubst? Wie kannst du dir selbst das antun? Wenn du kein Vertrauen hast, darfst du nicht kommen, Brigitte.«

Er hatte natürlich recht. Und bewies es mir.

Am nächsten Tag richtete Schahzada sich ein Zimmer im ersten Stockwerk ein, weit weg von den anderen Familienmitgliedern und den Besuchern. Vielleicht würden diese ja davor zurückschrecken, eine Treppe hinaufzusteigen, um ihm eine Frage zu stellen oder so lange mit ihm zu diskutieren, bis sie schließlich über Nacht bleiben und auf Teppichen oder Sofas schlafen mussten. In einer afghanischen Familie gibt es keine Privatsphäre. Im Haus herrscht ein ständiges Kommen und Gehen. Der Mensch ist zuallererst der Gemeinschaft verpflichtet, die Gruppe steht über dem Individuum.

Schahzada hatte sich ein geräumiges Zimmer ausgesucht, in dem schon bald ein westliches Bett mit Lattenrost, Matratze und vier Füßen prangte. Die andere Hälfte des Raums nahmen ein großer Couchtisch und drei tiefe, bunte Sofas ein, die den Wohnbereich darstellten. Dieses Zimmer wurde unser Heim; mit Ausnahme der Bediensteten wagte sich hier niemand herein. Der eine oder andere Onkel versuchte zwar, sich Zutritt zu verschaffen, doch vor meinem erzürnten Blick machte er dann schleunigst wieder kehrt.

Dort verbrachte ich die Tage und Nächte in stetem Halbdunkel. Die Jalousien waren heruntergelassen, sie schützten vor der Hitze und vor den verstohlenen Blicken des Personals, das unten im Garten herumlief. Schahzada empfing seine Besucher im Erdgeschoss, oder er arbeitete in seinem Büro eine Straße weiter.

In der ersten Zeit stellte ich mich oft ans Fenster und blickte über die hohen Mauern hinweg, die mein Reich von dem Gewimmel auf der Straße trennten. Ich sah die mit Staub überzogenen Wipfel der Bäume. Ich stellte mir das Vogelgezwitscher in den Magnolien vor, die vielen, prächtigen Eukalyptusbäume und Pappeln an den Hauptstraßen und die Palmen in den tropischen Gärten. Von der anderen Seite der Mauer hörte ich Fahrradklingeln, Hufgeklapper, Stimmfetzen, Gelächter, lärmende Kinder, die aus der Schule kamen.

Ich sah nichts und war von allem isoliert – und stellte mir all das vor, was mir nicht fehlte.

Hier ging es mir gut. Das Draußen existierte nicht mehr.

Ich interessierte mich nicht für das Treiben, von dem ich ausgeschlossen war, und richtete meine Aufmerksamkeit ausschließlich auf das Zimmer, ich wollte es bewohnen, es mit meinen Träumen und Erwartungen füllen. Ich schuf mir Rituale.

Etwa in Kabul, wenn es mir gelang, für ein paar Tage oder übers Wochenende zu verschwinden, das wie in allen islamischen Ländern am Freitag beginnt: Auf meinem Bett breitete ich die Kleider aus, die Schahzada mir geschenkt hatte und die aus Pakistan oder Dubai stammten. Ich nahm eins nach dem anderen und ließ es mit einem leisen Rascheln auf die Tagesdecke fallen. Bald häuften sich dort schillernde Seidenstoffe, Taft und Reyon – ein Vorspiel zu dem Traum von Tausendundeiner Nacht, der mich in Dschalalabad erwartete. Dort würde ich dann endlich meine einförmige, dunkle, weite Einheitskleidung ablegen, die alle Europäerinnen in der Stadt tragen, um nicht von Männern angestarrt zu werden. In Dschalalabad würde ich wieder eine Frau werden. Besser noch, eine Odaliske. Und ich genoss es, dass

Schahzada es verstanden hatte, in mir die sinnenfreudige Weiblichkeit der Orientalinnen zu wecken.

Weitere kleine Rituale füllten die Wartezeit aus. Eine lange, kalte Dusche, Haare waschen und einölen, den Körper parfümieren. Ich benahm mich wie eine Kurtisane, ich sehnte mich danach, mich meiner Leidenschaft hinzugeben und schwach zu werden, kaum dass Schahzada zu mir kam. Es gefiel mir, dass er so dominant war, ich mochte das Gefühl, dass mein Platz neben ihm war, unter seinem Schutz. Niemals hätte ich sterben mögen, ohne dies gekannt zu haben: einen Mann, der eine Frau weich, schön und fröhlich machen kann. Ihm ergeben.

Dann zündete ich Kerzen an. Las. Schlief. Ich lag auf dem Sofa und wartete, ich sah zu, wie sich die Flügel des Ventilators drehten, und das monotone Kreisen ließ mich träumen. Die Zeit verging mit kleinen, unvergleichlichen Freuden.

Dann ging die Tür auf, er kam herein und legte seinen Kopf auf meinen Schoß. Irgendwann ging er wieder und widmete sich seinen Pflichten. Und wenn ich die Augen aufschlug, fand ich auf dem Kopfkissen eine Rose. Eine Morgenrose, die er im Garten gepflückt hatte.

Merkwürdigerweise machte mir das Eingeschlossensein nichts aus. Denn etwas anderes war es nicht. Es war mir verboten, ins Erdgeschoss zu gehen oder durch den Park zu spazieren. Schahzada war zwar bereit, sich meiner Kultur zu öffnen, doch er war und blieb Afghane. Er hätte es nicht gutgeheißen, wenn Männer, die nicht zur Familie gehörten, mein Gesicht gesehen hätten. Darüber verlor er zwar kein Wort, er schrieb mir auch nichts vor, aber ich spürte sehr schnell, was ihm wichtig war.

Eines Nachmittags im April interessierte mich das Leben hinter der Mauer plötzlich wieder. Schahzada hatte die ganze Nacht durchgearbeitet, und der warme Tag, erfüllt von Frühlingsdüften, lud zu einem Spaziergang ein. Ich hatte Lust, auf den Basar zu gehen, wo ich nach unserer Reportage nie wieder gewesen war. Ich zog mich an, legte ein Kopftuch an und trat aus der kleinen Tür des privaten Gartens auf die Straße.

Der große Markt war nur wenige Schritte entfernt, ich legte diesen Weg unter erstaunten Männerblicken zurück, die noch schwerer auf mir lagen als in Kabul. Zwischen den Ständen sah ich nur Turbane und *pakol* wandern, außer mir keine einzige weibliche Gestalt. Afghanistan ist ein Männerland, auch Einkäufe werden von Männern getätigt. Im Viertel der Stoffhändler fand ich den Laden des Mannes wieder, den Anisa, Massuda und ich vier Monate zuvor gefilmt hatten. Er war gerade im Gespräch mit einem Mann, dabei lehnte er sich an die großen Ballen von rosa und lila Tuch; paillettenbesetzter Samt schimmerte im Halbdunkel seiner Schatzhöhle, in einer Ecke dampfte ein Samowar. »Trink ein Glas Tee mit uns«, sagte er freundlich und mit der verhaltenen Neugier, die den Afghanen eigen ist. Man wird hier nicht mit Fragen bestürmt, man ist einfach da und genießt den Augenblick; das ist schön, mehr braucht es nicht. Ein junger Kellner stellte schnell eine Kanne Schwarztee und eine Schatulle mit braunen Klümpchen vor den hohen weiblichen Gast und füllte ein Glas. Zögerlich fragte ich: »Ist das etwa Haschisch?« So sahen die Stückchen nämlich aus. Die Männer brachen in heiteres Lachen aus, schüttelten aber verneinend den Kopf.

»Raucht ihr das?«, fragte ich.

»Nein. Haschisch und Opium sind für euch Ausländer ...«

Erneutes Gelächter. Ich tat so, als würde ich ihnen glauben. Doch im vorliegenden Fall handelte es sich tatsächlich nur um *ghur,* harmlosen Vollrohrzucker.

Dieser Ausflug zu alten Bekannten hatte meine Laune beträchtlich gehoben, leichten Schrittes kehrte ich zum Büro für Stammesangelegenheiten zurück. Schahzada lag im Schatten einer großen Platane auf einem *katt* – einem Bett mit einem einfachen Rost aus Seilstricken – und hielt Rat mit Dorfvorstehern. Er warf mir einen vernichtenden Blick zu. Ich deutete ein Winken an und verschwand wie eine Kirschdiebin.

Als Schahzada zu mir kam, sprach er meinen Spaziergang mit keinem Wort an, und ich hütete mich, ein Wort darüber zu verlieren, doch ich ging nie wieder alleine aus. Warum sollte ich auch die wenigen Momente verderben, die wir beide unserem Berufsleben abtrotzen konnten?

»Ich habe deinen Pass zerrissen und die Fetzen in den Fluss geworfen«, sagte er und machte es sich auf dem Sofa bequem. Zwar hatte er es in einem heiteren Tonfall gesagt, doch ich spürte, dass er bedrückt war.

Etwas war eingetreten, das die Blase durchstochen hatte, die wir um uns herum gebildet hatten: Das Roadmovie von *Aina* war für das *Internationale Frauenfilmfestival* 2003 in Dortmund ausgewählt worden. Drei Monate zuvor waren wir mit fünfzig Stunden Filmmaterial aus Badachschan zurückgekommen, die nach sieben Wochen Montage, wenn auch nicht ohne Mühe, die Form eines 52-minütigen Dokumentarfilms angenommen hatten: *Afghanistan entschleiert*. In Anbetracht der Qualität dessen, was ursprünglich ein Geschenk für unsere Sponsoren sein sollte, beschlossen wir, dem Film ein anderes Schicksal zu bescheren.

Ich war erschöpft, aber glücklich. Welcher Lehrer wäre das nicht gewesen? Anisa, Farida, Massuda, Fauzia, Mary und all die anderen faszinierenden Mädchen hatten mich verblüfft. Ihre Energie, ihr Lachen und ihre Frische hatten mir Flügel verliehen. Damals wussten wir noch nicht, dass wir nach der Nominierung für Dortmund an zwei Dutzend weiteren Festivals rund um die Welt teilnehmen würden. Die Einladung nach Deutschland gab mir Gelegenheit, meine »Ferien« um ein paar Tage in Frankreich zu verlängern. Dadurch wären Schahzada und ich drei Wochen getrennt – es war unsere erste Trennung, und sie war unendlich herzzerreißender als unsere Abschiede im Garten, wenn ich frühmorgens zurück nach Kabul fuhr.

Für Schahzada hatte diese Trennung ein noch dramatischeres Ausmaß. Das Leben hatte ihn gelehrt, dass sich innerhalb einer Sekunde alles ändern konnte. Wer würde ihn benachrichtigen, wenn ich einen Unfall in Europa hätte? Wie würde er mich finden, wenn ich beschloss, nicht mehr zurückzukommen? In Afghanistan funktionierte kein Telefon, wir sprachen nicht dieselbe Sprache und vor allen Dingen: Niemand wusste etwas von unserer Beziehung. Von meinen beiden Komplizinnen hatte ich absolute Geheimhaltung verlangt. Anisa hatte allein beim Gedanken, sie könne mich verraten, angewidert das Gesicht verzogen. »Keine Sorge, Brigitte-*jan*, mein

Vater hat immer gesagt: ›Wenn du draußen Gerüchte hörst, darfst du sie nie in dein Haus eindringen lassen.‹«

Wie also sollte Schahzada mich finden? In Afghanistan sprechen sogar die Steine der Wüste, doch in Europa …

Um Schahzada zu beruhigen und damit er mich keine Sekunde lang vergaß, entwickelte ich eine Strategie. Ich schrieb zwanzig Briefe und ließ sie ins Dari übersetzen. So hätte er für jeden Tag der Trennung einen datierten und nummerierten Brief. Ich bat ihn, pro Tag einen zu öffnen. Die Briefe sollten wie kleine Mosaiksteine sein, die, Stück für Stück zusammengelegt, ein Bild ergaben: das Bild der Zukunft, die ich mit ihm erleben wollte. Es ging in meinen Briefen um meine Gefühle, um Zukunftspläne, um unsere Europareise und auch um den Tod.

Wie könnte ich nicht an den Tod denken? Er warf ständig seinen Schatten auf unser Leben. In regelmäßigen Abständen verbreiteten Attentate auf amerikanische Soldaten Angst und Schrecken im Land. Im Visier war hauptsächlich die Wüste Registan südlich von Kandahar, wo US-Truppen auf der Suche nach Osama bin Laden patrouillierten, doch auch Kabul und Dschalalabad blieben nicht verschont. Die Amerikaner hatten ihre Irak-Offensive gestartet und Saddam Hussein gestürzt; damit hatten sie eine nicht enden wollende Reihe von Terroranschlägen sowie Entführungen von westlichen Journalisten und Mitgliedern von Hilfsorganisationen ausgelöst. Die Spannung stieg, vor allem bei uns Ausländern. Schahzada wiederum hatte schon immer das Gefühl, er würde jung und eines gewaltsamen Todes sterben. Was hätte es also für einen Sinn, das Thema Tod auszusparen? Indem wir darüber sprachen, dachten wir an unsere Zukunft, ob sie nun traurig oder glücklich sei.

An einem Tag, als wir uns besonders gut verstanden und mir dieses Glück zu groß erschien, um nicht bedroht zu sein, musste er mir versprechen, dass er mich neben seinem Haus in den Bergen begraben würde, wenn ich sterben sollte. Kommt gar nicht in Frage, dass ich mich auf irgendeinem Friedhof in Lothringen verscharren lasse! Ich will in der Erde des Landes bestattet werden, das mir so viel geschenkt hat, und für immer neben dem Mann liegen, den ich liebe. Schahzada hat nicht mit der Wimper gezuckt, er hat diesen Gedanken auch nicht von sich gewiesen, um ein solches Schicksal zu bannen. Sein Leben war ohnehin voll von den Schatten toter Gefährten. Er hat nur gesagt: »Ja, wenn du vor mir stirbst, wirst du da oben liegen, ich werde dich besuchen, mit dir sprechen, und vielleicht werden wir uns wiedersehen.« Vielleicht würde er auch einen Granatapfelbaum pflanzen, der mir im Sommer Schatten spendet.

Bei meiner Rückkehr aus Dortmund erfuhr ich, dass er sich auf meine Briefe gestürzt hatte, er hatte alle an einem einzigen Abend geöffnet und sie förmlich verschlungen.

Anfang Mai fuhren wir wieder in sein Dorf. Ich wollte seinen Vater noch einmal um Erlaubnis bitten, Schahzada mit nach Europa zu nehmen. Der alte Mann stimmte umstandslos zu, doch am Abend sagte er zu einer seiner Frauen: »Schahzada wird nie mehr zurückkommen.«

Warum hatte er denn dann Ja gesagt? Hatte es ihm leid getan, dass er seinem Sohn, der so gern die Welt bereist hätte, eines lange zurückliegenden Tages die Flügel gestutzt hatte? Hoffte er, ihn damit glücklich zu machen, auch wenn es dafür zehn Jahre zu spät war?

Eine Frage beschäftigte uns: Warum hatten wir uns getroffen? Warum hatten sich zwei Menschen vereint, die so unterschiedlich sind und aus so weiter Ferne zusammengekommen waren? Er, der ruhige, ausdauernde afghanische Bergbauer und charismatische Führer, und ich, das anspruchsvolle, aufbrausende, unabhängige Mädchen vom französischen Lande? Es gab sicherlich einen Grund. Wenn ich in Kabul wieder in meinem stillen Zimmer saß, hatte ich immer das aufreibende Bedürfnis, einen Sinn in diesen Ereignissen zu finden. Ich hatte darüber mit Schahzada gesprochen, und wir waren uns einig: Unser Zusammentreffen musste einen Nutzen für dieses mittellose Land haben, unsere Biografien sollten sich vereinen, um Afghanistan zu dienen. Im Krieg waren Männer gefallen, weil sie an Schahzadas Seite gekämpft hatten, und er fühlte sich noch immer tief in deren Schuld. Oft besuchte er die Witwen und Waisen, und wenn er sich wieder von ihnen verabschiedete, steckte er ihnen heimlich eine Handvoll Afghani von seinem eigenen Geld zu. Ich hingegen kam aus einem reichen Land, ich hatte Pläne, und ich hatte auch ein paar Beziehungen, vor allem aber hatte ich ein einflussreiches Mittel: meine Kamera.

Warum also sollte man nicht versuchen, »sanften« Tourismus aufzubauen? Schahzada würde sorgfältig ausgesuchten Reisenden – höchstens vier, fünf Kleingruppen pro Jahr – einen Zugang zu den Mohmand ermöglichen. Diese Touristen würden bei Familien leben und das wahre Leben der Afghanen kennenlernen – nicht das, was die Medien im Westen als Wirklichkeit verkaufen. Die Gewinne aus diesem Geschäft würden in den Bau von Krankenstationen und Schulen für Jungen und Mädchen fließen. Dieses Mal wollte ich im Dorf eine Krankenstation und eine Schule filmen, die Schahzada in dieser Bergregion errichten ließ. Die Bilder könnten uns auf der Suche nach einer Finanzierung nützlich sein.

Einige Tage danach flogen wir ab. Ich war ganz euphorisch, Schahzada würde Frankreich kennen- und liebenlernen – so wie auch ich von seinem Land verzaubert war. Aus diesem Anlass ließ er sich einen westlichen Anzug und ein paar Hosen schneidern. »Ich gehe in dein Land und will mich kleiden wie die Männer in deinem Land.«

Seine Eitelkeit verblüffte mich. Täglich wechselte er die Kleidung. In unserem Schrank hingen etwa fünfzehn *salwar kamiz* in verschiedenen Farben ordentlich auf dem Bügel. Und Schahzada liebte Parfüm – seinen Geschmack fand ich jedoch irritierend. Als wir uns kennenlernten, trug er *Chance* von Chanel, ein Damenparfüm, das ihm ein Freund aus England mitgebracht hatte. Diesen süßlichen Duft hatte ich damals gerochen, als ich auf dem Weg zu den Kutschi im Wagen direkt hinter ihm gesessen hatte. Ein Frauenparfüm! Anstatt dass es mir gefallen hätte, hatte es mich eifersüchtig gemacht! Das war idiotisch, zumal nirgendwo eine Nebenbuhlerin in Sicht war, aber dennoch … Im *Economat* der französischen Truppe besorgte ich andere Düfte – Luxus in Vollendung. Schahzada wechselte zu *Déclaration* von Cartier, später nahm er auch andere Parfüms. Doch *Habit rouge* von Guerlain fand er komischerweise abstoßend …

Da es zwischen Afghanistan und Europa keinen Direktflug gab, mussten wir in Dubai zwischenlanden. Ich hatte alles geplant: eine Nacht in einem Luxushotel in dieser extravaganten Stadt – plötzliche Freiheit nach den unzähligen Einschränkungen im Kabuler Alltag. Ich hatte mich also um alles gekümmert, außer um ein Transitvisum für Schahzada, mit dem er den Regionalflughafen verlassen, durch die Stadt flanieren und schließlich vom internationalen Flughafen aus weiterfliegen konnte. Afghanische Passagiere waren im Emirat Dubai nämlich nicht gern gesehen, denn dort war man der Meinung, sie seien typische Kandidaten für eine illegale Einreise.

Ich setzte alle Hebel in Bewegung und lief von Pontius zu Pilatus, aber es war nichts zu machen. Völlig unberührt von der ganzen Aufregung um seine Person, saß Schahzada hinter der Glasscheibe der Transithalle. Er war lediglich etwas erstaunt, dass man die Afghanen hier so verhalten empfing. Ich kontrollierte unser Gepäck – ein Koffer fehlte, der wertvollste. Darin waren Schahzadas Anzüge und mein besticktes Prinzessinnenkleid gewesen, das erste, das er mir geschenkt hatte. Der Koffer war beim Einchecken auf dem Flughafen Kabul gestohlen worden.

In der Nacht schliefen wir in einem kahlen, grauen Raum auf Bänken. Statt üppiger, internationaler Gerichte in einem eleganten Dubaier Restaurant gab es abgepackte Sandwiches, und anstatt durch verglaste, hell erleuchtete Einkaufszentren zu bummeln, wo es nur so blitzte und blinkte und man meinen konnte, alles Geld der Welt sei hier versammelt, waren wir allein. Am nächsten Morgen wurden wir von der Polizei auf den internationalen Flughafen eskortiert.

Also landete Schahzada im *salwar kamiz* in Paris und zog ihn nie wieder aus. Auf der Straße fiel sein *pakol* auf – »Da ist ja Massud!«, kommentierten die Passanten freundlich. Ich übersetzte für Schahzada. Doch wie viele Paschtunen hatte leider auch er den tadschikischen General nicht gemocht und machte ihn für die Zerstörung seines Landes verantwortlich. Hätte Massud nur die Sowjets bekämpft und nicht auch noch einen Putsch gegen Präsident Nadschibullah angezettelt, wäre der Bürgerkrieg, der das Land mit Verheerung überzogen und den Taliban den Boden bereitet hatte, nach Schahzadas Meinung gar nicht erst ausgebrochen. In Kabul, wo an vielen Fassaden riesige Bildnisse von Massud zu sehen waren, hatte ich einmal zu Schahzada gesagt: »Siehst du, er ist doch ein Nationalheld!« Schahzada hatte betrübt genickt. »Diese großen Porträts sind wie Kugeln, die man dem Volk in den Kopf schießt. Das kann ich nicht akzeptieren.«

Wir wohnten in einem kleinen Hotel im fünfzehnten Arrondissement in der Nähe des Eiffelturms. Am Abend konnten wir ihn vom Fenster unseres Zimmers aus sehen, er glitzerte wie eine elegante, fröhliche Schönheit der Nacht. Sein Leuchten zauberte jedes Mal pure Freude auf Schahzadas Gesicht.

Ansonsten mochte er Paris nicht besonders. Die tiefen Metroschächte und die tückischen Rolltreppen weckten in ihm den Instinkt des Bergbewohners, der überall Gefahr wittert. Die Metro machte ihm Angst, und die

Rolltreppen brachten ihn aus dem Gleichgewicht; konzentriert und leicht verlegen versuchte er, sich an diese automatische Bewegung anzupassen, doch da er weder zum einen noch zum anderen Fortbewegungsmittel Zutrauen fand, verzichtete er auf beide. Im Taxi fühlte er sich schon wohler – die Fahrten kosteten mich ein Vermögen. Die Stadt, die ich liebte, enttäuschte Schahzada offensichtlich.

Wir saßen draußen vor einem Café in der warmen Junisonne, Passanten strömten vorüber – plötzlich sah er auf und fragte: »Alle Leute gehen hier so schnell, Brigitte. Wohin geht ihr denn immer mit euren verschlossenen, traurigen Gesichtern?« Ich wusste nicht, was ich diesem Mann antworten sollte, der im Gegensatz zu diesen Fußgängern alles andere als verwöhnt war, dessen Gesicht aber strahlte.

Schahzada hatte Verwandte in Issy-les-Moulineaux am Stadtrand von Paris. Beim Ausbruch des Bürgerkriegs nach Nadschibullahs Sturz hatten viele Onkel, Tanten und Cousins Afghanistan verlassen. Sie dachten sehnsüchtig an ihr fernes Land, und Schahzadas Ankunft war ein Ereignis, das sie gebührend feiern wollten. Ich begleitete ihn mit gemischten Gefühlen. Ich hatte mir fest vorgenommen, keinen Fehler zu machen, um Schahzadas Ansehen nicht zu schaden.

Einige Wochen zuvor hatte er mich nämlich zu Cousins in den Bezirk Guschta in der Nähe von Dschalalabad mitgenommen. Eigentlich verlief alles gut, doch als der Besuch sich fürchterlich in die Länge zog, wollte ich Schahzadas Aufmerksamkeit erregen und nannte ihn beim Vornamen. Mein »Schahzadaaa«, war ihm entschieden zu schmachtend. Im Wagen maßregelte er mich: »Mach das bitte nie wieder. Ich will nicht, dass die Leute merken, was für Gefühle wir füreinander hegen.« Große Traurigkeit überkam mich. »Wir werden es nie schaffen, Schahzada. Immer habe ich das Gefühl, im Unrecht zu sein und ständig einen Fehler nach dem anderen zu machen ...« Ich weinte vor Verzweiflung. Nie würde er meine Hand in der Öffentlichkeit halten. Nie würde er mich zärtlich umarmen. Niemals küssen. Diese spontanen Liebesbeweise waren uns verboten, und ich begriff, wie sehr ich sie brauchte; sie waren integraler Bestandteil meiner Kultur und der Sprache, die eine zärtliche Liebe begleitete.

Irgendwo im Nichts ließ er den Wagen anhalten und brachte mir bei, mit der Maschinenpistole zu schießen. Zum Trost.

In Issy-les-Moulineaux wurden wir in einer großen Wohnung empfangen. Gut dreißig Gäste saßen in Sesseln, auf Sofas und Stühlen, die im ganzen Wohnzimmer standen. Als der Führer der Mohmand eintrat, erhoben sich alle, und Schahzada begrüßte jeden Einzelnen. Einige Männer waren westlich gekleidet, andere trugen traditionelle Kleidung. Sie umarmten Schahzada und hießen ihn willkommen. Mich betrachtete man wohlwollend, Schahzada hatte mich als eine Freundin vorgestellt.

Unaufhörlich klingelte das Telefon – die Exil-Mohmand wollten mit ihrem Chef sprechen. Und so verbrachte Schahzada einen Großteil des Abends am Telefon und ließ mich im Wohnzimmer allein im Kreuzfeuer der Fragen sitzen: Wer war ich? Was tat ich in Afghanistan? Worin bestand meine Arbeit? Wie gefiel mir ihr Land? Alles in allem waren es keine heiklen Fragen, und ich konnte mich leicht aus der Affäre ziehen, indem ich von den *camerawomen* und unserem Roadmovie erzählte. Zumindest dachte ich das. Doch im Hotel zog sich Schahzada in seine Ecke zurück. Ich seufzte. Was hatte ich denn jetzt schon wieder falsch gemacht? »Du sprichst zu viel mit Männern, Brigitte.« Ich protestierte. Wie viel durfte ich denn mit ihnen sprechen? Ein bisschen? Wie viele Wörter? – Zwei? Drei? Ich war ärgerlich, denn dieses Mal hatte ich mich darauf beschränkt, höflich auf die Fragen zu antworten, die man mir stellte. Schahzada wurde noch wütender. »Du weißt ganz genau, dass das nicht geht. Die Leute bekommen eine sehr schlechte Meinung von dir.«

Doch es sollte noch besser kommen: An jenem Abend war ein Vetter unter den Gästen, der Schahzada nicht gerade wohlgesonnen war. Er deutete meine Worte um und äußerte die Vermutung, ich würde Spionage betreiben. Die Afghanen erzählen gern Geschichten, und so drang das Gerücht zügig bis nach Afghanistan, wo Schahzada nur Freunde hatte. Hat uns das geschadet? Man kann nie wissen.

Dann fuhren wir nach Frankfurt, wo ein Teil der Familie seiner Frau lebte. Sie wollten Schahzada sehen. Auch hier kamen wir in eine große Wohnung; nach und nach füllte sie sich mit Mohmand, die schon viele Jahre im Exil lebten. Sie sprachen mit Schahzada und zollten ihm ihren Respekt. Ich wurde mit Namen vorgestellt, in welcher Eigenschaft ich mit Schahzada unterwegs war, wurde jedoch nicht erläutert. Ich war weder eine Freundin noch seine zukünftige Frau. In diesem Schwebezustand hatte ich das erniedrigende Gefühl, eine heimliche Geliebte zu sein. Und so fühlte ich mich langsam, aber sicher durch die Macht der Umstände und durch das Fehlen einer gemeinsamen Sprache abgeschoben.

Die Frauen trugen lange Kleider über ihren Hosen, und obwohl sie in Europa und bei sich zu Hause waren, verbargen sie ihr Haar unter einem Kopftuch. Sie lächelten mich an. Eine wahre Schönheit war darunter – Koutis jüngere Schwester. Sie hatte ein wunderhübsches Gesicht und goldbraune Augen, tief wie Seen. So hatte Kouti bei ihrer Hochzeit sicherlich auch ausgesehen, bevor das Leben in der Bergwüste ihr Gesicht wie mit kleinen Meißelstichen zerfurcht hat.

Eine Frau beobachtete mich heimlich. Ich erfuhr, dass es die Schwiegermutter der schönen jungen Frau war. Sie ging zu Schahzada und sprach mit ihm, warf mir dabei aber immer wieder Seitenblicke zu. Man sprach über mich. Auf dem Rückweg erklärte mir Schahzada, dass eine Freundin dieser Frau mich in Dortmund auf dem Festival gesehen hatte, wo ich *Afghanistan entschleiert* präsentiert hatte. Nach der Vorstellung hatte es eine Diskussionsrunde gegeben, bei der dieser Frau aufgefallen war, dass ich so enthusiastisch von dem jungen Mohmand-Führer in Dschalalabad gesprochen hatte. Das Telefon der Schwiegereltern von Koutis Schwester hatte natürlich sofort geläutet, und man hatte sie über meine verdächtige Begeisterung für Schahzada informiert.

Die Frage unserer Gastgeberin an Schahzada war dann auch höchst einfach: »Brigitte hat gesagt, dass sie dich sehr liebt. Ist das wahr?«

»Aber nein, Brigitte ist nur eine Freundin.«

Seine diplomatische Feigheit versetzte mir einen schmerzlichen Stich. In Afghanistan hatte ich nie das Gefühl gehabt, er würde mich verstecken. Dort verband uns eine feierliche Verlobung, die mir einen Platz in seiner Familie, seiner großen, wunderbaren Familie schenkte. Ich wusste nicht, was ich sagen sollte. Vermutlich verbargen sich hinter Schahzadas vorsichtigem Verhalten Sippeninteressen, die auf dem Spiel standen – irgendwelche Feinheiten in der Struktur des Familienverbands, die mir nicht bekannt waren.

Zurück in Frankreich wollte ich ihm meine Freunde vorstellen, die mich trotz der räumlichen Entfernung und trotz der Kommunikationsschwierigkeiten nicht hatten fallen lassen. Wir fuhren zuerst nach Nancy, wo ich immer noch eine Wohnung hatte. Meine Freundin Annick holte uns vom Bahnhof ab. Meine liebe Annick! Die Gefühle wallten in mir auf, aber ich würde trotzdem nicht weinen! Ich war wieder zu Hause, und alles würde in Ordnung kommen. Doch in Sekundenschnelle war klar, dass sich Annick und Schahzada niemals anfreunden könnten.

Sie umarmte mich und begrüßte Schahzada, dann beachtete sie ihn nicht weiter. Auf dem vollen Bahnsteig, inmitten all dieser hastenden, gestressten Menschen, die sich gegenseitig anrempelten, um ihren Zug noch zu erwischen, stand Schahzada völlig regungslos und mit hängenden Armen da. Vor uns standen unsere vielen Koffer. Ganz eindeutig hatte Schahzada nicht die geringste Absicht, sie zu tragen. Er hatte einen Anzug an, den wir eilig gekauft hatten und in dem er etwas von seiner erhabenen Erscheinung einbüßte. Annick sah ihn kühl an und wartete, dass er das tat, was man von einem Mann erwartete, dass er nämlich das Gepäck zum Wagen trug und es verstaute. Wie sollte ich ihr erklären, dass Schahzada in seinem Land eine hochgestellte Persönlichkeit war und noch nicht mal ein kleines Päckchen trug, weil man ihm sofort zu Diensten war und versuchte, jedem seiner Wünsche zuvorzukommen und seinen Anweisungen nachzukommen? Hier, auf diesem wimmelnden Bahnsteig, inmitten des Geschreis der Reisenden, im Lärm der Lautsprecheransagen und der lauten Hupen, fühlte sich Schahzada vollkommen verloren. Das Einzige, was ihn noch mit seiner Kultur verband, war der *pakol*, den er auf dem Kopf trug und den Annick argwöhnisch beäugte. Bis zur Ankunft in meiner Wohnung schwieg Schahzada verlegen.

Annick hatte für mich Lebensmittel eingekauft. Als ich mit ihr kurz allein in der Küche war, flüsterte sie mir leise zu, damit Schahzada es nicht hören konnte: »Ich begreife nicht, wie du dich in einen solchen Typen verlieben konntest.« Enttäuscht und voller Mitleid für mich, die ich doch so viel Besseres verdient hätte, verließ sie uns. Das war ein harter Schlag, aber ich wusste, dass Annicks schnelles Urteil aus Zuneigung zu mir gefallen war. Und es wäre ganz bestimmt nicht die letzte Reaktion dieser Art.

In meiner hellen Maisonette-Wohnung fühlte ich mich wieder wie ein Vogel im Nest. Hier hätte ich die Situation endlich unter Kontrolle und könnte dafür sorgen, dass alles bestens lief. Schahzada ließ seinen Blick über die weiße Holztäfelung, die schmale Treppe, die zum

Schlafzimmer führte, über die Sofas und das ordentliche Bücherregal wandern. All das hatte in meinem ersten Leben meinen Alltag ausgemacht und trug die Spuren der Frau, die ich einmal gewesen war, die Spuren all dessen, was Schahzada noch nicht von mir kannte. Um mich besser zu verstehen, verschlang er alles mit den Augen. Das Regal interessierte ihn besonders. Er näherte sich ihm respektvoll und las auf den Buchrücken die Titel, die er nicht verstand. »Hier, das sind Bücher über Afghanistan«, sagte ich. Er zog eines heraus und schlug es auf der Seite auf, wo ich ein Foto hineingelegt hatte. Massuds Gesicht lächelte Schahzada entgegen. Sofort klappte er das Buch wieder zu und stellte es an seinen Platz zurück. Dann setzte er sich aufs Sofa. Stumm. Grübelnd.

Es war doch ganz einfach und ganz logisch: Schahzada hatte Fotos von mir, weil er mich liebte. Und auch ich hatte Aufnahmen von ihm gemacht und sie behalten, weil ich ihn liebte. Wenn ich nun ein Bild von Massud in einem Buch aufbewahrte, hieß das, dass ich Massud liebte.

Dieser Schock war lähmend für Schahzada.

Ich konnte ihm tausendmal erklären, dass es eine Postkarte war, ein Bild aus meinem Film über den Pandschir – meine Worte erreichten ihn nicht, er hörte mir nicht mehr zu. Ich war müde, aufs Äußerste gereizt und stinksauer. Bis zum nächsten Morgen sprachen wir kein Wort mehr miteinander. Unsere Reise, auf die ich mich so gefreut hatte, war zu einem Fiasko geworden.

Schahzadas Gesundheitsprobleme, die ich seinem Vater gegenüber angeführt hatte, damit dieser ihn reisen ließ, waren nicht nur ein Vorwand, sie mussten tatsächlich behandelt werden. In Nancy hatte ich eine Freundin, Geneviève, eine ausgezeichnete Ärztin. Sie hatte uns Termine in ihrer Gemeinschaftspraxis gegeben, sodass sich Schahzada an nur einem Tag einer ganzen Reihe von Untersuchungen unterziehen konnte. An jenem Tag kamen wir in einem erbärmlichen Zustand in die Sprechstunde, wir waren müde und ärgerlich aufeinander. Als Geneviève uns empfing, sahen wir bestimmt aus wie ein Paar kurz vor der Scheidung. War sie überrascht? Sie ließ sich jedenfalls nichts anmerken. Und Schahzada war natürlich nervös bei der Vorstellung, sich von einer Frau untersuchen zu lassen, auch wenn sie einen weißen Kittel trug. Zum Glück war Geneviève es gewöhnt, Immigranten zu behandeln, sie kannte deren Umgangsformen und wusste, dass es sie belastete, sich nicht in einer fremden Sprache ausdrücken und über die Probleme sprechen zu können, die ihnen Angst machten. Und so war sie umsichtig genug gewesen, Schahzada in die Hände ihrer männlichen Kollegen zu geben.

Er ging zu seinen Untersuchungen, ohne zum Abschied noch einmal zu lächeln, alles Leben schien aus ihm gewichen zu sein. Ich fühlte mich miserabel. Als ich mit Geneviève allein war, erzählte ich ihr alles – die Demütigungen, die Missverständnisse, dieses Gefühl der Hilflosigkeit, das mich mitunter fertigmachte. Wie gut es tat, sich einer alten Freundin anzuvertrauen! Dann kam Schahzada wieder. Geneviève sorgte für alles und brachte es fertig, dass Schahzada sich nicht nur beruhigte, sondern sogar entspannte. Und als er das erste

Mal richtig lächelte, sprang die strahlende Mittfünfzigerin auf und wollte ihm um den Hals fallen. Vom Grauen gepackt wich Schahzada zurück. Sie rief: »Sag ihm, dass ich seine Mutter sein könnte!« Ich übersetzte. Dann erst ließ Schahzada zu, dass sie ihm zwei Küsse auf die Backe drückte. Gerade war in dieser verstörenden Welt ein Waffenstillstand geschlossen worden, und ich war in diesen Friedensprozess mit einbezogen.

Am nächsten Abend gab Geneviève uns zu Ehren ein Essen mit meinen besten Freunden. Unter Schahzadas missbilligendem Blick wurde mir ein überschwänglicher Empfang zuteil, Männer nahmen mich johlend in den Arm, gaben mich lachend wieder frei und bewunderten mich in meinem Kleid »made in Peschawar«. Auch Annick war dabei, sie war immer noch sehr misstrauisch. Gegen Ende des Essens nutzte sie eine Gesprächspause und fragte Schahzada: »Wie viele Frauen haben Sie?«

Alle Augen richteten sich auf mich.

Eine Katastrophe. Ich war nicht in der Lage, vor meinen besten Freunden zuzugeben, dass Schahzada ein Bigamist war. Ich hatte ihnen erzählt, dass seine Frau tot sei, und gedacht, ich könnte mir ja später noch etwas Besseres überlegen. Ich hatte die wunderbare Kouti umgebracht, hatte sie zum Schutz meiner Selbstachtung geopfert. Eine Horrorvorstellung. Schahzada machte den Mund auf, um zu antworten ... Ich wartete schon auf den Gnadenschuss, das verlegene Schweigen, die empörten oder mitleidigen Blicke.

»Sag deiner Freundin, dass ich elf Frauen habe und du die zwölfte bist.«

Der ganze Tisch brach in schallendes Gelächter aus, dennoch spürte ich die Blicke auf mir wie Fragezeichen. Nun gut, sollten sie doch denken, was sie wollten, von mir aus könnten sie auch Rätsel raten! Solange das Geheimnis gewahrt blieb, wäre ich jedenfalls aus dem Schneider. Doch ich fürchtete den Tag, da ich ihnen eingestehen musste, wie diese Wirklichkeit aussah, die ich selbst kaum akzeptieren konnte.

Wir fuhren nach Poitiers, einem weiteren Lebensmittelpunkt von mir, wo ich lange Zeit in der Redaktion der Tageszeitung *Centre-Presse* gearbeitet hatte. Dort empfing mich eine Freundin, die auch Annick hieß und die mir so lieb war wie die Annick aus Nancy – die Schahzada aber als Freund empfing. Das Wetter war so schön, dass wir am Sonntag beschlossen, nach La Rochelle zu fahren und auf die kleine Insel Île d'Aix überzusetzen. Das Boot legte ab, wir fuhren hinaus aufs Meer. Annick und ich saßen auf einer Bank im Heck und plauderten, als Schahzada aufstand und unsicher zur Reling ging.

Er blieb stehen, sah aufs Meer und rührte sich nicht, er war ganz versunken in diese geheimnisvolle graue, lebendige Fläche, die sich regelmäßig hob und senkte. Zum ersten Mal sah er das weite Meer und spürte unter seinen Füßen eine bodenlose Tiefe wogen.

Aufgewühlt drehte er den Kopf zu mir und sagte leise: »*C'est joli! C'est joli!* – Das ist schön! Das ist schön!« Zwei kleine Wörter auf Französisch, die aber das Ausmaß seines Erstaunens perfekt übersetzten.

Auf der Insel spazierten wir über Sandwege unter Pinien und zwischen Dünen und sogen die salzige Luft in vollen Zügen ein. Ich sah Schahzada an. Er wirkte entspannt, befreit. Und dann nahm er so selbstverständlich, wie ich es mir immer erträumt hatte, meine Hand und hielt sie fest. Diese einfache Geste fegte all die kleinen Kümmernisse hinweg, die uns vor Kurzem noch belastet hatten.

»Muschkil«

Dieselbe Verve, die die *Aina*-Gründer zwei Jahre zuvor zusammengeführt hatte, fing nun an, sie zu trennen. Der stressige Alltag in Afghanistan und das anstrengende Zusammenleben im Gästehaus, neue Träume und das eine oder andere Problem persönlicher Natur entfernten sie immer mehr voneinander. Ich hatte mit *France 3* ein Sabbatjahr ausgehandelt und überlegte nun, was ich tun könnte, nachdem mein Vertrag hier auslief und ich ihn auch nicht mehr verlängern wollte. Denn wie sollte ich von 1000 Euro im Monat leben? Zurück nach Frankreich wollte ich nicht mehr, meine Zukunft war nunmehr an dieses Land und an Schahzada gebunden.

Rodolphe Baudeau sprang als Erster ab. *Aina* war ein gemeinnütziger Verein, der von den Subventionen verschiedener internationaler Hilfsorganisationen lebte. In den vergangenen zwei Jahren hatte *Aina* gute Arbeit geleistet. Doch Eric Davin und seine Freunde mussten die meiste Zeit damit zubringen, Finanzberichte für die Sponsoren zu erstellen, und konnten nur etwa zehn Prozent ihrer Zeit der kreativen Tätigkeit widmen. Also dachten sie sich etwas Neues aus. Und sie argumentierten zu Recht, dass die Rolle einer Nichtregierungsorganisation darin bestehe, Menschen in Afghanistan auszubilden, um sie in die Unabhängigkeit zu führen, und wenn diese Aufgabe gemeistert sei, solle man sich zurückziehen. Und in ihren Augen hatte *Aina* dieses Ziel erreicht. Rodolphe gründete mit seinem Freund Emmanuel, der mit dem gleichen Eifer bei der Sache war, *Altai Consulting,* eine zu hundert Prozent private Gesellschaft, die afghanischem Recht unterstand. Eric schloss sich den beiden an.

Ich wiederum unterschrieb einen Vertrag mit dem französischen Außenministerium, das mir eine Stelle als technische AV-Assistentin bei der Botschaft in Kabul angeboten hatte. Ich sollte die französische Unterstützung beim Aufbau der afghanischen AV-Medien koordinieren. Mit diesem ambitionierten Ziel im Blick würde ich eine andere Welt betreten, die Welt der Beamten, und das Kapitel meines schönen Berufsabenteuers nun schließen müssen. Es war für mich mehr als nur Arbeit gewesen, ich hatte dabei das Land entdeckt und den Mann meines Lebens kennengelernt. Und ich hatte endlich die Energie umsetzen können, die in mir brodelte.

Afghanistan entschleiert hatte weltweit die Aufmerksamkeit auf unsere kleine Gruppe ehrgeiziger, junger Frauen gelenkt. Innerhalb weniger Wochen waren der Videosektor von *Aina* der Liebling der ausländischen Medien und die *camerawomen* zu einem Symbol geworden. Ich sah, wie aus meinen Schülerinnen und »Lehrlingen« übergangslos Stars wurden, und wie sie in den Wald aus Mikros hineinsprachen, die ihnen entgegengestreckt wurden. Und die Krönung war, als sich die CNN-Starjournalistin Christiane Amanpour nicht nur für die Arbeit der Mädchen interessierte, sondern in gleichem Maß auch für deren persönliche Geschichte. Für alle Welt verkörperten die *camerawomen* nun die Befreiung der afghanischen Frauen und den Sieg der Vernunft über die Barbarei.

Hollywood meldete sich. Bei der Präsentation des Films auf dem *United Nations Association Film Festival* im kalifornischen Stanford widmete die politisch engagierte Schauspielerin Susan Sarandon den Filmemacherinnen eine glühende Hommage: »Es gibt Menschen, die haben ein schweres Leben, und es gibt die afghanischen Frauen. Das ultimative Buch über die Gräueltaten der Menschen ist noch nicht geschrieben, doch diese Frauen haben bereits ihr Kapitel dazu verfasst.«

Bei ihrer USA-Reise wurden die Mädchen von Condoleezza Rice, damals noch Beraterin des Präsidenten, und First Lady Laura Bush im Weißen Haus empfangen. Ich blieb lieber bei Schahzada in Dschalalabad. Pomp und Prunk haben mich noch nie interessiert, wenn es auch aus beruflicher Sicht sicherlich ein Fehler war – den ich jedoch nicht bereue.

Afghanistan entschleiert wurde in den USA unter dem Titel *Afghanistan Unveiled* gezeigt, und nachdem der öffentlich-rechtliche Sender PBS ihn Ende 2004 ausgestrahlt hatte, wurde er als bester Dokumentarfilm für die *Emmy Awards* 2005 nominiert, die in Los Angeles verliehen werden.

Dies hätte natürlich jedem den Kopf verdreht – meinen Mädchen umso mehr. Dabei vergaßen sie, dass sie noch viel lernen mussten. Zudem sah ich mit Sorge, wie meine Schülerinnen in den Himmel der Berühmtheit abhoben. Wäre ihr Land denn jemals frei genug, dass sie ihren Beruf ausüben könnten? Und wenn Afghanistan wieder im Chaos versänke – wären dann nicht sie die ersten Opfer? Und würden dann nicht wir die Verantwortung dafür tragen?

Dieses Kapitel war endgültig abgeschlossen. Ich zog in ein großes Haus in Taimani, einem schicken Stadtteil von Kabul. »Schick« hieß nicht etwa, dass die Straßen nicht voller Schlaglöcher und die Rohre nicht verstopft gewesen wären, doch es war dort einigermaßen ruhig und sicher. Meine fünf Mitbewohner waren Lehrer an den beiden französischen Schulen in Kabul. Allein zu wohnen kam nicht in Frage, auf eine solche Idee wäre bei den bestehenden Sicherheitsproblemen niemand gekommen. Und obwohl in Afghanistan keiner Geld hatte, stiegen die Mieten täglich. In gewisser Weise lebten wir fürstlich. Wir hatten einen Wächter, eine Putzfrau und einen Koch, der auch auf dem Markt einkaufte. Seit bald zwei Jahren hatte ich nicht ein einziges Mal mein Bett selber machen oder einen Besen in die Hand nehmen dürfen.

Wir aßen zusammen in einem großen Esszimmer, teilten uns ein einfaches Badezimmer und sahen zusammen in dem kleinen, afghanisch eingerichteten Wohnzimmer fern: eine Baumwollmatratze auf dem Boden, ein paar Kissen und, als äußerster Luxus, ein Fernseher, mit dem wir ausländische Sender empfingen, sowie ein DVD-Player. Die Abendnachrichten auf *France 2* hätten wir niemals und unter gar keinen Umständen verpasst – es war der einzige Faden, der uns noch mit unserem Land, mit dieser anderen Wirklichkeit verband. Als DVDs wählten wir Komödien wie *Ein Mann sieht rosa* oder noch Schlichteres, aber sie brachten uns zum Lachen. Mein Geschmack war das nicht, aber unser Zusammenleben bot wenig Platz für persönliche Neigungen. Eine eigene Ecke hatten wir allenfalls in dem großen Garten oder in unseren Schlafzimmern.

Ich ging morgens sehr früh aus dem Haus und kam abends zum Essen zurück, dann ging ich schlafen. Wenn Schahzada in Kabul beim Ministerium für Stammesangelegenheiten zu tun hatte, besuchte er mich. Einer meiner Mitbewohner gab ihm wegen seiner vornehmen Erscheinung gleich den Spitznamen »Erzherzog«. Wenn Schahzada bei mir war, blieb ich der Gruppe fern, wir aßen in meinem Zimmer, denn ich wollte ihn mit niemandem teilen. Bei seinem souveränen Auftreten zuckten meine Mitbewohner immer ein wenig zusammen. Sie hatten Respekt vor ihm, und dieser Respekt wurde noch größer, als ich eines Tages einen hässlichen Schrank aus meinem Zimmer entfernen wollte: Drei große, kräftige Lehrer versuchten seit fast einer halben Stunde, das Möbelstück aus diesem Raum zu schaffen, das ja immerhin auch einmal dort hineingekommen war. Sie schwitzten, waren genervt, schlugen dies und das vor und dann wieder das Gegenteil, doch der Schrank stieß jedes Mal an den Türrahmen. Dann kam Schahzada, schätzte die Situation – den Umfang des Schranks und die Höhe der Tür – mit einem einzigen Blick ein und gab die entsprechenden Anweisungen. Und der Schrank verschwand wie durch ein Wunder aus meinem Zimmer. Ich lachte in mich hinein.

Kabul hatte sich gegenüber dem Vorjahr verändert. Natürlich erstickten wir nach wie vor in Staubwolken, und der Lärm war genauso normal wie Taxis ohne Taxameter. Man legte die Summe besser selbst fest, gab dem Fahrer das Geld und stieg schnell aus. Sonst gab es ein endloses Lamento, und man zahlte am Ende das Dreifache. Doch jeden Tag gab es wesentliche Neuerungen. So wurden über manchen Ladeneingängen Reklameschilder angebracht; sie zeigten zum Beispiel einen »Mister Universum«, der eitel seine Muskeln spielen ließ; damit wurden die ersten Fitness-Studios beworben. Dass der Körper gewissermaßen symbolhaft gefeiert wurde, war erstaunlich in einer so züchtigen Gesellschaft. Auf der Straße forderte die Weiblichkeit unter der Burka ihr Recht – hier stach ein Hosensaum unter raschelnden Falten hervor, dort sah man Henna-Tattoos an Füßen in Plastikpantoffeln. Die Eitelkeit der Menschen in Afghanistan wagte sich langsam und schüchtern an den Tag. Unter dem Seidenstoff waren die Augen geschminkt, die Haut gepudert, die Lippen leuchtend rot nachgezogen, doch das sah man nur, wenn die Frau im Haus von Freunden oder in einem abgeschiedenen Garten war und den Schleier nach hinten schlug. In Schar-e-Nau gab es Geschäfte, die in den Schaufenstern prächtige Kleider ausstellten, aus Spitze und aus Gaze, mit Rüschen und mit Strass und in leuchtendem Rot, Gelb oder Grün. Offensichtlich fanden sie reißenden Absatz. Und vielleicht wurden sie ja gerade hier auf der Straße vor meinen Augen, aber unsichtbar unter dem Stoffgefängnis getragen. Eines Morgens sah ich in einer Straße voller Handkarren und Fahrräder, wie sich im starken Wind eine Burka bauschte, sie wehte und flatterte auf und gab schließlich eine Gestalt in einem grauen Kostüm, Seidenstrümpfen und Pumps frei.

Schließlich hielt dank der *Afghan Wireless Communication Company* das Handy Einzug im Land, die Telekommunikationsgesellschaft *Roshan* folgte auf dem Fuße. Telefone und SIM-Karten konnte man am Straßenrand bei Jungs kaufen, die sie wie Ketten um den Hals oder über der Schulter trugen. Das Geschäft mit den Handys war sofort ein voller Erfolg, landesweit. Ich telefonierte bis zu zehn Mal am Tag mit Schahzada, und er rief mich genauso oft an. Das Vokabular der Lingua franca, in der wir kommunizierten, wurde immer größer. Ohne komplizierte Grammatik reihten wir englische, französische, Dari- und Paschtu-Wörter aneinander und konnten uns mit der entsprechenden Betonung – zärtlich, fragend, ärgerlich – in einer Sprache auseinandersetzen, die nur wir beide verstanden.

Wie besessen telefonierte ich mit Schahzada. Manchmal entschuldigte ich mich, weil ich fürchtete, seine Nerven wären einem derartigen Bombardement nicht gewachsen. »Du musst dich nicht entschuldigen, Brigitte. Du störst mich nie. Ich liebe es, deine Stimme zu hören.« Wenn ich während einer Besprechung anrief, nahm er ab, hörte mir kurz zu und legte sein Handy angeschaltet auf den Schreibtisch, und ich konnte dann die Geräusche der Sitzung in Dschalalabad hören. Das bedeutete: Wir sind zwar räumlich voneinander entfernt, aber du bist bei mir.

Wie es die Sicherheitsbestimmungen der Botschaft vorsahen, hatte ich nun einen Wagen und einen Fahrer.

Hesmatullah kannte jeden Winkel in Kabul und manövrierte uns durch die kompliziertesten Situationen – aber kompliziert waren sie ja immer. Er bestand darauf, dass ich ihn als »Assistent« vorstellte. Würden seine Freunde erfahren, dass er Chauffeur war – er, der Ingenieurwesen studiert hatte –, wäre sein Ansehen unwiderruflich ruiniert, auch wenn er mit 500 Dollar im Monat fünfmal mehr verdiente als ein Ingenieur bei einem Staatsbetrieb.

Es war mir eine Erleichterung, dass ich nicht mehr an irgendeiner Kreuzung ein Taxi anhalten und die Blicke der Männer ertragen musste. Vor allem die jungen Burschen zogen Frauen mit den Augen aus und vermittelten ihnen das Gefühl, Freiwild zu sein. Sie waren in einer Welt der Tabus aufgewachsen, in der alles Sünde, Provokation und Frustration war, und zwei Jahre Freiheit waren noch nicht genug, um sie davon zu befreien. Und nachdem ich nun immer an meiner Haustür abgeholt und wieder abgesetzt wurde, gab ich kein Ziel mehr für eine Entführung oder einen Selbstmordanschlag ab; das war ein weiterer Vorteil eines eigenen Wagens. Denn die Terroristen schlugen ständig und erbarmungslos zu – Herat, Kundus, Kabul, Ghazni, Kandahar oder Dschalalabad waren Schauplätze von Angriffen und Bombenanschlägen der Taliban-Milizen, denen vor allem Zivilisten zum Opfer fielen. Einige Ausländer wollten sich jedoch nicht von dieser Atmosphäre der Unsicherheit anstecken lassen und fuhren weiterhin mit dem Fahrrad oder gingen zu Fuß zu ihrem Arbeitsplatz, aber das waren Ausnahmen. Wenn wir ein Gebäude verließen, stiegen wir normalerweise sofort in unseren Wagen, der von einem uns bekannten Fahrer gesteuert wurde. Wir schlossen umgehend die Türen und kurbelten trotz der Hitze die Fenster hoch. All diese Vorsichtsmaßnahmen konnten uns die Angst jedoch nicht ganz nehmen. Da waren die unzähligen Staus, in denen man unter Umständen stundenlang stand, sei es, dass ein Politiker zu irgendeiner feierlichen Einweihung unterwegs war, sei es, dass ISAF-Truppen auf dem Marsch waren und ganze Stadtteile lahmlegten. Und in dieser Situation behielt man natürlich die Insassen der Wagen im Auge, die neben einem standen, und malte sich das Schlimmste aus: Und wenn nun eines dieser Autos explodierte? Und wenn nun jemand eine Bombe in dieses Gedränge warf? Wenn eine Frau in der Burka die Straße überquerte und um unseren Wagen herumgehen musste, blieb mir immer kurz das Herz stehen – was verbarg sich unter dem blauen Schleier? Ein Mann? Tatsächlich eine Frau? Eine wandelnde Bombe? Ich war sicher, dass »sie« eines Tages auf die Idee kommen würden, die Burka als Tarnung zu gebrauchen.

In einer richtigen Stadt kann man sich vergnügen, man kann essen oder tanzen gehen. Nicht in Kabul. Bis die ersten Restaurants frischen Wind in unsere kleine Ausländergemeinde brachten. Ein italienisches, ein chinesisches, ein iranisches Lokal. Unser Alltag wurde um eine gewisse Lebensart bereichert. Der Höhepunkt war die Eröffnung des *L'Atmosphère,* das von zwei ehemaligen *Aina*-Mitarbeitern betrieben wird. Ein französischer Koch weiht afghanische Küchenjungen in die Geheimnisse eines Filet mignon oder einer Mousse au chocolat ein. Lokal und Gartencafé sind immer voll. Im

Sommer isst man dort im Laternenschein, in der Mitte des Gartens brennt ein riesiges Kohlenbecken. Man kommt sich vor wie auf einer Hazienda in Mexiko oder wie in einer römischen Trattoria, jedenfalls ganz woanders, meilenweit entfernt von Kabul und seinem Chaos. Schahzada und ich hatten uns angewöhnt, jeden Abend um neun zu telefonieren, ein Ritual, auf das wir unter keinen Umständen verzichtet hätten. So kam es vor, dass er anrief, wenn ich im *L'Atmosphère* mit Bekannten beim Essen war, die wie ich dort den beschwerlichen Alltag vergessen wollten, und sei es nur für zwei Stunden. Schahzada hörte am anderen Ende der Leitung den Lärm im Lokal, Lachen, Männerstimmen, Geschirrgeklapper. Und an seinen kurzen Sätzen und den sparsamen Worten merkte ich, wie er eifersüchtig wurde. Ich verzog mich dann in eine ruhige Ecke, aber der Zauber war gebrochen. Schließlich legte ich mir eine Notlüge zurecht: Ich würde allein in meinem Garten essen. Es war unnötig, dass irgendein harmloses Abendessen mit Bekannten unsere Beziehung noch zusätzlich belastete, denn einige Mitglieder seiner Familie hatten es sich zum Ziel gesetzt, uns zu schaden.

Eines Tages stürzte mir der Himmel auf den Kopf.

»Du warst in Peschawar?«, fragte mich Schahzada am Telefon. Ich hörte gleich seinen feindseligen Ton heraus. »Nein, warum?« Ich war seit Langem nicht mehr in Pakistan gewesen. Doch er sagte, ein Halbbruder hätte mich angeblich ein paar Tage zuvor in einem Hotel in Peschawar gesehen. Ich war gereizt – was war denn das nun schon wieder für eine Geschichte? Ich fühlte mich benutzt und beschmutzt. Diese vage Formulierung, »in einem Hotel in Peschawar«, ließ durchklingen, dass ich Schahzada betrog. Ich dachte nach: Diese Anschuldigung war das Gemeinste, was man sich nur vorstellen konnte – sie brachte mich in Verruf und sollte uns auseinanderbringen. Und sie schadete Schahzadas Ansehen – der Führer der Mohmand war offensichtlich nicht in der Lage, in seinem Leben für Ordnung zu sorgen. Das war ein schwerwiegender Vorwurf, ich musste sofort jeden Zweifel im Keim ersticken. »Du kannst in meinen Pässen nachsehen«, sagte ich. Ich hatte zwei Pässe, einen persönlichen und einen Diplomatenpass.

Gleich am Freitag fuhr mich Hesmatullah nach Dschalalabad. Schahzada erwartete mich ungeduldig und ging im Zimmer auf und ab. Bevor ich ihn noch umarmte, reichte ich ihm meine Pässe, dann ließ ich mich in einen Sessel fallen. Er studierte die Dokumente Seite für Seite mit derselben Sorgfalt, die er sicherlich auch damals hatte walten lassen, als er Oberst bei der Polizei gewesen war. Ich stand Qualen aus, sein mangelndes Vertrauen traf mich tief, aber ich muss natürlich zugeben, dass ich an seiner Stelle genauso wenig Rücksicht genommen hätte. Als er sich vergewissert hatte, dass meine Pässe keine pakistanischen Stempel trugen, gab er sie mir zurück. Für mich war es damit jedoch noch nicht vorbei. Ich wollte jeden Zweifel ausmerzen, der sein Vertrauen untergraben könnte. An der pakistanischen Grenze musste jeder über Land Einreisende eine Meldekarte ausfüllen. »Du solltest die Einreisekartei an der Grenze prüfen«, schlug ich in möglichst neutralem Ton vor, wenn ich auch verletzt war bis ins Mark. Schahzada griff meinen Vorschlag gleich auf. Mein Name tauchte in den Registern nirgendwo auf, ich war also freigesprochen. Doch dieser Versuch, unsere Beziehung zu destabilisieren, hinterließ bei uns den bösen Eindruck, dass uns jemand aus der Familie etwas anhaben wollte.

Kurz darauf wurde Kouti in ähnlicher Weise angegangen. Ein Mohmand, den ich in Europa getroffen hatte, war in Schahzadas Dorf gekommen und hatte wie ein Sittenrichter mit Kouti gesprochen. »Wie kannst du diese Situation nur dulden?«, hatte er sich empört. Kouti hatte ganz ruhig geantwortet: »Das ist eine Sache zwischen mir und meinem Mann, das geht niemand anderen etwas an.« Sie dachte, sie könnte der Einmischung vonseiten der Familie in unsere Beziehung damit ein Ende machen. Doch diese Anmaßungen und diese Vorwürfe hatten sie maßlos aufgeregt, und sie bestand darauf, dass Schahzada mich endlich heiratete. Ich bewunderte Kouti. Ganz allein musste sie dort oben in den Bergen dem Gerede entgegentreten, das für sie viel schlimmer war als für Schahzada und mich, doch sie wehrte sich entschieden.

Langsam sprach sich unsere Beziehung herum, und zwar in den unterschiedlichsten Versionen. Von Anisa, die Cousins in Dschalalabad hatte, erfuhr ich, dass das Gerücht kursierte: »Der Führer der Mohmand hat in aller Heimlichkeit eine Ausländerin geheiratet.« Und darauf waren sie mächtig stolz. Kurz darauf kam ein ISAF-Dolmetscher in mein Büro und beglückwünschte mich: »Ich habe gehört, dass Sie bald einen Paschtunen aus Dschalalabad heiraten …« Ich ließ ihn nicht ausreden und protestierte aufs Heftigste. Die Enttäuschung stand ihm ins Gesicht geschrieben. »Wie schade! Das hätte uns sehr stolz gemacht ...« So stolz, dass ich schließlich einem dritten Mann, der mich mit einem Afghanen aus Logar verheiratet wusste, erklärte: »Ja, das ist wahr, aber er ist nicht aus Logar.« Dennoch freute er sich.

Den französischen *Aina*-Mitarbeitern erzählte ich schon bald von meiner Beziehung, danach den Lehrern, mit denen ich in Taimani zusammenwohnte; ansonsten zog ich niemanden ins Vertrauen. Die ewigen Witze über Harem und Mehrehe ertrug ich stoisch – solche kleinen Scherze finden die Westler zum Brüllen. Doch trotz der Verschwiegenheit meiner Mitbewohner sickerte die Neuigkeit durch. Eines Abends vor dem Essen besuchte mich eine Französin, die ich sehr mochte und die seit vielen Jahren mit einem Exilafghanen verheiratet ist. Während wir ein alkoholfreies Bier tranken – so etwas gab es nun in den Läden der Flower Street –, fragte sie nach Schahzada. Ich zögerte, mich ihr anzuvertrauen – andererseits war es so verlockend ... Unter der Hand erzählte ich ihr also von unserer Beziehung, weil ich sicher war, sie würde mich verstehen. Doch sie strafte mich mit Verachtung. »Du bringst jedes Opfer, er keines!« Sie war entrüstet, aber angeblich wollte sie nur mein Bestes. »Sei vorsichtig«, sagte sie eindringlich, »die Afghanen werden dich für eine Hure halten.«

Ich war zutiefst getroffen. Meine wunderbare Liebe, meine Leidenschaft wurde auf ein Doppelleben und eine banale Bettgeschichte reduziert! Diesen Punkt hatte ich nicht bedacht, nachdem wir so viele Hürden nehmen mussten und es mir immer selbstverständlich erschienen war, dass Schahzada mich als seine Frau betrachtete. Kouti hatte recht: Er würde mich heiraten müssen. Das hatte er mir ja auch versprochen.

Fast zur gleichen Zeit führte mir das Leben zum Trost eine Freundin zu: Noor, die seit dreißig Jahren mit einem Paschtunen verheiratet ist. Ihre Ansichten waren von Weisheit und Humor geprägt, und ihre Kenntnis der afghanischen Gesellschaft war mir unersetzlich. Sie half mir, die Dinge klarer zu sehen, ohne mich jemals in meinen Entscheidungen zu beeinflussen. Und den Hauptstadttratsch nahm sie sowieso nicht so ernst. »Ach, du kennst doch Kabul. Wenn dir jemand Böses will, ist ihm jedes Mittel recht. Und deine Liebesgeschichte ist nun mal ein probates Mittel.« Außer ihr hatte ich niemanden, mit dem ich über meine Zweifel und über mögliche Vorgehensweisen reden konnte. Ich hatte mich zur Geheimhaltung entschieden, und das machte mich einsam.

Das Thema Heirat hatte mich schon immer beschäftigt, nun aber ließ es mich nicht mehr los. Tagelang grübelte ich, und immer wenn ich bei Schahzada war, stand es unweigerlich zwischen uns. Manchmal wurde ich laut und machte ihm heftige Vorwürfe. »Du hältst dein Wort nicht.« Dann wurde er aschfahl. Sein ganzes Leben war auf dem Respekt vor einem Versprechen aufgebaut, sein Reichtum ließ sich mit einem Wort zusammenfassen: Ehre. Doch in diesen Momenten war mir das egal. Ich nahm darauf keine Rücksicht mehr, ich forderte mein Recht und behauptete: »Ich bin so oder so deine Frau!« Er stand ratlos vor diesem unlösbaren Problem und sank immer tiefer ins Sofa, eine steile Falte auf der Stirn.

»Sag das nicht, Brigitte, denn dann ist es für mich zehnmal schwerer, wenn du wieder gehst und wie eine Europäerin lebst.«

»Es wäre so ein schönes Geschenk, wenn du zu mir sagen würdest: ›Du bist meine Frau.‹«

Ich flehte ihn an und war kurz vor einem neuen Wutausbruch, doch dann sagte er knapp: »Ich kann nicht.«

Das sei einfach gesagt, aber ich müsse das verstehen, sagte er dann. Wenn wir heirateten, könnten wir nicht mehr zusammen reisen. Dann müssten wir unsere schöne Zweisamkeit aufgeben. Die paschtunische Tradition würde uns auf ewig vorschreiben, wie wir zu leben hätten. Und das wolle er nicht. Er habe mich ins Zentrum seines geheimen Gartens gestellt, zu dem außer mir niemand Zutritt hätte. Ich sei nicht in sein Leben getreten, um mich um die Familie und die Kinder zu kümmern, wie das eine normale Ehefrau tut – ich sei nur für ihn da, und dies wäre nur so lange möglich, wie wir nicht verheiratet waren.

Und sei das alles denn nicht mehr wert als ein Hochzeitsfest, auch wenn wir auf die Lieder und die Maschinengewehrsalven zu unseren Ehren verzichten müssten?

Ich war am Boden zerstört, als ich das hörte. Ich hatte gehofft, eines Tages neben ihm auf einem Sofa zu sitzen, ich in einem prachtvollen Gewand und er mit neuen Kleidern und einem umwerfenden Turban, und er würde meine Hand halten vor Hunderten Gästen, die uns beglückwünschten. Mit klopfendem Herzen hätte ich auf das *ayena masschaf* gewartet, die Schleierzeremonie, bei der uns eine Frau einen Spiegel hinhält und eine andere uns einen Schleier über den Kopf legt, damit wir kurz allein sind und uns gegenseitig im Spiegel ansehen, uns anlächeln und uns sagen können, dass wir uns lieben.

Mein Traum von der Mohmand-Hochzeit war geplatzt, nun brach meine Wut rückhaltlos aus mir heraus. »Wenn das so ist, lebe ich, wie ich will, und du machst mir keine Vorhaltungen mehr, wenn ich essen gehe.« Zerknirscht versprach er es mir. Er liebte eine Ausländerin und litt unter deren Freiheit; das verursachte ihm solche Schmerzen, wie es wiederum mich schmerzte, dass ich einen Mann liebte, der sich in einer bigamen Situation wohlfühlte. Das Wort *muschkil*, das auf Paschtu »schwierig« oder »Problem« bedeutet, kam bei unseren Gesprächen häufig vor.

Dann hellte sich der Himmel wieder auf, und wir träumten zusammen: Vom Weggehen und einem freieren Leben, vielleicht sogar in Kabul. In solchen Momenten überlegte Schahzada, ob er einen seiner Brüder ausbilden sollte, damit dieser ihn an der Spitze der Familie und des Stammes ersetzte. Und er sagte: »Es wäre gut, wenn du eine Arbeit für mich finden könntest, dann könnten wir zusammenleben und alles teilen.« Ich sah ihn aufmerksam an. Würde er denn sein Volk verlassen? »Natürlich nicht«, sagte er dann betrübt. Er konnte sich nicht von seiner Kultur befreien.

In Momenten der Hoffnungslosigkeit, wenn ich nicht mehr weiterwusste, war Noors scharfer Verstand wie Balsam für mich. Sie wusste eingehend über die afghanischen Sitten Bescheid. Wie gern sah ich ihr in die grauen, funkelnden Augen und hörte sie mit ihrer melodischen Stimme sagen: »Du willst deinen Mann für dich allein haben, aber hier geht das nicht. Im Westen zählt die Paarbeziehung, hier die Familie. Und deshalb ist es kein Unterschied, ob ein Mann eine, zwei oder drei Frauen hat. Du merkst doch, dass Schahzada dich respektvoll und fair behandelt. Das würde er nicht tun, wenn er dich nicht als seine Frau betrachten würde. Du allein machst ein Problem daraus, Brigitte.«

Ich fand, das ging nun ein bisschen zu weit. Doch sie lachte und fügte dann ernst hinzu: »Du musst die Kraft haben, dich über diese Kultur hinwegzusetzen, die manchmal wirklich lästig sein kann. Selbstverständlich ist es ein Risiko, wenn man sich an jemanden bindet, der nicht aus unserem Kulturkreis kommt, aber, weißt du, für mich war es das Beste, was mir je passieren konnte.«

Ich schöpfte neues Vertrauen.

Seit zwei Jahren kannten wir uns nun. Ob übers Wochenende, für eine Woche oder einfach für ein paar Stunden – ich fuhr so oft zu Schahzada, wie ich nur konnte. Die Fahrt war nach wie vor schrecklich. Die Regierung hatte angekündigt, dass die Straße dank der internationalen Hilfe bald vollständig ausgebaut und asphaltiert werden würde und man die Strecke Kabul–Dschalalabad in nur drei Stunden bewältigen könnte. War das wirklich ein Grund zur Freude? So wie die Dinge momentan standen, war es schon einer ganzen Reihe kleiner Wunder zu verdanken, wenn man unversehrt und zudem unfallfrei ans Ziel kam. Der afghanische Mann wird am Steuer zum Tier, er fährt mit Bleifuß und mit der Hand an der Hupe, er will um jeden Preis überholen, und dass er einem entgegenkommenden

Fahrzeug nicht ausweicht, ist natürlich Ehrensache ... Wie würde sich diese Eigenart auf einer ebenen, geteerten Straße auswirken, wo man rasen kann wie der Blitz? Doch bis es so weit wäre, müsste ich weiterhin mit Schlaglöchern und Sandstürmen kämpfen. Kouti hatte diese Leistung gewürdigt und zu ihrem Mann gesagt: »Brigitte muss dich sehr lieben, wenn sie diese beschwerliche und gefährliche Fahrt so oft auf sich nimmt. Sei also bitte nett zu ihr, und liebe sie, wie sie dich liebt.« Schahzada hatte es mir amüsiert erzählt und vor Glück gestrahlt. Koutis Großzügigkeit gab mir wirklich zu denken.

Wenn mich die Mischung aus Hitze und Staub zu sehr im Hals kratzte, gönnte ich mir auf halbem Weg eine Pause. Die Taxis waren alte Klapperkisten ohne Klimaanlage, und so drehten die Fahrer die Lüftung voll auf; sie verwirbelte die heiße Luft und blies sie uns mit Straßenstaub vermischt wieder ins Gesicht. Ich bat den Fahrer dann, in Sarobi an immer derselben *tschaichana* zu halten, es war zwar schmutzig dort, aber es gab hervorragende Spiegeleier. Wenn ich eintrat, richtete sich alle Aufmerksamkeit auf mich, und der Wirt führte mich schnell in ein Nebenzimmer. Eine Matte auf dem gestampften Erdboden diente als Tischtuch, überall lagen unidentifizierbare Krümel herum, doch ich setzte mich im Schneidersitz hin und stärkte mich, ohne mir große Gedanken über die Sauberkeit des Kochs und den Zustand seiner Pfannen zu machen. Vor der Tür wachten meine Schuhe.

Schahzada riet mir von dieser erfrischenden Pause ab. Sarobi hatte einen schrecklichen Ruf. Die Region war lange von Faryadi Sarwar Zardad beherrscht gewesen, einem der schlimmsten Warlords, der gemeinsame Sache mit der Hezb-e-Islami gemacht hatte, der fanatischsten afghanischen Islam-Partei. Zardad hatte eine Terrorherrschaft ausgeübt; im ganzen Land war bekannt, dass er seine Gefangenen bei lebendigem Leib an seine Hunde verfüttert hatte. Als die Taliban kamen, floh er nach England, aber seine Anhänger waren nach wie vor in der Gegend. Sarobi war also kein Ort, an dem man sich lange aufhalten sollte.

Wozu nahm ich die lange Fahrt auf mich? Um wieder in unser abgeschiedenes Zimmer zu kommen. Doch die Stimmen der Welt drangen zu uns herein, nachdem Schahzada einen Fernseher und eine Parabolantenne gekauft hatte und wir Satellitenprogramme empfangen konnten. Von den afghanischen Kanälen war *Tolo TV* der erste Privatsender, er ist der kühnste und auch der umstrittenste. Seine Varieté-Sendungen nach angelsächsischem Vorbild, wo kein Blatt vor den Mund genommen wird, begeistern die Jugend, seine Recherchen und Kommentare über das Leben im Land machen dem Journalismus alle Ehre. Auch auf Sender mit traditioneller Musik sind die Afghanen wie versessen, denn Musik war ihnen unter den Taliban verboten. Wir empfingen auch BBC, CNN sowie unzählige indische Programme, wo hübsche Bollywood-Mädchen mit den Augen rollten und sich in den Hüften wiegten.

Wenn ich genug hatte von diesen Sendungen und auch meine Akten geordnet hatte, wurde mir langweilig. Unter mir, im großen Saal des Erdgeschosses, empfing Schahzada pausenlos Mohmand, Stammeschefs und Regierungsvertreter. Es gab immer mehr Besprechungen. Die politische Situation entwickelte sich. Im Oktober 2004 sollten Präsidentschaftswahlen stattfinden, die den Weg des Landes in die Eigenständigkeit symbolisierten. Schahzadas Verpflichtungen wurden immer umfangreicher, und manchmal sah ich ihn nur kurz oder gar nicht. An bestimmten Tagen hatte ich Verständnis dafür, doch meistens regte ich mich darüber auf. Und wie immer arteten die Vorwürfe in Gewitterstürme aus.

So auch eines schönen Abends im Mai. Wir hätten uns wie so oft in den Garten setzen, endlos plaudern und zusammen die Meisen oder die Rosen betrachten können, die an den Sträuchern blühten ... Doch ich hatte ihn seit dem Abend zuvor nicht gesehen. Und als er dann erschöpft zu mir kam, empfing ich ihn kühl. »Brigitte, es geht nicht, dass ich deinetwegen meine Besucher vernachlässige«, sagte er mit seiner gewohnten Geduld und wiederholte, was ich ohnehin schon wusste – dass er keine Minute Ruhe und keinerlei Privatsphäre hätte außer mit mir und dass er nicht einfach Müdigkeit vorschützen könnte, um sich kurz zurückzuziehen, denn dann würde die Familie im Dorf sagen: »Schahzada wollte uns nicht empfangen.« Ob ich das verstehen könne? Ob er auf meine Nachsicht zählen dürfe? Ich beruhigte mich. Ich gab mich geschlagen und schämte mich auch ein bisschen, weil ich eine zusätzliche Belastung für ihn war.

Dann wartete ich wieder stundenlang, ohne dass er sich blicken ließ. Unerträglich. Eines Tages sprang ich jäh vom Sofa auf und warf mir ein Kopftuch über. Die Treppe ins Erdgeschoss endete vor Schahzadas ehemaligem kleinen Zimmer. Er hielt dort eine Besprechung mit turbantragenden Männern ab, die im Schneidersitz auf Matten saßen. Die Tür stand weit offen. Unter den neugierigen Blicken der Besucher ging ich über den Flur, dann stieg ich wieder in mein Verlies hinauf. Zumindest zog ich Genugtuung daraus, dass ich mich bemerkbar gemacht hatte.

Ich arbeitete gerade in meinen Unterlagen, als Schahzada eine Stunde später kam, er war fuchsteufelswild. Er verlor nur selten die Ruhe, nun aber schimpfte er. Ich hätte schwierige Verhandlungen zwischen zwei Bauern unterbrochen, die sich seit Jahren um ein Stück Land stritten. Und wenn die Sache außer Kontrolle geriet, hätte man im Handumdrehen eine Fehde zwischen zwei Sippen am Hals! Er gestikulierte nicht, er schrie nicht, er ging nur nervös im Zimmer auf und ab. Dann setzte er sich und schwieg.

Plötzlich senkten sich die andauernde Müdigkeit und die Zweifel wie ein Stein auf ihn. Er ließ die Schultern hängen, sein sonst so strahlendes Gesicht fiel ein. Er nahm eine kleine Glaskugel vom Couchtisch, die wir zusammen in einem Souvenirladen am Champ-de-Mars gekauft hatten. Er drehte sie zwischen den Fingern und starrte, ohne ihn zu sehen, auf den Schnee, der sanft auf den Eiffelturm fiel. Dann sagte er mit tonloser Stimme: »Würde ich leben wie jeder andere Afghane, wäre alles gar kein Problem, vor allem nicht in Kabul. Aber ich bin nicht wie alle anderen. Mit mir wirst du nie ein normales Leben haben.« Seufzend schloss er die Augen. Schweigen trat zwischen uns. Es war kein verständnisvolles Schweigen, nein, das hier war eher wie ein großes, schwarzes Loch. Ich wusste nicht, was sagen. Am liebsten hätte ich die Zeit wieder zurückgedreht und wäre nicht auf so einen teuflischen Impuls hin die Treppe hinuntergestiegen. Ich war sicher, dass er eine Entscheidung getroffen hatte. »Wenn du Ruhe suchst, dann müssen wir uns trennen, Brigitte, denn das kann ich dir nicht bieten.« Noch nie hatte er so verletzlich ausgesehen.

Ich kapitulierte. Aber für wie lange?

Wir verstanden uns schnell wieder. Unsere größten Freuden teilten wir, wenn wir das Mohmand-Land durchkämmten und Schahzada Konflikte zwischen den Dorfbewohnern schlichtete. An seiner Seite entdeckte ich herrliche Landschaften. In diesem Land, wo es nur sehr wenige Straßen und nur kaum sichtbare Trassen gibt, war sein Jeep unverzichtbar. Wir fuhren endlos dahin – am Steuer der bewaffnete Fahrer, Schahzada auf dem Beifahrersitz und ich direkt hinter ihm, wie ich es mochte, denn dann konnte ich ihm etwas ins Ohr flüstern und ihn im Seitenspiegel betrachten. Hinter uns fuhr der Wagen mit den Leibwächtern. Meine einzige Orientierung waren die Bergketten: die mit Schnee überzuckerten Gipfel des Spinghar-Gebirges im Südwesten und im Nordosten die Berge, in denen irgendwo sein Dorf lag. Je nach Laune des Himmels nahmen die Flanken die tollsten Färbungen an. Kaum zogen ein paar schiefergraue Wolken vorüber, waren die Berghänge mit Blautönen, mit Lila und Violett überzogen, dass es einem den Atem verschlug. Und wenn ein Sonnenstrahl darüberstrich, verwandelte sich ihr blasses Grau in fahles Gelb.

Schahzada hatte Erinnerungen an alle möglichen Orte und ließ sie mit seinen Geschichten aufleben. Jedes

Mal wenn wir den Fluss Kunar überquerten, erzählte er mir von seinem alten Panzer, dessen Wrack noch immer am anderen Ende der Brücke stand, an genau der Stelle, wo er ihn vor Jahren stehen gelassen hatte, bevor er sich den Partisanen anschloss. Weiter hinten, in einem glühend heißen, steinigen Tal, erinnerte er sich an die Zeit, als sowjetische Flieger Armbanduhren mit Sprengsätzen abgeworfen hatten wie Lebensmittel. Sie funkelten zwischen den Kieselsteinen, und die Kinder rannten kreischend hin, um sich die Schätze zu holen, die vom Himmel gefallen waren. Die Uhren explodierten in ihren Händen. Schahzada ließ seinen Blick über das felsige Gelände wandern und sagte stolz: »Weißt du, hier zählt nur das Gesetz der Paschtunen. Die Dorfvorsteher garantieren hier absolute Sicherheit. Wer hier ein Verbrechen begeht, wird geschnappt.«

In der Tat. Wenn die Jagd auf den Missetäter angeblasen ist, hat er kaum noch eine Chance, seinen Häschern zu entkommen. Ich fand diese Schilderungen immer faszinierend. Ein Einbruch oder sonst ein Vergehen findet meistens nachts statt, die Treibjagd also auch. Das Opfer ruft um Hilfe, indem es einen Schuss aus dem Fenster abgibt. Dann überstürzen sich die Ereignisse, und ein jeder hat dabei eine bestimmte Rolle. In jedem Dorf gibt es einen Mann, der die Trommel schlagen muss, sobald es Ärger gibt. Die erste Welle bilden die fünfzehn- bis fünfundzwanzigjährigen jungen Männer, die mit geladener Waffe aus den Häusern strömen. Normalerweise gibt es ein furchtbares Gedränge, denn der Erste, der aus der Tür kommt, genießt schon am nächsten Tag hohes Ansehen im Dorf und in der Umgebung.

Ich wagte mir kaum vorzustellen, welches Schicksal einen Dieb ereilt. Wird er erschlagen? Erhängt? Wird ihm die Kehle durchgeschnitten? »Er wird auf Lebzeiten aus seinem Dorf verbannt«, sagte Schahzada. Das ist wahrlich eine schreckliche Strafe für einen Afghanen, der innerlich immer untrennbar mit seiner Familie verbunden bleibt. »Und er muss zurückgeben, was er gestohlen hat«, fügte Schahzada hinzu. »Doch bei einigen Paschtunen-Stämmen bleibt es nicht dabei. Wenn der Dieb alles zurückgegeben hat, muss er zehn Weißbärte aus seinem Dorf finden, die bereit sind, ihn zu seinem Opfer zu begleiten. Dort muss er je nach Höhe des Schadens ein oder zwei geschächtete Schafe vor die Tür legen, die der Geschädigte dann nicht nur für die Weißbärte zubereiten muss, sondern zum Zeichen der Vergebung auch für den Dieb.« Bei Vergehen an Leib und Leben läuft es anders – das Recht auf Blutrache bleibt bis zu zweihundert Jahre bestehen.

Die Paschtunen kennen nur ein Mittel, um Gerechtigkeit walten zu lassen und das brüchige Gleichgewicht zwischen den Empfindlichkeiten des Individuums einerseits und der Sippe andererseits aufrechtzuerhalten: das Paschtunwali, der traditionelle Rechts- und Ehrenkodex der Paschtunen; er besteht seit Menschengedenken, eben seit der Mensch einen Mund hat, um zu sprechen, und Ohren, um zu hören. Im Lauf der Jahrhunderte hat das Paschtunwali sich gewandelt und wurde immer umfassender.

Wenn zum Beispiel dem Gericht, der *dschirga*, ein Fall vorgetragen wird, muss jede Partei gleich viele Zeugen aufbieten, und die *dschirga* muss genau auf halbem

Weg zwischen den Häusern der beiden Parteien tagen. Bis zum Prozessende müssen Richter und Zeugen täglich abwechselnd von beiden Familien versorgt werden. In Afghanistan werden alle Probleme öffentlich verhandelt, die Versammlungen der *dschirga* finden also am helllichten Tag vor dem ganzen Dorf statt.

Dass so peinlich genau auf Gleichbehandlung und Transparenz geachtet wird, faszinierte mich, auch interessierte mich die Art und Weise, wie Richter gefunden und ausgebildet werden. Wenn ein Kind sich als besonders scharfsinnig erweist, gut zuhören kann und ein gutes Gedächtnis hat, warten seine Eltern, bis der Junge sieben Jahre alt ist, dann darf er an den Verhandlungen der *dschirga* in der Umgegend teilnehmen. Nach und nach merkt er sich die Vorgehensweise und auch die Urteile, die Grundlage der Rechtsprechung sind. In dieser langen Lehrzeit wird aus dem Jungen dann ein Richter.

Ich beugte mich zu Schahzada vor und flüsterte: »Wie kommt es, dass du kein Richter bist?« Ohne den Kopf zu drehen, sagte er: »Aber ich bin doch der oberste Richter. Mich ruft man an, wenn das Urteil von einer der beiden Parteien nicht angenommen wird.«

Schahzadas Macht wurde mir vor Augen geführt, als wir zwei Mitarbeiter einer französischen Hilfsorganisation aus Kabul zu einem Stamm begleiteten. Durch die Anwesenheit der beiden Franzosen konnte auch ich aus dem Wagen steigen und mich unter die Männer mischen. Ich war wieder die ausländische Journalistin, der das Gerede nichts anhaben kann. Am Anfang unserer Beziehung habe ich diesen Trick oft angewandt, weil ich auf diese Weise mit Schahzada und den Männern draußen unter einem Vordach essen konnte und nicht ins Reich der Frauen in ein winziges Zimmer verbannt wurde. Und ich bekam Zutritt zu den Häusern. An manch einer Wand entdeckte ich ein großes Poster des Eiffelturms oder des Triumphbogens, nachdem offenbar irgendwann einmal ein verblasster Restposten dieser Plakate in Kabul angekommen war. Eines Tages fiel mir vor einem großen Hitler-Bild die Kinnlade herunter. »Warum der Führer?«, fragte ich. Unser Gastgeber wiegte den Kopf hin und her und sagte mit großer Wertschätzung: »Er war ein großer Krieger.« Und als solcher war er offenbar ein Seelenverwandter. »Reinrassigkeit« ist den Paschtunen besonders wichtig, sie nehmen für sich in Anspruch »reinrassige« Afghanen zu sein, im Gegensatz zu den Tadschiken, den Hazara oder den Usbeken … Doch ich habe nie gehört, dass Schahzada sich in dieser Weise geäußert hätte.

Zusammen mit den beiden Franzosen kletterten wir unter Mühen zu einem Dorf an der pakistanischen Grenze hinauf, das wie ein Adlerhorst am Berg klebte. Dort wollten wir bedeutende Vertreter der paschtunischen Kriegerdynastie treffen, der Khogakhel. Die Wagen hatten wir unten am Weg stehen lassen, nun stiegen wir zu Fuß einen steilen Pfad hinauf, die Steine rutschten immer wieder unter unseren Sohlen weg. Es war Mittag, die Sonne brannte auf uns nieder, und wenn wir den Kopf hoben, konnten wir oben die Männer der Khogakhel sehen, die sich vollzählig versammelt hatten. Schweigend verfolgten sie unseren Aufstieg. Wie Statuen standen sie da. Fast furchterregend: die vollkommene Verkörperung der Krieger, die den Ruf der Paschtunen, bis zum letzten Blutstropfen zu kämpfen, begründet hatten. Schahzada ging voraus, er blieb stehen und wartete, bis wir alle aufgeschlossen hatten. Als er unsere Gesichter sah, fing er an zu lachen. »Normalerweise laufen die Mohmand ihrem Chef schießend entgegen, doch heute habe ich sie gebeten, darauf zu verzichten, damit ihr nicht glaubt, die al-Qaida sei hierher zurückgekommen.«

Als wir unser Golgatha schließlich bewältigt und die Khogakhel-Recken auf Augenhöhe wieder normale Proportionen angenommen hatten, erwiesen sie sich als äußerst liebenswürdig. Sie nahmen unsere Hände, blickten uns in die Augen und hießen uns willkommen. Zu Ehren dieses Anlasses hatte der Älteste seinen schönsten Turban aufgesetzt. Er führte uns in einen Innenhof, der von Strohdächern beschattet wurde und Gästen vorbehalten war. Angenehme Kühle empfing uns. Betten aus geflochtenem Stroh, die in Hufeisenform aufgestellt waren, und dicke Bettrollen aus Samt luden dazu ein, sich in dem leichten Wind auszuruhen, der vom angrenzenden Innenhof her blies. Die Fenster, die in die dicken Lehmmauern eingelassen waren, waren so schmal wie Schießscharten und gaben den Blick frei auf die umliegenden Berggrate. Ich beugte mich vor, um besser zu sehen, und meinte, einen Blick darauf zu erhaschen, wie die Welt ausgesehen haben musste, bevor es Menschen gab, die den Bergen und Tälern Namen geben konnten. Ich schaffte es kaum, mich wieder von diesem herrlichen Anblick loszureißen.

Wir saßen mit etwa zwei Dutzend Khogakhel zusammen, sicherlich den Honoratioren des Dorfes. Wieder einmal erstaunte es mich, wie auffallend jung Schahzada im Vergleich zu diesen Männern mit den zerfurchten Gesichtern wirkte. Er hätte ihr Enkel sein können, dennoch achteten sie ihn und beugten sich seinen Entscheidungen, wie sie es auch bei seinem Vater und seinem Großvater getan hatten. Ein Mann mit einer Feldmütze setzte sich neben mich, er war etwas jünger als die anderen und hatte sein Töchterchen auf dem Schoß. Er hatte in Kabul Medizin studiert und sprach daher ein wenig Englisch. Dieses Dorf, erklärte er mir, verdanke Schahzada Mohmand Khan sehr viel. Er habe sich bei der Regierung dafür eingesetzt, dass hier für die Kinder der Region vier Schulen gebaut wurden, zwei für Jungen, zwei für Mädchen.

Ihr Leben auf dieser Bergspitze war nicht immer friedlich. Im vergangenen Jahr musste der Stamm zu den Waffen greifen, weil Pakistan weiter oben in den Bergen unnachgiebig versuchte, Land zu gewinnen und die Grenzlinie zu Afghanistan auszuweiten. Die Pakistani waren über diesen unerwarteten Widerstand erzürnt und hatten falsche Informationen an die Amerikaner weitergegeben, nach denen sich in diesem Dorf angeblich Taliban und Mitglieder der al-Qaida aufhielten. Damit hofften die Pakistani natürlich, die amerikanischen Streitkräfte würden die Khogakhel bombardieren. Wie mir ein Weißbart versicherte, sei das Dorf nur dank Schahzadas Ruf verschont geblieben, der ganze sechs Jahre lang gegen die al-Qaida und die Fundamentalisten gekämpft hatte.

Auf dieser trockenen Erde wuchs nichts. Ich wusste, dass diese Menschen außer ein paar Ziegen nichts besaßen. Dennoch hatten sie uns zu Ehren ein Schaf geschlachtet. Und das ließen wir uns nun schmecken.

Als wir uns verabschieden wollten, reichte mir der Arzt, der sich mit mir unterhalten hatte, ein großes Paket. »Im Namen des Dorfes«, sagte er. Behutsam packte ich es aus: Samtimitat aus schwerem Reyon; daraus könnte man einen tollen Wandbehang gegen den kalten Luftzug nähen. Ganz sicher hatte sich jemand von diesem Stoff getrennt, um ihn mir zu schenken. Gerührt schloss ich die Augen. Ich wusste nicht, auf welche geheimnisvolle Art und Weise sich diese gastfreundlichen, großzügigen Männer in skrupellose Krieger verwandeln konnten, aber ich wusste, dass es möglich war.

Als wir wieder im Wagen saßen, kommentierte Schahzada unseren Besuch im Dorf auf seine übliche schwarzhumorige Weise: »Da seid ihr ja noch mal davongekommen! Die Ahnen dieser Männer, die alten Khogakhel, haben Ungläubigen nämlich noch die Kehle durchgeschnitten.«

Wir aber hatten eine wunderbare Erinnerung an sie.

Die Qala

Schahzada besaß ein Grundstück auf einem trockenen Hochplateau bei Guschta im Mohmand-Land. Eine niedrige Bergkette, die im Verlauf des Tages alle Farben annahm, schützte es vor harschen Winden. Im Osten sah man ein Dorf aus Lehmhäusern, das sich so perfekt in die Landschaft einfügte, dass man meinen konnte, es sei mit dem Hügel, auf dem es lag, verwachsen. Es war wie eine Oase in der Wüste. Zu Füßen des Dorfes standen hier und da Krüppelbäume. Ein Hirte trieb eine Herde aus Büffeln und Ziegen vor sich her, Frauen in bunten Kleidern trugen Reisigbündel auf dem Kopf. Es sah so aus, als würden sie auf einem zartgrünen See treiben – eine optische Täuschung, denn in Wirklichkeit waren es nur handtuchgroße, keimende Weizenfelder, durch die sie schritten wie Königinnen. In der hitzeflirrenden Luft spiegelte sich das Land, das wir von Schahzadas neu gekauftem Grundstück aus betrachteten.

Er wollte dort ein Haus für seine Familie bauen. Damit meinte er Kouti, seine Kinder, seine Cousins und mich. »Wenn mein Haus fertig ist, kommst du«, hatte er versprochen. Dann wäre es vorbei mit dem ständigen Hin und Her zwischen Dschalalabad, Kabul und dem Dorf, einer Zerrissenheit, unter der er genauso litt wie ich. Dann wären wir alle beisammen: »Du feierst alle Feste mit uns, und du begleitest mich überallhin.« Die Familie im Dorf fragte immer nach mir. »Warum kommt sie uns nicht mehr besuchen?«, wollte man wissen. Ich merkte, dass man mich langsam und vorsichtig aufnahm. Doch leider hatten die Pakistani vor ein paar Monaten diese Stammesgebiete annektiert und Ausländern verboten, dort über Nacht zu bleiben, und so konnte ich nicht mehr ins Dorf.

Schahzada hatte keine Zeit verloren. In wenigen Monaten hatte er eine Umfriedungsmauer von mehreren Hundert Metern ziehen lassen und damit das Fundament seiner Festung gelegt. Die paschtunische *qala* ist wie eine mittelalterliche Feste, in der bis zu hundert Menschen wohnen können, vom Familienoberhaupt bis zu den Landarbeitern. Schahzadas *qala* sollte doppelt so groß werden. Ungeachtet aller ökologischer Bedenken hatte er Felsen sprengen lassen; die behauenen und aufgemauerten Quader bildeten eine eindrucksvolle, gut drei Meter hohe Umfassungsmauer, die noch fehlenden weiteren drei Meter würde er aus Beton hochziehen lassen, verkündete er. Beton auf diesen grandiosen Felsblöcken! Ich protestierte heftig. Es tat mir leid um den Schutz des Ökosystems, um die Natur und deren Erhaltung, aber ich setzte durch, dass die Mauer ganz aus Naturstein gebaut wurde.

Das Gelände innerhalb der Mauern bestand nur aus Geröll, durchsetzt mit welkem Gras. Auf dem Boden hatte man ein Labyrinth aus ein paar Zentimeter hohen Linien gezogen, die die künftigen Mauern unserer kleinen Häuser andeuteten. Schahzada führte mich in die Mitte dieses riesigen Himmel-und-Hölle-Feldes. Er stellte sich vor, wo grüne Gärten sein würden – und hier, ein großes Zimmer, das größte von allen, »unser Schlafzimmer, für dich, Brigitte«, sagte er in unserem Kauderwelsch. Das passte mir gar nicht. Denn nach seinen Plänen lag unser Zimmer direkt neben dem seiner Frau. Ich sagte es ihm. Doch es war klar, dass es in diesem Zusammenleben keinerlei Zweisamkeit geben würde.

Die Hälfte des kleinen Reichs war für Gästehäuser vorgesehen, die etwa fünfzig Personen beherbergen könnten; der Chef der Mohmand führte ein offenes Haus, ein jeder war eingeladen. Über dieses Anwesen würde man sich ganz sicher das Maul zerreißen. So groß, so schön – woher nahm er das Geld?, würde man sich fragen. Denn entgegen allem Anschein war Schahzada kein reicher Mann, im Gegenteil, und die Bauarbeiten schritten nur abschnittweise voran, je nach seinen aktuellen Mitteln. Seine Cousins redeten ihm zwar immer zu, seine gesellschaftliche Position zu nutzen und sich zu bedienen, doch Schahzada schüttelte den Kopf. »Ich will nicht reich sein, ich habe, was ich brauche, damit bin ich zufrieden. Wenn man Geld hat, sieht man die Wirklichkeit nicht mehr, und ich möchte auch jene verstehen, die ärmer sind als ich.« Auch dafür liebte ich ihn. Ich bewunderte ihn tief für das, was er war.

Wir verließen das eingefriedete Grundstück wieder. Seine Leibwächter hatten sich vor der sengenden Sonne in den Schatten strohgedeckter Vordächer geflüchtet; als wir kamen, erhoben sie sich schnell und nahmen ihre Position neben den aufgeheizten Wagen wieder ein. Ich setzte mich auf ein *katt*. Ein warmer Wind war aufgekommen, er spielte mit meinem Kopftuch, blies und pfiff. Das war das einzige Geräusch neben dem leisen Klappern der Teegläser, die ein Diener in einer Schüssel spülte, und irgendwo ganz in der Ferne dem Klingeln eines Glöckleins am Hals einer Ziege.

Eine ewige, endlose Weite. So weit das Auge reichte. Nichts behinderte den Blick, außer ein paar Bäumen, die fast aussahen wie ein Hain. Schahzadas Eltern hatten dort in einem kleinen Haus gelebt. Später hatte sich sein Bruder dort vor den Russen versteckt, und das Haus war bombardiert worden. Und während eines anderen blutigen Kapitels der afghanischen Geschichte hatten die Partisanen des damaligen Feindes Hektmatyar niedergebrannt, was noch von dem Häuschen übrig gewesen war.

Ich wusste, warum Schahzada sein Haus auf diesem Plateau bauen wollte. »Im Sommer ist es kühl, im Winter mild«, hatte er gesagt. Nein, das war nicht der Grund. Entscheidend war, dass er niemals vergessen wollte: Er wollte den Toten damit sagen, dass es weder die Sowjets noch Gulbuddin Hektmatyar geschafft hatten, die Macht an sich zu reißen, und dass er, der Überlebende, zurückkam, um sich zu erinnern und zu gedenken und um das Geschlecht genau hier fortzuführen, von wo es nie hätte vertrieben werden dürfen. Denn er war nun das Familienoberhaupt. Sein Vater war vor ein paar Monaten so plötzlich verstorben, dass das Gerücht umging, er sei vergiftet worden. Somit bekam diese *qala*, die direkt gegenüber der Familienvergangenheit errichtet wurde, eine noch viel größere Dimension.

Trotz der räumlichen Entfernung entwickelte sich zwischen Kouti und mir nach und nach eine Freundschaft, die Schahzada vermittelte. Bei jeder Reise ins Dorf und zurück überbrachte er Nachrichten der jeweils anderen. Anfangs schien er erleichtert zu sein, dass seine beiden Frauen sich so gut verstanden, doch nun wirkte er besorgt. Ich konnte mir denken, warum, und lachte mir ins Fäustchen: Was wäre, wenn Kouti und ich eines schönen Tages auf die Idee kämen, uns zu verbünden und ihm das Leben schwer zu machen? Kouti und ich teilten nämlich dieselbe Sorge: Wir fanden ihn viel zu verführerisch und fürchteten die Blicke der anderen Frauen, vor allem wenn er seinen *lungei* trug, den bestickten, perfekt gebundenen Turban. »Trag ihn nicht zu oft«, bat ihn Kouti. Auch sie war schon sehr gespannt auf das neue Haus und bearbeitete Schahzada, es schön herzurichten, »damit Brigitte kommt und bei uns wohnt. Für mich gehört sie zur Familie.«

In Dschalalabad waren die Kinder im Haus zutraulicher geworden. Sie stoben nicht mehr auseinander wie ein Schwarm Spatzen, wenn ich mich näherte. Bei Schahzada wohnten vier seiner Söhne und drei Söhne seiner Cousins. Alle trugen das traditionelle afghanische Hemd. Aus Frankreich brachte ich ihnen immer Spielzeug, Buntstifte und Seifenblasenlösung mit. Leise zerplatzten die großen Blasen in ihrem Zimmer an der Wand. Ein herrlicher Anblick! Ein Kind blies in den Ring, und die anderen verfolgten mit großen Augen und angehaltenem Atem die Bahn der schillernden Gebilde. Und wenn sie mit einem »Plopp« in der Luft barsten, gluckten die Kleinen aufgeregt; sie konnten gar nicht genug davon bekommen.

Ich achtete sehr darauf, keinen zu bevorzugen. Ich fand, dass es im Leben der Buben zu wenig Zärtlichkeit gab – in einem Haus ohne Frauen wurden sie fern der liebenden Mutter von einem Vater großgezogen, der ihnen nichts durchgehen ließ. Ich sprach mit Schahzada darüber und riet ihm, mehr Zeit mit ihnen zu verbringen. Er hörte mir zu, ohne zu murren. Bei den Paschtunen sind die Frauen für die Probleme der Kinder zuständig, der Vater interessiert sich für seine Söhne erst, wenn sie alt genug sind, zu kämpfen und das Geschlecht weiterzuführen. Doch ich musste überrascht feststellen, dass Schahzada meinen Rat befolgte. Nun organisierte er »Meetings« mit den Kleinen – Meetings über Kleiderfragen, Meetings über den Beginn des neuen Schuljahrs ... Nun, auf ein liebevolleres Zusammensein mit ihren Vätern müssten paschtunische Kinder wohl noch ein paar Jahrhunderte warten.

Der Kleinste, den ich damals so herzzerreißend gefunden hatte in seiner Wiege aus Stoff, wuchs in den Bergen auf. Ich versorgte ihn mit bunten Bonbons. Seine Mutter zeigte sie ihm und sagte: »Brigitte«, und zwar so eindringlich, dass der Kleine steif und fest glaubte, Brigitte sei der Name dieser Köstlichkeiten. Kaum sah er ein Bonbon, riss er die Augen auf, streckte seine molligen Ärmchen aus und brabbelte: »Bigitt.« Die Mosaiksteinchen aus kleinen Liebesdiensten fügten sich schon langsam zu einem Bild zusammen, das nach Familienleben aussah.

Das Schicksal hatte Schahzada sechs Söhne, aber nur eine Tochter geschenkt. Ich hatte sie im Dorf gesehen, wo sie am Rockzipfel ihrer Mutter hing. Ein hübsches, aber schüchternes Mädchen von dreizehn Jahren. Im Gespräch mit Schahzada stellte sich heraus, dass sie nie in die Schule gegangen war. Schahzada hatte in Nangarhar Schulen bauen lassen, er hatte meine Arbeit mit den *camerawomen* unterstützt und war mit einer Frau verlobt, die studiert hatte, aber seine eigene Tochter konnte weder lesen noch schreiben.

»Das ist bei uns nicht üblich«, sagte er schlicht. Ende der Diskussion. Doch ich ließ nicht locker: »Ich hoffe zumindest, dass sie nicht so bald heiratet!« Und er erwiderte: »Sie ist seit Langem einem Jungen aus unserem Stamm versprochen. In drei Jahren werden wir sie verheiraten.« Drei Jahre sind nicht viel. Aber nachdem ich nun Paschtu lernte, könnte ich ihr in dem Haus in Guschta vielleicht lesen und schreiben beibringen. Ich nahm mir jedenfalls vor, mich um das Mädchen zu kümmern.

Schahzada war ein Befürworter des Fortschritts unter der Bedingung, dass er langsam und behutsam eingeführt wird, ohne das allgemeine Gleichgewicht zu gefährden. Weil uns der geeignete Wortschatz fehlte, hatten wir uns noch nie über die Rolle der Frau in der afghanischen Gesellschaft unterhalten. Ich nutzte eine kurze Anwesenheit Anisas in Dschalalabad, um das Thema anzusprechen. Im Büro für Stammesangelegenheiten wimmelte es von Bediensteten, darunter war aber keine einzige Frau. »Frauen sind genauso in der Lage, die Buchhaltung zu machen und Briefe zu schreiben«, ließ ich ihm sagen. Er runzelte die Stirn und suchte nach einer Antwort, die ich verstehen könnte.

»Der Provinzgouverneur hat uns darum gebeten, aber die Menschen hier sind noch nicht so weit. Es wäre nicht gut, wenn man uns die Gleichberechtigung von Mann und Frau einfach aufzwingt. Kannst du dir Frauen am Computer vorstellen und daneben die Männer, die sie anstarren wie exotische Tiere?« In Kabul ja, dort war ja sowieso alles anders. Aber hier? Er fürchtete die Triebhaftigkeit seiner Stammesgenossen. Vielleicht später, wenn die Schulbildung erst gefruchtet hätte, sagte er. Dann sprach er von einer sicherlich ganz realen Bedrohung: »Bist du dir darüber im Klaren, dass ein Krieg zwischen zwei Familien ausbrechen kann, wenn ein Mann einer Kollegin Avancen macht? Das kann nämlich durchaus passieren.«

Die afghanische und ganz besonders die paschtunische Frau ist ein so wertvolles Gut, dass der Mann sie vor allen Übergriffen schützen muss, denen sie ausgesetzt sein könnte. Doch ein Gut wird gekauft, verkauft, getauscht. Wenn es bei Konflikten zu Toten kommt, bietet man der feindlichen Familie eine Frau an, um weiteres Blutvergießen zu verhindern. Er selbst hatte schon ein paarmal solche Entscheidungen treffen müssen …

Nachdem ich ja nun ein für alle Mal beschlossen hatte, nicht über Schahzadas Kultur zu urteilen – das war nicht meine Aufgabe –, versuchte ich, sie besser zu verstehen. Doch dieses Mal hörte ich nicht auf die Stimme der Vernunft und schrie: »Das ist ja grauenvoll!« Er drehte seine Hand, eine anmutige, lebendige Geste, mit der in

Afghanistan ein Satz eröffnet wird: »So oder so, ein Mädchen muss irgendwann heiraten.«

Ich traute meinen Ohren nicht.

»Hast du dir schon einmal überlegt, was diese junge Frau dann empfindet?« Ich war schockiert. Wie konnte er ein junges Mädchen einem solchen Martyrium ausliefern? Um mich zu besänftigen, fügte er hinzu: »Natürlich, das Mädchen wird in einem solchen Haus nicht gerade gut aufgenommen. Wenn die Familie zwei, drei Mitglieder in einem Streit verloren hat, wird sie es zwei, drei Jahre lang schwer haben, aber dann gibt sich die Sache.«

Trotz ihrer bruchstückhaften Englischkenntnisse übersetzte Anisa unsere Worte so genau wie nur möglich, aber sie wirkte anders als sonst. Sie hatte Ringe unter den Augen, ihre Haut wirkte grau, und sie wurde nervös, wenn ihr Handy klingelte ... Ich nahm sie beiseite.

»Ist in Kabul irgendetwas passiert? Hast du Probleme bei der Arbeit?« Seit ich *Aina* verlassen hatte, hatte ich Anisa nicht oft gesehen. Sie musste offensichtlich mit jemandem sprechen und eröffnete sich mir.

Ein Junge wollte sie heiraten. Eine Woche zuvor hatten die Mutter und die Tanten des jungen Mannes eine Tante Anisas besucht, um die nötigen Schritte einzuleiten. Anisa hatte sie wissen lassen, dass sie nicht heiraten wolle, sie liebe ihren Beruf und wolle weiter als Journalistin arbeiten. Jeder wusste, was eine Heirat nach sich ziehen würde. Auch in Kabul. Der Mann würde sie zwingen, zu Hause zu bleiben, ausgerechnet Anisa, die so weit durchs Land gereist war und Männer interviewt hatte! Die Familie des Mannes hatte eingelenkt: Der Sohn würde seiner Frau erlauben, bis fünf Uhr am Nachmittag zu machen, was sie will, dann aber müsse sie nach Hause kommen und sich um den Haushalt kümmern. Auch Anisas energische Weigerung hatte die Familie ihrer künftigen Schwiegereltern nicht entmutigen können – gleich am nächsten Tag besuchten sie eine andere Tante Anisas, bei der sie ebenfalls abblitzten. Die Sache schien erst einmal beigelegt. Das war der Stand der Dinge, als Anisa nun nach Dschalalabad gefahren war.

Ich war beunruhigt. Wenn Anisa heiratete, würde sie ihren Beruf aufgeben müssen. Und wenn sie sich weigerte zu heiraten ... Immer wieder hörte man von empörten Familien, die widerspenstige Mädchen entführten oder ihnen Säure ins Gesicht schütteten. Ja, ich hatte wirklich Angst um Anisa. Sie habe die ganze Nacht nicht geschlafen, sagte sie mir. Um drei Uhr nachts hatte ihre Schwester angerufen und ihr gesagt, dass die Familie des Mannes schon wieder aufgetaucht sei, dieses Mal bei Anisas Eltern. Der Vater war nicht zu Hause gewesen, und so hatte seine neue Frau, Anisas Stiefmutter, die Frauendelegation empfangen. Und wie! »Wir sind mit dieser Heirat nicht einverstanden. Wie sollen wir ohne das Geld leben, das Anisa nach Hause bringt? Sie erhält die Familie am Leben.« Also ein klares Nein.

Doch das Mädchen war verstört. Zugeben zu müssen, dass der alte, kranke Vater und die Geschwister auf Anisas Kosten lebten, besudelte die Ehre der Familie. Und das würde sich sehr schnell herumsprechen – man konnte sich in Afghanistan immer darauf verlassen, dass die Telefone heißliefen. Und nun kam zu Anisas Angst noch die Scham hinzu. Man musste etwas unternehmen und ihr helfen. Und aus dieser Misere konnte ihr nur Schahzada heraushelfen. Er hatte zwar gerade eine Besprechung, doch ich ließ ihn aus dem Saal holen und flüsterte: »Anisa hat ein Problem. Kannst du mit ihr sprechen?«

Anisa wartete in ihrem kleinen Zimmer; ganz versunken in ihre düsteren Gedanken kauerte sie auf einem *toschak*.

»Sag mir, was dich bedrückt.« Schahzada setzte sich nicht, während ihm Anisa alles erzählte. Ich merkte, dass er sehr aufmerksam zuhörte. Anisa sprach mit niedergeschlagenen Augen, sie war erschöpft und mitgenommen von all diesen Emotionen. Dann wartete sie, welchen Rat ihr der Malik geben würde. Schahzada fällte ein Urteil, das ganz typisch für die Paschtunen ist. Er verglich ihre Weigerung zu heiraten mit einem Apfel. »Du wolltest einen Apfel, und es ist dir egal, von welchem Baum er gefallen ist, ob es ein guter Baum ist oder ein schlechter – du hast den Apfel in der Hand, das ist alles, was zählt.« Das runde Gesicht des Mädchens wurde gleich wieder fröhlich, und ich glaube, sie ist einigermaßen erleichtert nach Kabul zurückgefahren.

Ich fragte mich, was Schahzada wohl gesagt hätte, wenn seine eigene Tochter in solchen Schwierigkeiten gewesen wäre.

Schahzada fragte nie, ob Frankreich mir fehlte. Ich war ihm deswegen nicht böse, weil er so etwas wie Heimweh nicht kannte. Er war noch nie so lange von seiner Heimat fort gewesen, dass er sich schmerzlich nach ihr gesehnt hätte. Eine Sehnsucht, die melancholisch macht und die Schönheit eines anderen Landes in ein unerträgliches Joch verwandelt.

Dennoch hatte er eine gewisse Vorstellung von Heimweh, wenn er dieses Gefühl auf Afghanistan bezog. Und das bewies er mir. Bei einer unserer Fahrten kamen wir ins Land des Paschtunen-Stammes der Schinwar, eine trockene Region südöstlich von Dschalalabad. Die Landschaft war mit kleinen Kratern übersät, die mich an Bilder vom Mond erinnerten. Ich sagte: »Es muss hart sein, hier zu leben!« Im Wagen waren wir fürchterlich durchgerüttelt worden, die Sonne stand im Zenit und brannte erbarmungslos auf uns herab. Schahzada schob seinen *pakol* zurück und erzählte mir die Geschichte des Propheten und Königs Süleyman.

»Vor vielen, vielen Tausend Jahren durchquerte der mächtige Süleyman eine Wüste, dort lebten ein paar Familien in größter Armut. Die Ärmsten hatten nichts zu essen, denn auf dem Land, wo sie geboren waren, wollte nichts wachsen. Süleyman befahl seinen Soldaten, die Leute zu fruchtbarem Land zu führen, wo die Orangen blühten und der Regen wie ein Segen auf die Weizenfelder fiel. Dort ließ sich der kleine Stamm nieder. Nach einem Jahr zog der König mit seinen Truppen wieder durch dieses Gebiet. Die Männer liefen ihm entgegen und begrüßten ihn demütig. Sie sahen wohlgenährt aus und trugen saubere Kleider. Ein Mann sagte: ›O großer Süleyman, vor einem Jahr habt Ihr uns hierher verbannt. Haben wir unsere Strafe denn nun bald verbüßt? Sagt uns: Was haben wir getan, um dies zu verdienen?‹ – ›Aber ich habe euch gar nicht verbannt, im Gegenteil; ich habe euch Land geschenkt, damit ihr reich werdet, und Häuser, in denen ihr mit euren Familien leben könnt!‹ Doch der gute Mann blieb beharrlich. ›Dank sei Euch für Eure Güte, großer Süleyman. Aber hier, so weit entfernt von unserer Heimat, fühlen wir uns wie im Kerker. Lass uns zurückkehren. Wir leben lieber in unserem sandigen, steinigen Land, denn es ist unser Kaschmir.‹«

Der Kaschmir galt schon immer als das reichste Land in dieser Region Asiens. Wo aber war mein Kaschmir? Manchmal fragte ich mich: Wo war das wahre Leben? Hier oder in Europa? Der Komfort, die Selbstverständlichkeiten, die Filme fehlten mir, vor allem aber fehlte mir eins: Freundschaft. Zum Glück konnte ich per E-Mail Kontakt zu meinen Freundinnen in Frankreich halten. Mit Schahzada sprach ich kaum darüber, denn Freundschaft, wahre Freundschaft, und dann auch noch mit Frauen, war für ihn ein abstrakter Begriff. Im Gegensatz zur Familie. Er wunderte sich, dass ich ihm nie von meiner Familie erzählte. Wie konnte man ohne seine Familie denn überhaupt atmen? Ich wollte ihn nicht anlügen. »Über meine Eltern gibt es nichts zu sagen. Ich bin mit ihnen zerstritten, sie sind mir egal.«

Meine Eltern. Ich hatte keinen Kontakt mehr mit ihnen, seit ich mich vor zehn Jahren aus dem Staub gemacht hatte, als hinge mein Leben davon ab – ich wollte nicht so werden wie sie.

Als Kind habe ich nicht viel Liebe bekommen. Ich kann mich nicht erinnern, dass meine Mutter oder mein Vater sich je interessiert über mich gebeugt und gefragt hätten: »Wie geht es denn in der Schule?« oder: »Was hat denn mein kleiner Schatz? Komm zu mir, erzähl mir, was dich bedrückt.« Mein Bruder und ich wurden mit dem Allernötigsten versorgt: Essen, ordentliche Kleider und pünktlich in der Schule sein ... Vielleicht liebten sie uns ja und wussten nur nicht, wie sie es ausdrücken sollten. Es war wie eine Behinderung; die hätte ich ihnen verzeihen können, aber ich konnte nicht vergessen, dass mein Vater meine Mutter betrog und dass meine Mutter ihr Leben vergeudete und vor allem die Augen verschloss. Ich wusste Bescheid. Und eines Tages hatte weit weg von ihnen mein Leben begonnen. Ich war in mein Kaschmir gereist. Für mich existierten meine Eltern nicht mehr, ich dachte auch nie an sie.

Die Vergangenheit hatte ihre Spuren hinterlassen: Meine Angst, Liebe nicht zu verdienen, meine Angst, betrogen zu werden. Und der Stachel des »zu spät« in meinem Fleisch, diese Stimme, die mir zuflüsterte: »Wenn du hier und jetzt sterben müsstest, was würdest du bereuen, versäumt zu haben?« Ich hatte mich in Abgrenzung zu meinen Eltern entwickelt – und genau das verdanke ich ihnen im Grunde auch.

Schahzadas Vorstellung von Familie war der meinen diametral entgegengesetzt. Dass mir meine Eltern völlig egal waren, konnte er nicht verstehen. Er hörte mir schweigend zu, dann sagte er: »Das ist gar nicht gut. Man muss mit seinen Eltern sprechen. Ich möchte, dass du mit ihnen telefonierst, Brigitte.« Er hatte zwar recht, aber es war mir kein Herzensbedürfnis.

Eines Abends rief ich meine Eltern tatsächlich an. Meine Mutter nahm ab. Sie erkannte meine Stimme nicht, mein Name sagte ihr nichts. »Sie müssen sich verwählt haben.« Ich sagte noch einmal: »Ich bin's – Brigitte.« Erst ein langes Schweigen, dann ein Aufschrei. Sie war ganz ergriffen. Ich aber empfand nichts. Während eines einzigen Telefonats erfuhr ich alles Mögliche. All die Jahre lang hatten sie mich nicht aus den Augen verloren, sie wussten, dass ich in Afghanistan unter gefährlichen Bedingungen arbeitete. Woher wussten sie das? Ich fragte nicht nach. Sie lebten mittlerweile im Département Ariège und dämmerten vor sich hin. Allein. Wie zuvor ich hatte auch mein Bruder, ihr Lieblingskind, eines Tages alle Brücken hinter sich abgebrochen. Das muss schrecklich für sie gewesen sein. Meine Mutter war an Krebs erkrankt. Diese Aufmerksamkeit, mit der sie meinen Lebensweg verfolgt hatten, ohne dass ich es wusste, ihr heimliches Interesse, die Krankheit, die sie bekommen hatte, all das hätte mich anrühren müssen – aber da war nichts. Ich beendete das Gespräch mit der Ankündigung: »Ich komme euch bald mal besuchen.« Sie schien sich zu freuen. Ich konnte ihn fast vor mir sehen, meinen Vater, der neben ihr stand und die Ohren spitzte; wie er sagte, sie solle mich dies und das fragen … Ich legte auf. Immer noch kein Gefühl. Ich hatte mein Herz so abgeschottet, dass es nun hart war wie ein Stein.

In Dschalalabad herrschte eine brütende Hitze, als wir im Juli nach Frankreich flogen. Schahzada freute sich. Die Begegnung mit meinen Eltern war für ihn genauso wichtig wie mein Besuch im Dorf. Ein Schritt, der auf dem Weg zur Heirat noch fehlte; normalerweise fragt man nämlich beide Familien um Erlaubnis. Im Zug nach Toulouse bekam Schahzada einen Schluckauf, der gar nicht mehr aufhörte.

Im Gedränge am Bahnhof Toulouse-Matabiau sah ich sie schon von Weitem. Sie waren alt geworden. Mein Vater hatte weißes Haar. Er war immer noch eine stattliche Erscheinung, aber seine Arroganz war verschwunden, er wirkte zerbrechlich. Wie alt war er inzwischen? Fünfundsiebzig? Achtzig? Ich erinnerte mich nicht genau. Meine Mutter war immer noch zart, auch sie war grau geworden. Glücklich, überglücklich nahm sie mich in den Arm. Diese einfache Frau war vom Leben geschlagen. Vor meinem inneren Auge erschien das Bild von der jungen, noch unverbrauchten Frau, die ich damals hatte wachrütteln wollen, damit sie sich wehrt …

Ich stellte ihnen Schahzada vor, sie drückten ihm die Hand und strahlten ihn an. Ihr Lächeln kam von Herzen. Uff! Ich war erleichtert. Bei meinem Vater musste man nämlich auf alles gefasst sein. Wir verbrachten den Tag zusammen in Toulouse und übernachteten auch dort. Ich hatte zwei Zimmer in einem Hotel reserviert, weil ich den Gedanken nicht ertragen konnte, dass wir alle in ihrem Haus in Ariège zusammengepfercht wären. Das wäre mir unmöglich gewesen. Doch wie viele alte Menschen wollte auch mein Vater in seinem eigenen Bett schlafen und war davon nicht abzubringen. Ich ließ aber nicht zu, dass er sich ans Steuer seines uralten Mercedes setzte und mitten in der Nacht über diese gebirgige Strecke fuhr. Was wäre, wenn er, wie schon einmal, einen Herzanfall erlitt? Am nächsten Morgen sagte er ein wenig unwirsch zu mir: »Ich möchte, dass ihr trotzdem zu uns nach Hause kommt.« Ich war einverstanden. Warum auch nicht? Schließlich lief alles gut – wir hüteten uns, die Geister der Vergangenheit zu wecken und von früher zu sprechen.

Sie wohnten in einem kleinen Holzhaus in einem sehr schönen Bergdorf. Was keiner für möglich gehalten hätte – die Tochter war zurückgekommen.

Mein Mutter war schon lange krank, sie wollte sich nicht behandeln lassen, aber als sie hörte, dass ich käme, hatte sie in Toulouse einen Krebsspezialisten aufgesucht. Er war über ihren Zustand so entsetzt gewesen, dass sie eingewilligt hatte, sich operieren zu lassen. Ich begriff, dass mein Besuch ihr wieder Lebenskraft gab und sie gesund werden wollte. Meine arme Mutter.

Schahzada schien sich sehr wohl zu fühlen, er sprach wenig, beobachtete viel. Er erriet, dass meine Eltern gern aßen. Und so verzog er sich in die Küche und bereitete eine Art afghanische »Bunte Pfanne« zu – ein bisschen Fleisch, Tomaten, Gemüse. Er konnte also kochen! Er erstaunte mich wirklich immer wieder. Während er sich am Herd zu schaffen machte und für uns kochte, konnte ich mit meinen Eltern so etwas wie Frieden schließen. Mein Vater nahm mich beiseite und sagte: »Er ist nett.« Meine Mutter vergötterte Schahzada geradezu. Ich spürte, dass sie beruhigt war: Ihre Tochter, der unstete Wildfang, hatte endlich einen Mann gefunden, der sie liebte und Einfluss auf sie nahm, ohne ihr wehzutun. Hingerissen sagte sie: »Ich hoffe, du bleibst bei ihm!« Sieh da! Wieder so eine herabwürdigende Bemerkung, in denen meine Eltern Meister gewesen waren und bei denen sich mir die Nackenhaare stellten. Ich war eben für alle Zeiten das kleine, blonde Mädchen, das ihnen das Leben schwer gemacht hat.

Beim Abschied versprach ich, anzurufen und zu schreiben. Auf der Rückfahrt im Zug bestand Schahzada darauf: »Du musst sie von Zeit zu Zeit finanziell unterstützen und mit ihnen telefonieren. Deine Eltern sind jetzt alt, und das, was du bist, bist du nur dank ihnen geworden. Du musst sie ehren.« Ich sagte: »Ja«, hielt aber nur sporadisch Kontakt mit ihnen.

Auf halbem Weg zwischen Toulouse und Paris verschwand Schahzadas Schluckauf.

Eines Tages rief mich Tikke auf dem Handy an. Die Finnin war Ausbilderin bei *Aina* gewesen. Farida, meine begabteste und beste Schülerin, war in Not. Farida lebte bei ihrer Mutter, einer Witwe, die aufgeschlossen genug war und ihrer ältesten Tochter erlaubt hatte, *camerawoman* zu werden und durchs Land zu reisen. Der große Bruder und die beiden kleinen Schwestern lebten von dem mageren Honorar, das Farida bei *Aina* bekam. Doch nun gab es in der Familie und in der Nachbarschaft Gerede: Was tat Farida nach fünf Uhr nachmittags außer Haus? Und was machte sie da draußen im Hinterland? Während sie für ihre Reportagen schuftete oder im Schneideraum war, verdächtigte man sie, ein Lotterleben zu führen. Durch dieses Getratsche war der Druck auf die Familie so groß geworden, dass die Mutter sie schließlich mit einem Vetter verheiraten wollte. Der Junge lebte auf dem Land, fristete ein dumpfes Dasein. Farida hingegen war die Zartheit in Person, sie sah aus wie ein Reh, ein aufgescheuchtes Reh.

Ich lud sie zu mir nach Hause ein. Sie war nicht mehr das strahlende Mädchen, das in Badachschan laut lachend neben den *tschopendoz* hergeritten war. Zitternd erklärte sie mir, dass sie sich mit aller Macht gegen diese Heirat stellen würde. Schon früher hatte sie oft gesagt: »Ich mag die Männer nicht.« Diese Abneigung teilen im Übrigen viele Afghaninnen, die unter der Fuchtel der Männer leben; sie müssen sich willkürlichen Entscheidungen beugen und haben kein Wort zu sagen.

Farida erwartete ein düsteres Schicksal: Als Frau eines Bauern würde sie gebückt auf dem Feld arbeiten müssen, den Rest der Zeit wäre sie im Haus eingesperrt wie damals unter den Taliban, nun aber auch noch unter ungebildeten Leuten. Sie würde keinerlei Freiheiten haben und ihrer Arbeit nicht mehr nachgehen können, einem Beruf, den sie liebte und in dem sie es zu viel hätte bringen können, wäre sie nicht als Afghanin geboren worden.

Ich hatte Angst – dass Farida sich umbringen würde, wenn man ihr verbieten würde zu arbeiten. Einige Monate zuvor hatte sich ihre Freundin Homa das Leben genommen. Homa hatte bei *Nouvelles de Kaboul* gearbeitet, einer Monatszeitschrift, die 2002 von *Aina* und dem Philosophen Bernard-Henri Lévy gegründet worden war. Als das junge Mädchen erfuhr, dass sie verheiratet werden sollte, hatte sie mit keinem Menschen über ihre Verzweiflung gesprochen, sie hatte lediglich einen kleinen Vorschuss erbeten, war mit den Dollars in der Tasche in die Apotheke gegangen und hatte Rattengift gekauft. Sie starb eines qualvollen Todes. Farida hatte damals untröstlich geweint – und nun schien ihre Zeit gekommen.

Wie konnten wir, die ehemaligen Lehrerinnen, helfen? Wir taten uns zu viert zusammen und beratschlagten. Tikke hatte die Idee: Wir legen zusammen, kaufen ein Ticket und fliegen Farida nach Finnland aus. Tikke kannte Leute, die Farida ein Praktikum beim Fernsehen vermitteln konnten, und das Mädchen wäre in Sicherheit. Doch auf diese Praktikumstelle musste sie leider vier Monate warten, und die Hochzeit war schon für die nächsten Wochen angesetzt. Wir mussten also dafür sorgen, dass der Termin verschoben wurde. Auf unseren Rat hin sagte Farida dann zu ihrer Mutter: »Ich bin einverstanden mit der Heirat, aber ich habe Verpflichtungen gegenüber meinen Arbeitgebern, die ich noch einhalten muss. Danach bin ich frei.« Zu diesen Verpflichtungen gehörte auch eine letzte Reise nach Europa, um *Afghanistan entschleiert* zu promoten, dann wäre Farida die ideale Ehefrau.

Die folgenden Monate waren eine Qual. Sie weinte, verlor den Mut, litt unter Beklemmungen und hatte panische Angst, dass das Komplott aufgedeckt werden könnte. Und was noch schlimmer war: Sie hatte Gewissensbisse, ihr Land zu verlassen und die Mutter und die kleinen Schwestern ihrem Schicksal zu überlassen. Unter dem Vorwand, der Film würde auch in Finnland vorgestellt werden, kümmerte sich eine Ausbilderin um ein Visum. Alles war in Ordnung.

Und an einem Morgen im Oktober 2004 ging Farida wie nunmehr seit über zwei Jahren ganz normal aus dem Haus zur Arbeit. Doch zwei Straßen weiter wartete ein Wagen, der sie zum Flughafen brachte. Alles verlief wie geplant. Farida entkam der Heirat, aber sie musste dafür einen entsetzlich hohen Preis zahlen. Entgegen allen ihren Wünschen musste sie mit ihrer Familie, ihrem bisherigen Leben und mit ihrer Kultur brechen.

Höhenflug

Die Arbeit für die französische Botschaft war spannend. Dass ich einem Land helfen konnte, das fünfundzwanzig Jahre Krisen und Kriege hinter sich hatte, das sieben verschiedene Regimes erdulden und dessen Bevölkerung sich täglich abrackern musste, um zu überleben – dass ich dazu beitragen konnte, die Medienlandschaft Afghanistans wieder aufzubauen, passte hervorragend zu meiner persönlichen Sinnsuche, die mich noch immer beherrschte. Was wollten die Afghanen? Welche Art der Ausbildung brauchten sie? Was sollte man ihnen raten? Wie konnten wir uns gegenseitig besser verstehen?

Ich arbeitete mit der Journalismusfakultät der Universität Kabul und der staatlichen Rundfunkanstalt RTA, *Radio Television Afghanistan,* zusammen. Und natürlich mit den Behörden, denen man beharrlich Druck machen musste. Mein Budget war lächerlich niedrig – 500 000 Euro für ein Programm von zwei Jahren; doch ich machte es wett, indem ich sieben Tage die Woche bis zu zwölf Stunden am Tag arbeitete. Es gelang uns nach und nach, das digitale Aufzeichnungsstudio in Betrieb zu nehmen, das vor meinem Wechsel zur Botschaft bestellt worden war, und durch die Zusammenarbeit mit Ausbildern von *Radio France International* und der BBC wurde der afghanische Rundfunk moderner und leistungsstärker. Ein weiterer faszinierender Aspekt meiner neuen Arbeit war der Aufbau von Vertrauensbeziehungen mit den Afghanen.

Momentan blickten sie in die Zukunft, sie schöpften sogar wieder Hoffnung, nachdem die Präsidentschaftswahlen bevorstanden. Aus journalistischer Sicht würde für mich dann eine spannende Zeit folgen. Doch zuvor wollte ich noch an einem kulturellen Projekt mitwirken: Es gehörte zwar nicht zu meinen Aufgaben, doch ich wollte mir die Gelegenheit nicht entgehen lassen, an der Wiedereröffnung des Kinos *Ariana* mitzuwirken, das von den französischen Architekten Jean-Marc Lalo und Frédéric Namur restauriert worden war.

Die tolle Idee dazu hatte Hugues Dewavrin gehabt. Der Franzose war 1973 mit seinem 2CV auf dem Weg nach Indien durch Afghanistan gekommen, und er war fasziniert gewesen. Nach dem Sturz der Taliban hatte er eine Möglichkeit gesucht, dem zerstörten Land zu helfen. Durch seine Interessen und seine Beziehungen entschied er sich für den kulturellen Bereich. Das große, ehrwürdige *Ariana*-Kino in der Stadtmitte am Paschtunistan-Platz war das wichtigste Filmtheater der Stadt, im Krieg wurde es total zerstört. Hugues Dewavrin unternahm den Wideraufbau, damit es in Kabul ein Kino gäbe, in dem französische und andere europäische Filme gezeigt werden konnten und die Afghanen die Möglichkeit hätten, sich mit einer anderen Sicht der

Welt auseinanderzusetzen. Im Dezember 2002 gründeten dann so herausragende Filmschaffende wie Danièle Thompson, Jacques Perrin und Patrice Chéreau den Verein *Un cinéma pour Kaboul* (»Ein Kino für Kabul«), den Vorsitz übernahm Claude Lelouch. Die älteren Afghanen kannten Lelouch noch aus den Siebzigerjahren; damals wurden seine Filme in allen größeren Städten des Landes gezeigt. Er stand also für ein bestimmtes Bild von Frankreich, und er stand auch für eine glückliche Zeit.

Nachdem vom Kulturministerium, dem Auslandsamt und der Europäischen Kommission die Gelder zusammengekommen waren, brauchte es elf Monate, um aus diesem Haufen Schutt und Trümmer wieder den erhabenen Bau von einst zu machen. Das Kino hat 650 Plätze, und die Hausordnung sieht vor, dass auch Frauen Zutritt haben. Die Schlüssel sollten dem Bürgermeister von Kabul übergeben und das Kino von der Stadt betrieben werden.

Am Morgen der Einweihung nahm das französische Bataillon vor dem Kino Aufstellung. Ein Dutzend Maschinengewehre und fast ebenso viele Panzer mit Scharfschützen sollten uns vor einem mutmaßlichen Attentat schützen, denn das Aufgebot französischer Stars und afghanischer Würdenträger könnte natürlich Ziel eines terroristischen Anschlags werden. Schon über eine Stunde vor der Vorstellung strömten Frauen in der blauen Burka mit Kindern an der Hand zum Sicherheitskordon. Für die Eröffnung hatten wir *Asterix und Obelix* ausgesucht – offensichtlich eine gute Wahl. Auf dem Paschtunistan-Platz war die Hölle los. Über sechshundert Menschen warteten darauf, eingelassen zu werden. Als die Türen geöffnet wurden, hörten wir nur noch Freudengeschrei, und eine Flut Mädchen und Buben in traditioneller Kleidung ergoss sich auf den Vorplatz. Kreischend kletterten sie auf den Panzern herum und ertränkten die Symbole des Krieges, der Gewalt und der Besatzung in ihrer mitreißenden Fröhlichkeit. Die Mütter hoben die Burka, um ihre Sprösslinge zu suchen, und die rannten, was ihre Beine hergaben, um als Erste anzukommen. Und ich sah, wie Claude Lelouch oben auf der Treppe in Tränen ausbrach.

Im Herbst 2004 stand Afghanistan vor einem wichtigen Meilenstein in seiner Geschichte: den ersten Direktwahlen des Präsidenten. Männer und Frauen waren aufgerufen, ihre Stimme abzugeben, und die Medien aus der ganzen Welt verfolgten die Vorbereitungen, die sich in einer angespannten Atmosphäre vollzogen. Der künftige Präsident der Islamischen Republik würde den Warlords, den Drogenmogulen und anderen Kriminellen, die sich weigerten, ihre Herrschaft über das Land aufzugeben, entgegentreten müssen. Davor warnten diese bereits durch vermehrte Attentate. Auch einige mutige Frauen hatten ihre Kandidatur eingereicht – sie wurden bedroht. Mitarbeiterinnen in Behörden, Journalistinnen und militante Frauenrechtlerinnen, die sich in der Stadtteilarbeit engagierten und die Bevölkerung ermutigen wollten, die Einschüchterungen zu ignorieren, wurden ebenfalls angegangen und angegriffen. Doch am Ergebnis änderte das nichts.

Am 9. Oktober 2004 füllten sich die Straßen, in denen

sich normalerweise gelbe Taxis und Fahrräder drängen, schon in den ersten Morgenstunden mit Fußgängern. Männer im *salwar kamiz* und Frauen mit Kopftuch oder Burka gingen zu den Wahllokalen. Es war erhebend, die langen Schlangen der blauen Gestalten und direkt daneben die der Männer, Väter oder Söhne zu sehen, die mit großer Geduld warteten, bis sie an der Reihe waren. Manche kamen aus den Kabinen und hoben wie ein Siegeszeichen ihren tintenverschmierten Daumen, den sie als Unterschrift auf den Wahlzettel gedrückt hatten. Natürlich kursierten gleich Gerüchte über Wahlfälschung, und völlig unsinnige Zahlen wurden durchgegeben: 120 Prozent aller Wahlberechtigten hätten gewählt. Oder: 10,5 Millionen Menschen hätten ihre Stimme abgegeben, wahlberechtigt waren aber nur 9,9 Millionen ... Dennoch war Hamid Karsai gewählt, und für das Land war nun die Zeit gekommen, Demokratie und Unabhängigkeit zu verwirklichen.

Während des Wahlkampfs hatte ich mit *Radio France International* und *Canal France International* sowie der Journalismusfakultät und der RTA zusammengearbeitet. Die Leistung, die erbracht wurde, war beachtlich. Und es tat gut – es tat mir so gut, dass diese Gemeinschaftsarbeit erfolgreich gewesen war!

In Dschalalabad musste sich Schahzada einer heiklen und gefährlichen Aufgabe stellen: Er musste den Stammeschefs von Nangarhar beibringen, dass der Mohnanbau nun verboten war. Auf Druck der Amerikaner hatte Karsai nämlich gleich nach seiner Wahl der Droge den Kampf angesagt. Die Provinz Nangarhar ist eines der größten Mohnanbaugebiete des Landes, diese vermaledeite Pflanze wuchs dort überall, ob auf kleinen Feldern oder gar heimlich mitten in den Gärten von Dschalalabad. Der größte Opiummarkt war in Ghani Kheil im Bezirk Schinwar. Dort versorgten sich die Händler. Man musste nur in einen Laden gehen und konnte so viele Säcke Pulver kaufen, wie man nur wollte. Auch heute kommt noch drei Viertel des konsumierten Opiums aus Afghanistan.

Der Mohn wird im Winter gesät und im Mai geerntet. Es war also noch Zeit, die Aussaat zu verhindern. Schahzada, Führer der Stämme in der Provinz Nangarhar, begab sich auf den Kreuzzug gegen die Droge. Er war einer der wenigen Regierungsnahen und auch einer der wenigen Stammeschefs, die in dieser Angelegenheit eine weiße Weste hatten. Schahzada hatte nie selbst mit Opium gehandelt und sich auch nie mit Drogengeldern bereichert. Seine Vergangenheit prädestinierte ihn zum Botschafter in dieser Mission.

Er fuhr durch die Provinz, zog von Dorf zu Dorf und appellierte an die Vernunft der Bauern und der Ältesten: »Opium macht die Familien reich, aber es ist schädlich, es zerstört Leben. Denkt immer daran. Ein guter Moslem kann kein gutes Leben führen, wenn er andere zerstört.« Die Dorfbewohner nickten respektvoll, doch am Schluss fragte dann immer einer: »Und wovon sollen wir leben?« Schahzada schlug vor, stattdessen Weizen, Mais oder Wassermelonen anzubauen. Wenn sie den Mohn ausmerzten, würden sie die Subventionen bekommen, die die Vereinten Nationen versprochen hatten, dann würde man Bewässerungsgräben ziehen und

Krankenstationen bauen können ... Und weil ihr junger Führer von der Sache überzeugt war, stimmten sie zu.

Das war äußerst riskant. Denn die Drogenbarone organisierten sich gegen die Befürworter des Pflanzwechsels und drohten mit einem »Narkoterrorismus«, der dem Land bislang erspart geblieben war. Schahzada würde sich also noch besser in Acht nehmen müssen. Zusätzlich zu seinen vier Leibwächtern stellte er zwei weitere ein. In Dschalalabad schliefen wir mit einer Maschinenpistole und einem Dreißigschussmagazin am Kopfende des Betts. Im Auto hatte er unter seinem Sitz eine Pistole versteckt. Ich fürchtete immer, unter seinen Mitarbeitern könnte ein Verräter sein, der eines Tages die Wachsamkeit der Leibwächter hintergehen und die Patronen aus dem Magazin nehmen würde. Wie sollte sich Schahzada dann verteidigen, wenn er in einen Hinterhalt geriet? Die Gefahr lauerte überall und mehr denn je. Ich hatte Angst. Schahzada merkte es und behielt seine düsteren Gedanken für sich.

Als er eines Abends aus dem Dorf zurückkam, rief er mich auf dem Handy an. Für alles, was Schahzada betraf, hatte ich ein extrem feines Gespür bekommen. Aus seiner Stimme hörte ich heraus, dass er mir etwas verschwieg, aber wir sprachen nicht darüber. Er wahrte das Geheimnis noch weitere zwei Tage. Dann machte ich mich auf den Weg zu ihm. Und dort, am sichersten Ort der Welt, in unserem Zimmer, erzählte er es mir: Am frühen Morgen hatte er gerade mit seinem Fahrer und seinen Leibwächtern das Dorf verlassen wollen, da ließ eine Explosion die Erde und die Hausmauern erzittern. Am Ortsrand, an der Straße, die Schahzada zurück nach Dschalalabad nehmen musste, war ein Sprengsatz hochgegangen. Eine alte Frau auf dem Weg zum Feld war auf die Mine getreten, die zweifelsohne für Schahzada bestimmt war. Wer wollte ihm an den Kragen? Ein alter Mudschahed? Ein al-Qaida-Mitglied? Ein Erbfeind? An Verdächtigen fehlte es nicht – Schahzada würde den Täter suchen, und er würde ihn auch finden.

Er hatte gelernt, mit der Bedrohung zu leben. Am Telefon äußerte er sich immer nur vage in Bezug auf seine Ortswechsel. Selbst sein treuer Fahrer, der sein Leben für Schahzada gegeben hätte, erfuhr den Weg erst, wenn er den Zündschlüssel ins Schloss steckte. Nachdem mir Schahzada all das erzählt hatte, nahm er mich in den Arm und sagte mir ins Ohr: »Ich will nicht, dass du dir Sorgen machst. Aber siehst du, Brigitte, wir sollten nicht mehr streiten. Denn keiner weiß, was morgen ist.«

Ja. Was hatte es für einen Sinn, ihm eine Szene zu machen, wenn ich wusste, dass sein Leben nur an einem seidenen Faden hing? Warum sollte ich ihn auch noch mit meinen Ängsten belasten, nachdem seine eigenen Ängste, die er so gut vor mir verbarg, in ihm gärten und sich in Form von Migräneanfällen einen Weg bahnten und ihn völlig erschöpften? Ich versprach Frieden, hielt mein Wort aber nicht immer. Es fiel mir schwer, meine Eifersucht in Zaum zu halten oder ihm mein Unwohlsein zu verschweigen, wenn ich wusste, dass er bei seiner Frau war. Er war sich darüber im Klaren und versuchte, mich so oft wie möglich anzurufen, wenn er im Dorf war; wir hatten beide ein altes *Thuraya*-Satellitentelefon, das auch außerhalb der Städte funktionierte. Meist lachte Schahzada über meine Anfälle und entschärfte die Krise mit seinem gewohnten Talent. »Du hast recht damit, eifersüchtig zu ein. Der Prophet sagt, die Frau muss ihren Mann überwachen.« Damit setzte er mich schachmatt. Nun aber grauste es mir beim Gedanken an die Gefahr, an ein vorzeitiges Ende unserer Beziehung, und so bekamen Kleinigkeiten wieder ihre angemessene Bedeutung.

Eines Morgens im April kam ich staubüberzogen in Dschalalabad an; ich war völlig verärgert von dem, was man mir in Kabul mitgeteilt hatte: Mein Vertrag wurde möglicherweise nicht mehr verlängert, meine Stelle abgebaut. Was für eine Verschwendung! Wozu begann man überhaupt ein Programm, wenn man es zwei Jahre später bereits wieder einstellte, noch bevor es Früchte getragen hatte? Schahzada sagte gelassen: »Das ist doch nur ein Job. Warum regst du dich denn so auf? Das Wichtigste ist doch, dass wir uns lieben.«

Natürlich. Aber durch meinen Job konnte ich in Afghanistan, bei ihm, bleiben. Er lächelte und verkündete, dass er vielleicht bald Geschäfte machen und ein bisschen Geld verdienen würde. In jener Woche hatte ihn eine englische Geschäftsfrau aufgesucht. Ich spitzte die Ohren. Er hatte sie im Haus untergebracht und ihr im ersten Stockwerk das Zimmer seiner beiden ältesten Söhne zur Verfügung gestellt. Die Engländerin wollte einen Handel mit Olivenöl aufziehen. Sie hatte gehört, dass Schahzada den Ruf genoss, ehrlich und unbestechlich zu sein, und fand, dass er ein loyaler Sozius wäre. Ich sah rot. Eine Frau unter diesem Dach, auf seiner Etage – schon allein das gefiel mir nicht. Aber dazu auch noch eine Ausländerin, die ihm ein Wirtschaftsprojekt antrug, während unsere gemeinsamen Pläne, der sanfte Tourismus, in einer Ecke meiner Erinnerung schlummerten – das war mir unerträglich!

Zornig ging ich im Zimmer auf und ab. Die Angst einer jeder verliebten Frau, dass ihr Mann einer anderen den Vorzug geben könnte, die Zweifel und Frustrationen, die sich im Lauf der Monate aufgestaut hatten – alles stieg wieder in mir hoch. Ich brauchte einen Liebesbeweis. Ich sagte ihm, dass ich ein Kind von ihm wollte. Er wies dieses Ansinnen weit von sich: »Wenn wir ein Kind haben, musst du im Dorf leben, Brigitte.« Doch ich gab nicht nach, ich verteidigte meinen Kinderwunsch so hartnäckig, dass er irgendwann keine Argumente mehr hatte und lächelnd sagte: »Ich gebe dir zwei von meinen Kindern, die kannst du dann aufziehen.« Aber ich ließ nicht zu, dass er sich mit einem Scherz aus der Affäre zog, ich wollte wirklich ein Kind von dem Mann, den ich liebte. Er senkte den Kopf. »Vielleicht wäre es gut, wenn du ein Kind mit einem anderen Mann hättest.«

Schahzada war nie willentlich grausam. Doch dieser Schlag warf mich wieder auf meine Einsamkeit zurück, er verursachte mir entsetzliche Qualen, er löste eine solche Flut von Leid in mir aus, dass mein Herz und meine Gefühle darin versanken. Schmerz, Wut, Eifersucht schossen aus mir heraus wie aus einem Geysir. Ich hob die Glasplatte des Couchtisches an, unter der Fotos von uns beiden auf unseren Europareisen lagen, ich packte die Bilder und zerriss sie in tausend Stücke. Dann verschwand meine Wut so schnell, wie sie gekommen war. Als der Sturm sich gelegt hatte, setzte sich Schahzada wie betäubt hin. Im Zimmer war es totenstill. Ich erinnere mich nur noch an das Surren der Klimaanlage. Und an ein schreckliches Gefühl der Ausweglosigkeit.

Er sah mich an. Der Blick aus seinen Augen, die mich gar nicht zu sehen schienen, verunsicherte mich. Kraftlos flüsterte er: »Mein Herz ist verschlossen. Ich spüre dich nicht mehr in mir.« Dann bückte er sich und hob die Fetzen auf, die überall auf dem Teppich lagen, er nahm einen kleinen Beutel aus Samt und steckte die Schnipsel so behutsam hinein, als hätte er ein verletztes Vögelchen in der Hand. Er gab mir den Beutel wie einen machtvollen Talisman und sagte – dieses Mal mit fester Stimme: »Brigitte ist tot. Die Brigitte, die ich kenne und liebe, ist tot.«

Der alte Meister

Wir versöhnten uns wieder. Dieser Streit hätte unser Ende sein können, aber er verstärkte das Band zwischen uns nur noch. Zu meiner Erleichterung hatte Schahzada gesagt: »In der Liebe ist alles süß – die Freude, das Glück und auch die Traurigkeit.« Er konnte mir die Eifersucht auf die Engländerin nehmen und auch auf alle anderen Frauen aus dem Westen, die er im Rahmen seiner Arbeit traf. »Du sollst wissen, dass ich immer nur dich sehe, wenn eine Frau neben mir sitzt.«

Alle anderen Wünsche – Heirat, Kinder – stellte ich immer wieder zurück. Doch eigentlich wollte ich nicht auf eine schöne Mohmand-Hochzeit verzichten und sagte manchmal, auch wenn es ganz und gar nicht meinem Wunsch entsprach: »Wir heiraten, wenn wir alt sind, wenn wir nicht mehr das Bedürfnis haben, unterwegs zu sein und zu reisen und nur noch in Ruhe leben wollen.«

Auch hatte ich eingesehen, dass ich einen Teil meines Weges allein gehen müsste. Schahzada fragte mich nicht nach meinem Befinden im islamischen Glauben, er war ja als Moslem geboren und konnte sich kaum vorstellen, welche Mühe es einen Fremden kostet, diese Religion zu verstehen und zu praktizieren. Ich war damals unter einem heftigen Drang konvertiert, der das Ende einer mehrjährigen Suche markiert hatte, und ich hatte es keinen Tag lang bereut. Dennoch übte ich die Religion nicht wirklich aus. Ich betete zwar fünfmal am Tag in meinem Zimmer auf meinem Gebetsteppich, der gen Mekka im Westen ausgerichtet war, doch meine Gebete waren hohl, mein Herz war nicht bei der Sache. In Bezug auf die Ernährung richtete ich mich nach der einen oder anderen Koran-Vorschrift und lehnte Wein und Gin unter dem Vorwand ab, eine Diät zu machen. Ich befolgte auch die *zakat*, eine der fünf Säulen des Islam, und gab armen Familien einen kleinen Teil meines Gehaltes als Almosen. Ich versuchte, mein Leben in Einklang mit den Werten des Islam zu bringen, aber ich kam mir vor wie ein kleines Menschlein am Fuße eines hohen Berges, der sich noch nicht an den Aufstieg gemacht hatte.

Niemand außer Schahzada wusste von meinem Übertritt. Weder meine Freunde in Frankreich noch die Leute in Kabul, nicht einmal meine Freundin Noor. Ich fürchtete mich und fürchte mich noch immer davor, es zu sagen, denn es gibt so viel Unverständnis gegenüber dieser Religion, die mit den ungeheuerlichsten Verbrechen gleichgesetzt wird, nachdem Fanatiker die Worte des Koran verdreht haben. Ursprünglich ist der Islam eine Religion des Lichts, doch eine Religion ist auch immer das, was die Menschen aus ihr machen.

Ich hatte viele interessante, aber sehr theoretische Bücher über den Islam gekauft – und ich bin nun einmal keine Intellektuelle. Doch andere Schriften, die einfach platt oder vollgestopft mit Dogmen und Ideologie waren, wollte ich nicht lesen. Mir fehlte in all dem die spirituelle Dimension, nach der ich so verlangte. Ich hätte mir gewünscht, dass mich jemand führte, dass mich jemand erleuchtete. Die Art und Weise, wie Schahzada nach dem Islam lebte und davon sprach, faszinierte mich, aber er hatte nicht die geringste Lust, mein Meister zu sein.

Als ich von einem kurzen Aufenthalt in Frankreich ohne Schahzada zurückkam, fragte mich im Flugzeug von Dubai nach Kabul eine junge Frau, ob sie sich neben mich setzen dürfe. »Ich habe fürchterliche Angst, deshalb hat mein Mann, der dort drüben sitzt«, sie deutete auf einen Mann mit dunkler Haut, der aussah wie ein Geschäftsmann, »geraten, mich neben eine Frau zu setzen und zu plaudern, damit ich meine Angst vergesse.« Sie war eine charmante, junge Afghanin, die in den USA lebte. Wir unterhielten uns den ganzen Flug über, und ich nutze die Gelegenheit, mit ihr über den Islam zu sprechen und über meine Schwierigkeit, einen spirituellen Zugang zu dieser Religion zu finden, so wie ich es mir wünschte. Sie wühlte in ihrer Tasche, zog eine Visitenkarte heraus und gab sie mir. »Neulich habe ich zwei Karten bekommen, hier, nehmen Sie eine. Sie ist von einem Meister, der in Kabul Koranunterricht gibt, es ist keiner dieser Mullahs, vor denen man sich in Acht nehmen muss, und wenn es stimmt, was man mir über ihn erzählt hat, könnte er Ihnen helfen.« Ich sah die Karte an. Ein kleines Porträt zeigte ein rundes, ausdrucksvolles Gesicht. Es gefiel mir. Ich steckte die Visitenkarte ein.

Zwei Monate später zog ich allein in ein kleines Haus mit einem schönen Garten. Als ich die Kartons auspackte, fand ich die Karte wieder. Ich weiß ja, dass bei einem Umzug nicht nur die Möbel umgestellt werden, und mein Umzug hat mir geholfen, meine Gedanken zu ordnen und klarzusehen. Nun begann ein neues Leben, es war an der Zeit, den Weg, den ich eingeschlagen hatte, zu Ende zu gehen. Ich vereinbarte einen Termin und bat meinen Fahrer Hesmatullah, mich zu dem Meister zu fahren.

Der alte Herr empfing mich höflich. Unter dem Turban, den er wie eine Krone auf dem Kopf trug, rahmten weiße Haare und ein kurzer weißer Bart das Gesicht eines würdevollen, ein wenig schelmischen Großvaters ein. Er sprach Dari, eine seiner Schülerinnen übersetzte für mich auf Englisch. Wie überall in den bürgerlichen Häusern der Hauptstadt vermittelten die großen Sofas und die dicken, mit Motiven überladenen Teppiche ein Gefühl der Ruhe. Er fragte, was er für mich tun könne. Ich erzählte ihm meine Geschichte, zögerte aber bei einigen heiklen Punkten meiner Beziehung zu Schahzada. Dann unterbrach er mich: »Diskretion. Seinen Namen will ich nicht wissen.« Also erzählte ich weiter. Als ich am Ende angelangt war, klopfte mein Herz wie verrückt. Zum ersten Mal hatte ich offen über meine Liebe und deren Tiefe gesprochen und über die Hoffnung auf spirituelle Entwicklung, die sie mir schenkte. Der alte Mann sagte: »Das ist die Liebe, und die Liebe ist so.« Dann wollte er herausfinden, wie Schahzada und dessen Familie zu mir standen. »Kennen Sie seine Familie?«

»Ja, ich war in seinem Dorf; dort habe ich auch seinen Vater kennengelernt.«

»Kennen Sie auch seine Frau?«

»Ja, ich habe sie zweimal getroffen.«

»Wie hat sie reagiert?«

Ich erzählte, wie verständnisvoll Kouti war, wie sehr sie ihren Mann liebte und wie freundschaftlich ihr Verhältnis zu mir war, dass sie mir einen Platz in der Familie und in ihrem Haus einräumen wollte und dass wir trotz der räumlichen Entfernung immer mehr Zuneigung zueinander fassten.

Die junge Schülerin, die unser Gespräch übersetzte, hatte eine Zeitlang in Amerika gelebt. Koutis Haltung überraschte sie, doch der Meister lächelte nur. »Ja, ja, so sind die Menschen hier. Brigitte hat sehr gut verstanden, was diese Frau meint: Sie liebt ihren Mann sehr, und sie liebt auch Brigitte sehr. Ja, so eine Liebe ist möglich.« Ich war tief gerührt. Endlich verstand jemand unsere Lage und billigte es, wie ein jeder von uns in dieser Situation lebte, das heißt, wie wir uns darin einrichteten, so gut es eben möglich war. Der Meister erkannte, dass darin Möglichkeiten steckten, die wir vielleicht gar nicht erkannten, und er sah auch, welcher Mut dazugehörte, so zu leben.

Er fügte hinzu: »Das Zusammentreffen mit diesem Mann hat dein Herz geöffnet. Der Glaube ist ausschließlich eine Sache des Herzens.« Er fand es beispielhaft, dass ich wegen einer Liebesgeschichte zum Islam übergetreten bin. Ich bat ihn, mir zum besseren Verständnis dieser Religion zu verhelfen und mich dabei zu unterstützen, die Liebe zu einem Menschen zu leben, ohne die Verbindung zu dem zu verlieren, was heilig ist. Ich bin keine große Freundin von Begriffen wie »heilig«, »Seele«, »Spiritualität« – sie sind zu erdrückend und zu hochtrabend, ich suche nicht nach Spiritualität, um der

Wirklichkeit zu entfliehen oder in mystischen Überhöhungen zu schwelgen. Alles andere als das – ich will lediglich ein guter Mensch werden, der andere versteht und vielleicht eines Tages in eine höhere, weitere Dimension des Geistes gelangen kann. Ich glaube im Übrigen, Liebe kann man lernen. Der ältere Herr hatte ein zauberhaftes, kindliches Lächeln. »Ich nehme dich an. Du bist von nun an meine Tochter. Doch du musst dir darüber klar sein, dass ein schwieriger Weg vor dir liegt, du brauchst Ausdauer und Mut.«

Er bat mich, donnerstags und freitags zum Unterricht zu kommen. Beflügelt verließ ich sein Haus. Hesmatullah wartete im Wagen auf mich. Wie immer stieg ich hinten ein, kurbelte die Scheiben hoch und schloss die Tür ab. Hesmatullah beobachtete mich im Rückspiegel. Ich mochte ihn gern; da wir täglich miteinander zu tun hatten, wusste ich alles über sein Familienleben und seine Existenzprobleme. Er begleitete mich oft nach Dschalalabad und wachte über meine Sicherheit, bevor er sich dann gleich wieder auf die anstrengende, gefährliche sechsstündige Rückfahrt machte.

An diesem Tag sah er öfter verstohlen in den Rückspiegel. Hatte er bemerkt, dass ich anders war als sonst? »Ich habe gerade etwas ganz Ungewöhnliches erlebt, Hesmatullah.« Ich strahlte. »Ich habe Dinge erfahren, die ich nie zuvor gehört hatte!« Tränen traten mir in die Augen. »Ich muss es dir sagen – ich bin zum Islam übergetreten.« Da war es geschehen. Das Geständnis war in einem überschäumenden Fluss von Glück und Wohlbefinden aus mir herausgekommen.

Hesmatullah war tief bewegt. In seinem radebrechenden Französisch sagte er: »Das ist eine Ehre für uns, Madame Brigitte. Eine große Ehre! Das ist toll!« Und dann weinten wir zusammen. Er war so überwältigt, dass er sich im Überschwang sogar kurz zum Du hinreißen ließ: »Jetzt bist du meine Schwester, alle Moslems sind Brüder und Schwestern.« Er dachte nach und fügte hinzu: »Jetzt sind Sie wie ein Kind, wie ein neugeborenes Kind. Alles, was Sie zuvor getan haben, ist vergessen.«

Und dann hob Hesmatullah zu einer Eloge auf den Islam an, der besten Religion überhaupt, dem Katholizismus und dem Judentum weit überlegen. Ich hielt dagegen, dass keine monotheistische Religion der anderen überlegen sei und dass eine heilige Schrift nicht heiliger sei als eine andere. »Ich habe mich für den Islam entschieden, weil mir seine Gepflogenheiten liegen, das ist alles.« Ich mochte den Islam auch, weil er aus Schahzada den Mann gemacht hat, der er ist, aber das musste ich Hesmatullah ja nicht auf die Nase binden.

Ich lehnte mich auf dem Rücksitz zurück und dachte über die Ereignisse der letzten Stunde nach. Und da ich schwieg, ließ sich Hesmatullah laut über Sinn und Zweck des einen oder anderen Verbots und Gebots im Islam aus. Die vielen hohlen Phrasen, die er von sich gab, wollte ich gar nicht hören, denn sie waren der Grund, warum man Moslems für rückständig und fanatisch hielt. Das war mir zu simpel. Ich versenkte mich lieber in die Erinnerung an mein Gespräch mit dem alten Meister und fühlte mich erfüllt und ausgeglichen.

Die Wege des Lebens

Im Frühjahr 2005 drohte in Afghanistan das Chaos auszubrechen. Wöchentlich bedrohten Selbstmordattentate das brüchige Gleichgewicht, das es seit vier Jahren gab. Am 18. September sollten Parlamentswahlen stattfinden, und die Feinde der Regierung nahmen dies zum Anlass, eine Welle der Gewalt auszulösen, die vor allem auf die ISAF-Truppen, aber auch auf die Zivilbevölkerung abzielte.

Die Taliban und die al-Qaida-Kämpfer hatten sich geschworen, diese Wahlen zu verhindern, und stellten sich gegen alle, die mit den amerikanischen Truppen zusammenarbeiteten. In Kabul explodierten Tankwagen, die das amerikanische Kontingent versorgen sollten; die Anschläge wurden den Taliban-Milizen zugeschrieben. In Dschalalabad ging vor dem Sitz des Provinzgouverneurs, ganz in Schahzadas Nähe, ein Auto voller Sprengstoff in die Luft. Im Süden, in Kandahar, explodierte ein Militärfahrzeug. Mitten in der Hauptstadt flog ein Internet-Café in die Luft, das häufig von Expats besucht wurde. Es gab drei Tote, darunter ein burmesischer Ingenieur. Des Weiteren wurden in Kabul sieben Zivilisten von einer Raketensalve niedergestreckt, die für eine NATO-Streife bestimmt war. Die Taliban bekannten sich zu den Attentaten und rieten der Bevölkerung von Kabul klar und deutlich, »sich von den ISAF-Truppen fernzuhalten«. Das war leicht gesagt. Die Panzer patrouillierten überall in der Stadt, und ständig gab es Staus, in denen wir Seite an Seite, Blech an Blech, mit den Armeefahrzeugen standen; dann mussten wir uns wohl oder übel gedulden, während ein – meist junger, nervöser – Soldat mit einem bedrohlichen Maschinengewehr abwechselnd auf unsere Windschutzscheibe, den Himmel und die Dächer zielte. Stress pur, vor allem weil die Soldaten die Leute auch noch anschnauzten, sie sollten die Straße freimachen. Wir versuchten eben, diese Arroganz zu ertragen, ohne uns allzu sehr darüber aufzuregen.

Ich kam von einem Termin beim RTA. Der Häuserblock wurde von der Armee gesichert, die die Fußgänger kategorisch zwang, große Umwege in Kauf zu nehmen und durch den Morast zu waten. Ich wollte aber auf direktem Weg zur Straße. Da hielt mich ein junger, philippinischer Soldat an: »No go.« – »Was soll das heißen, ›nicht gehen‹?« Ich ging weiter – ich hatte genug von all diesen Komplikationen, die ein normales Leben unmöglich machten. Er rief mich zurück, ich schickte ihn zum Teufel und lief weiter. Dabei zeigte ich ihm die Faust und überließ es meinem jungen Assistenten, sich mit dem irritierten und äußerst gereizten Soldaten herumzuschlagen. Hier konnte alles passieren. Ich hörte, wie die beiden hinter mir lauter wurden. »Sie sind der

Assistent dieser Frau, und Sie können ihr nicht verbieten, hier durchzugehen?« Askar fühlte sich alles andere als wohl in seiner Haut, aber seine Antwort verriet gesunden Menschenverstand: »Wie soll ich sie festhalten, wenn nicht einmal Sie das mit Ihrem Maschinengewehr schaffen?«

In der Bevölkerung breiteten sich langsam antiamerikanische Ressentiments aus. Von Anfang an hatten die US-geführten OEF-Truppen Schläge gegen Dörfer geführt, in denen sich angeblich al-Qaida-Mitglieder versteckten, oft aber waren die zugrunde liegenden Informationen falsch gewesen. Skrupellose Razzien, bei denen Männer und Frauen nachts aus dem Schlaf gerissen und aus dem Haus getrieben wurden, erinnerten an entsprechende Operationen im Irak, die die ganze Welt am Bildschirm verfolgen konnte. In manchen Dörfern war keine einzige Familie von solch einer Demütigung verschont geblieben, denn eine afghanische Familie beschränkt sich nicht auf zehn Personen – die Blutsbande umfassen hundert, zweihundert, dreihundert, ja oft auch vierhundert Menschen.

Diesbezüglich musste sich Schahzada mit einer höchst brisanten Situation auseinandersetzen. Im März 2005 zeriss ein Dröhnen die Stille der Nacht, die sich auf die *qala*-Burgen des tief schlafenden Dorfes Barik Dhan gesenkt hatte. Scheinwerfer wanderten durch die Dunkelheit und durchlöcherten den schwarzen Himmel, während sie das Gassengewirr des Dorfes absuchten. Die Hunde bellten wie verrückt. Dann landete ein Hubschrauber auf einem Feld, Uniformierte sprangen heraus und rannten auf die Häuser zu. Die US-Soldaten befahlen den Leuten – Männern, Frauen, Kindern, Alten –, ihre Häuser zu verlassen, die sie dann nach Waffen und Terroristen durchsuchten. Laut ihren Informationen würden sich dort Männer der Taliban und der al-Qaida verstecken.

Barik Dhan war ein schönes, großes Mohmand-Dorf in der Nähe von Dschalalabad, ich war schon einmal mit Freunden aus Frankreich dort gewesen. Das Dorf war auffallend sauber und wirkte wohlhabend. Schahzadas Besuch hatte die Männer aus den Häusern gelockt, darunter auch viele junge Männer um die zwanzig mit aufgeweckten Gesichtern. Man sah gleich, dass es sich hier nicht um einfache Bauern handelte, sondern um gebildete Männer. Fast alle sprachen Englisch, manche studierten Medizin. Es gab zwei Jungen- und zwei Mädchenschulen, auch eine Klinik war gebaut worden. »Und zwar nicht mit dem Geld der Regierung; die tut nichts für uns.« Nun war es tatsächlich so, dass noch vor einem Jahr dort Mohn angebaut worden war. Ein alter Mann zeigte uns seufzend die Felder: »Hier pflanzen wir nun schöne Wassermelonen an.« Und ein anderer sagte: »Wir hier haben die Quelle unseres Reichtums ausgemerzt, aber unten in Kandahar weigern sie sich, auf ihre Einnahmen zu verzichten. Also pflanzen auch wir im nächsten Jahr wieder Mohn an, überall wird er wachsen, selbst auf den Dächern unserer Häuser. Und keiner soll versuchen, uns daran zu hindern, denn wir werden dafür kämpfen bis zum Tod.« Sie hatten das Gefühl, dass man sie reingelegt hatte.

In jener schrecklichen Nacht nahmen die Amerikaner zwei Männer und eine Frau fest und verfrachteten sie in den Hubschrauber. Sie flogen sie zum Gefängnis von Bagram, nördlich von Kabul. Die Soldaten wussten es noch nicht, aber sie hatten ein Sakrileg begangen.

Bei den Paschtunen symbolisiert die Frau das höchste Gut des Lebens. Kein anderer Fehltritt kommt der Verhaftung einer Paschtana gleich. Im Dorf brodelte es, die Männer versammelten sich in einer Moschee. Im Handumdrehen drängten sich zweitausend Menschen dort, die Wut wurde immer größer. Man konnte meinen, das Klacken der Gewehrläufe zu hören. Diese tapferen Bauern, die ihr Dorf Stück für Stück wiederaufgebaut hatten, nachdem die Mudschaheddin es zerstört hatten, verwandelten sich nun wieder in die Krieger, die sie immer gewesen waren. Sie waren bereit, auf Dschalalabad zu marschieren und die amerikanischen Stützpunkte sowie die Quartiere aller Organisationen anzugreifen, die mit den USA zu tun hatten. Ein Mann nahm den Lautsprecher der Moschee und übermittelte die Nachricht allen benachbarten Dörfern, die sie wiederum in andere Moscheen weitertrugen, immer weiter und weiter über Felder und Wasserkanäle, bis schließlich in knapp zwei Stunden 80 000 Männer mobilgemacht und bewaffnet waren und in die Hauptstadt der Provinz Nangarhar einmarschieren wollten.

Die amerikanischen Soldaten bekamen die Katastrophe, die sie ausgelöst hatten, nicht mehr unter Kontrolle und ließen die Frau und die beiden anderen Gefangenen drei Stunden später frei. Doch es nützte nichts mehr. Die Spannung stieg weiter. Man rief Schahzada zum Generalstab, wo ihm der Oberst der örtlichen Polizei vorschlug, unter dem Schutz von zweihundert bewaffneten

Männern nach Barik Dhan zu gehen. Schahzada weigerte sich. Es wäre Wahnsinn, wenn er den Paschtunen gegenüber seine Macht ausspielte. Das wäre eine Provokation. Er überlegte: Wenn die Mohmand Dschalalabad angriffen, könnte es zu Plünderungen kommen, die Situation könnte gefährlich außer Kontrolle geraten, was wiederum schreckliche Vergeltungsschläge nach sich ziehen würde. Schahzada wollte aber keinen einzigen Mohmand sterben sehen. »Ich will nicht, dass man mein Volk schlecht behandelt …« Die Worte seines Vaters kamen ihm wieder in den Sinn. Und so ging er mit nur zwei Leibwächtern und dem Polizeioberst nach Barik Dhan. Vor einer erregten Versammlung der Ältesten ergriff er das Wort: »Hört, die Amerikaner haben falsche Informationen bekommen, daran aber tragen wir alle die Schuld, denn möglicherweise hat einer von uns sie falsch informiert.«

Die Weißbärte dachten nach und überlegten, dass auch ihr eigener Sohn oder ein Vetter in diese Geschichte verwickelt sein könnte. Und dann würde Schande über ihre Familie kommen. Sie beratschlagten. Ihr Stammesführer war zwar jung, aber besonnen, und so beschlossen sie, seinem Vorschlag zu folgen und wieder Ruhe einkehren zu lassen. Ob die Sache später vor einem großen Rat der Mohmand verhandelt wurde, nachdem der Schuldige gefunden war, habe ich nie erfahren.

Wir Expats glaubten schon, dass langsam wieder ein normales Leben möglich wäre, doch am 16. Mai untergrub ein harter Schlag unsere Moral: Die Italienerin Clementina Cantoni war entführt worden. Ein Wagen hatte sie von ihrem Yoga-Kurs bis nach Hause verfolgt, und vier Männer hatten sie vor ihrer Tür gepackt. Die junge Frau arbeitete für die Hilfsorganisation *CARE International*, die in Kabul Witwen und deren Kinder unterstützt.* Ein Netz zog sich um uns zusammen. Da wir immer mit der Gefahr lebten, nahmen wir uns zu viele Freiheiten heraus. Die UN verbat ihren Mitarbeitern umgehend, das Haus zu verlassen, es sei denn, sie bewegten sich an ihren Arbeitsplatz und wieder zurück, dies aber immer in einem gesicherten Fahrzeug. Einige Tage darauf machte die Security-Mannschaft der UN eine »Razzia« in den besten Restaurants Kabuls. UN-Mitarbeiter, die dabei erwischt wurden, wie sie dort in aller Gemütsruhe aßen, wurde schon am nächsten Morgen ins erste Flugzeug nach Europa gesetzt.

Etwa zur gleichen Zeit sorgten die Enthüllungen des amerikanischen Wochenmagazins *Newsweek* über die Behandlung, die amerikanische Soldaten Koran-Büchern und muslimischen Gefangenen in Guantanamo angedeihen ließen, für blutige Proteste im ganzen Land. In der Ausgabe vom 2. Mai 2005 wurde über verschiedene Vorfälle berichtet; demnach hätte ein Wärter den Koran in die Toilette geworfen, ein anderer habe auf das Buch uriniert. Die Untersuchungskommission, die fünf Fälle verfolgt und bestätigt hatte, stellte es so dar, als habe er »aus Versehen uriniert«.

Dschalalabad begehrte auf, und dieses Mal konnte

* Clementina Cantoni wurde am 9. Juni wieder freigelassen, nachdem die afghanischen Behörden die Mutter eines der Entführer, die wegen einer anderen Straftat in Haft saß, freigelassen hatten. (Anm. d. Autorin)

nichts den Aufruhr verhindern. Zwei Tage lang protestierten Tausende Menschen gegen die Praktiken der US-Soldaten und schrien: »Tod den USA! Tod ihrem Präsidenten George Bush! Lang lebe der Islam, lang lebe der Koran!« Einrichtungen des Frauenministeriums und der Vereinten Nationen, Gebäude der afghanischen Wahlkommission und mehrerer Hilfsorganisationen sowie das pakistanische Konsulat wurden angegriffen und beschädigt. Die Bilanz nach zwei Tagen Aufstand: vier Tote, 71 Verletzte. Etwa 100 ausländische Staatsangehörige mussten evakuiert werden. Ich stellte mir vor, wie »unser« Haus von Soldaten umstellt war und Schahzada einem Irrläufer zum Opfer fiel oder ganz im Gegenteil als bevorzugtes Ziel galt … In diesem Durcheinander konnte alles passieren. Zum Glück konnten wir stündlich miteinander telefonieren.

Die Straße nach Dschalalabad war gesperrt, die Instandsetzungsarbeiten hatten begonnen. Auf der Strecke Kabul–Sarobi musste man nun wieder die alte Trasse über die Berge nehmen, die bei Sonnenaufgang so unvergleichlich schön waren wie zu biblischen Zeiten. Ich brauchte diese Pracht, sie läuterte mich, sie inspirierte mich. Dass zur üblichen Fahrtzeit von fünf Stunden nun noch zwei dazukamen, störte mich wenig.

Das Gerücht hatte sich bestätigt: Mein Vertrag mit der französischen Botschaft wurde nicht verlängert. Ich arbeitete doppelt so schnell und effektiv und hoffte, der neue Botschafter würde an der Situation etwas ändern. Doch das hinderte mich nicht daran, so oft wie möglich aus Kabul zu verschwinden. Die Sicherheitsvorschriften bei uns in der Botschaft waren weitaus weniger streng als bei den Vereinten Nationen, wo jeder Mitarbeiter mit einem Funkgerät ausgestattet war und jeden Abend zur selben Zeit abwarten musste, bis seine Codenummer in der endlosen Litanei des Sicherheitsdienstes aufgerufen wurde und er sich dann mit einem Codewort rückmelden musste – um elf Uhr abends. Das war unmenschlich für alle, die dadurch aus dem Schlaf gerissen wurden.

Die Wahlen rückten näher. Schahzada wurde vom politischen Fieber gepackt, er spielte mit dem Gedanken, für das Parlament zu kandidieren, für die *Wolesi Dschirga*, die dem Unterhaus entspricht. Politische Beobachter rechneten mit 5000 bis 10 000 Kandidaturen für die 249 Sitze im Unterhaus und die 420 Sitze in den Provinzräten.

Sollte er das tatsächlich tun? Seine Freunde rieten ihm dazu, zumal es bei seiner Familientradition naheliegend war. Sein Vater, sein Großvater und auch sein Urgroßvater hatten politische Funktionen ausgeübt und Regierungsämter innegehabt. Schahzadas Kandidatur drückte den Höhepunkt eines immer dringlicher werdenden Bedürfnisses aus: frei über die Probleme seines Volkes zu sprechen. Und er hätte etwas zu sagen. Er könnte offen Gelder fordern, könnte die Wege der Subventionen überprüfen lassen, die nur selten bis zu seinem Volk vordrangen, er könnte Vorteilnahme und Schiebereien aufdecken. Er empörte sich darüber, dass man einen Analphabeten zum Bezirksvorsteher ernannt hatte, der seine Macht und seinen Ermessensspielraum dazu nutzte, in der Schule Lehrer einzustellen, die ebenfalls Analphabeten waren. Und Schahzada lag viel daran, dass die Auseinandersetzungen zwischen den Paschtunen-Sippen endlich aufhörten. Sie schwächten sein Land und verhinderten, dass es die Vergangenheit überwand.

Ich hoffte, es gebe auch andere Kandidaten, die so waren wie Schahzada – integer, wirklichkeitsnah und nicht von schädlichem persönlichen Ehrgeiz getrieben. Und ich hoffte, dass man sie wählte. Das künftige Parlament hatte nämlich schon im Vorfeld allenthalben Argwohn hervorgerufen, nachdem Karsai, gewissermaßen als eine Maßnahme zur Friedenssicherung, erklärt hatte, ehemalige Warlords, die bereit wären, die Waffen niederzulegen, seien zur Wahl zugelassen. Ich hörte, wie ein afghanischer Journalist verletzt und empört sagte: »Das wird eine Marionettenregierung, die von der Unterwelt abhängig ist … Die Wahlen sind nur ein Mittel, um Drogengelder zu waschen.«

Die Arglosigkeit, mit der Schahzada seinen Wahlkampf führen wollte, verwunderte mich. Er hatte kein persönliches Vermögen, konnte weder auf große noch auf kleine einträgliche Schmiergelder hoffen, und er erfreute sich keiner besonderen Unterstützung der Regierung oder irgendeiner anderen einflussreichen Gruppierung. Wenn er seine Kandidatur einreichen würde, dann in aller Unschuld und nur mit einem leichten Schild bewaffnet: seiner Aufrichtigkeit. Ich hörte, wie er zu einem Weißbart sagte: »Ich habe noch nie etwas gestohlen, das gibt mir die Berechtigung, mein Volk zu vertreten. Ich bin bereit, mich dem Urteil zu stellen, ich habe mir nichts vorzuwerfen.« Ich war tief ergriffen. Denn ich wusste nur zu gut, dass das Spiel der Politik überall auf der Welt denselben erbarmungslosen und manchmal auch zynischen Regeln unterliegt, und ich wusste auch, dass Schahzada nicht einschätzen konnte, wie sehr seine Illusionen darunter zu leiden hätten.

Seine Frau im Dorf wollte ihn zurückhalten. »Wovon leben wir, wenn du nicht gewählt wirst? Wie willst du deine ganze Familie ernähren?« Schahzada unterstützte allein sechzig Personen. Wenn er kandidierte, würde er als Stammesvertreter zurücktreten und auf sein Gehalt verzichten müssen. Falls er gewählt würde, wäre nicht klar, wie hoch die Diäten der Abgeordneten wären, und wenn nicht, hätte er alles verloren. Damit trug er noch eine weitere große Verantwortung auf seinen Schultern.

Ich schwankte. Einerseits teilte ich Koutis Sorgen und war gegen eine Kandidatur, andererseits aber träumte ich davon zu sehen, wie Schahzada seine Flügel ausbreitete. Mitunter dachte ich, dass man ihn mir auf meinen Lebensweg geschickt hatte, damit ich ihn antrieb, damit ich ihm Selbstvertrauen gab und er erblühen und sich verwirklichen konnte. Wir kannten uns nun seit drei Jahren, und mir fiel auf, dass seine Stirnfalten verschwunden waren und allenfalls noch bei großem Ärger auftauchten. Auch Kouti hatte zu ihm gesagt: »Seit du Brigitte kennst, bist du gar nicht mehr so herrisch!«

Ich fragte ihn einmal, was er aus dem Krieg gelernt hat. Er wurde nachdenklich. »Der Krieg … Ist der Krieg denn je vorbei?« Dann gab er zu, dass er damals kompromisslos gewesen sei. Erst als Stammesvertreter habe er gelernt, seine Wut zu unterdrücken und Worte zu vermeiden, die andere verletzten. Nach und nach hatte er sich entwickelt und war menschlicher geworden. Doch nun begann er, die Grenzen seiner Funktion zu erfassen.

»Die Entscheidung liegt bei dir, Brigitte«, sagte Schahzada nach stundenlangen Diskussionen mit widerstreitenden Meinungen am Telefon. Ich atmete erleichtert auf. »Dann los! Du schaffst es.« Die Würfel waren gefallen. Und Kouti hatte jede Nacht Albträume wie damals im Krieg, als ihr Mann weit entfernt in den Bergen gekämpft hatte.

Drei Monate vor den Wahlen brach die Gewalt gegen den demokratischen Prozess aus. Ein Kandidat fürs Unterhaus war ermordet worden; am frühen Morgen sagte Schahzada: »Ich fahre zu einer Beerdigung nach Kandahar.« Kandahar! Eine Hochburg der regierungsfeindlichen Rebellen. War er denn übergeschnappt? Er lachte. »Keine Sorge, ich fahre im Wagen des Polizeichefs.« Aber gerade auf die hohen Beamten hatten es die al-Qaida-Terroristen abgesehen. Als Schahzada wieder in Dschalalabad war, rief er mich gleich an. »Weißt du, was uns passiert ist? Man hat uns vor der Moschee die Schuhe gestohlen!« Er nahm das kleinste lustige Vorkommnis zum Anlass, meine Ängste zu zerstreuen.

Zehn Tage später gab es in derselben Moschee, in der Abdul-Rab-Moschee, ein Blutbad. Während der Trauerfeier für den Vorsitzenden des von der Regierung eingesetzten Rates islamischer Gelehrter, den gemäßigten Mullah Maulawi Fayaz, der drei Tage zuvor erschossen worden war, mischte sich ein Selbstmordattentäter in Polizeiuniform unter das Sicherheitspersonal vor der

Moschee. Sein Ziel: der Polizeichef von Kabul, General Akram Khakrizwal.

20 Tote, 52 Verletzte.

Trotz der immer größer werdenden Gefahr, der Schahzada ausgesetzt war, waren seine Leibwächter weiterhin und mehr denn je bereit, ihn zu schützen – ungeachtet des lächerlichen Gehaltes, das sich mit dem Risiko keineswegs erhöhte.

Eines Nachts schlief er tief, als ihn eine laute Stimme vor seiner Tür weckte. »Mister Kebab«, der würdige alte, integre Mann, der für die Gäste Fleischspieße briet, stand völlig verstört auf der Schwelle, er hatte sich nur kurz ein Hemd übergeworfen und trug nichts auf dem Kopf – er, den man sonst nie ohne seinen Turban sah. Mit großen Augen stand er da wie angewurzelt und versuchte, die Fassung wiederzugewinnen. »Oh, du bist da, *Khan seb*, ich sehe, es geht dir gut.« Und dann ging er wieder. Am nächsten Tag fragte Schahzada ihn, was denn los gewesen sei. Der Arme hatte einen schrecklichen Traum gehabt – man hatte Schahzada vor seinen Augen erschlagen. Er war schweißgebadet erwacht, war aus dem Haus gestürzt und die Treppe hinaufgelaufen, so schnell es seine alten Beine erlaubten, und hatte mit aller Kraft die Tür aufgerissen, um Schahzada zu retten. Die Angst vor einem Anschlag hielt alle gefangen, die Schahzada liebten und achteten.

Auch Schahzada selbst war nicht frei von Angst. An einem Abend, als er bedrückter war als sonst, bat er mich am Telefon: »Schwöre mir, dass du dich um Kouti und die Kinder kümmerst, wenn mir etwas zustößt.« Ich kannte den Brauch des Levirats: die Witwe wird dem Bruder des Verstorbenen »übertragen«. Und diesen Gedanken ertrugen weder Schahzada noch Kouti. Also schwor ich es ihm natürlich. Aber manchmal fragte ich mich schon, ob ich die Kraft dazu überhaupt hätte. Sollte Schahzada etwas passieren, würde ich sterben. Mir würde einfach das Herz stehen bleiben.

Wir breiten unsere Flügel aus

Der gezähmte Vogel lebte im Käfig;
der wilde Vogel lebte im Wald.
Das Schicksal führte sie zusammen. Der wilde Vogel
schrie: »Komm, mein Liebster, wir fliegen in den Wald.«
Der zahme Vogel flüsterte: »Komm her, leben
wir zusammen im Käfig …«

Dieses Gedicht von Rabindranath Tagore erzählt unsere Geschichte. Ein freier Vogel, ein gefangener Vogel. Schahzada und ich sind abwechselnd der eine, dann wieder der andere. Man könnte den Eindruck bekommen, dass das Gitter mich daran hindert, meine Flügel auszubreiten, oder dass Schahzada nicht weiß, wohin mit sich in dem weiten Himmel. Aber so ist es nicht.

Ich nahm weiterhin Unterricht bei meinem alten Meister, zusammen mit anderen Schülerinnen saß ich stundenlang mit gekreuzten Beinen auf dem Teppich. Ich lernte den Reichtum einer Philosophie des Lichts kennen. Ich lernte das Glück kennen. Und befreite mich von meinen Schuldgefühlen, die ich hatte, weil ich mit leerem Herzen betete. »Die Propheten haben nie gebetet, wenn sie sich Gott nicht nahe fühlten. Sie warteten den richtigen Moment ab«, sagte der Meister. So machte ich es auch. Und irgendwann kommt der richtige Moment. Meine innere Stimme ist verstummt; ich glaube, das ist ein gutes Zeichen.

Das Parlament trat in Kabul zusammen. Schahzada war gewählt worden, er war auf den achten Platz gekommen, ohne dass er intrigieren, Leute bestechen oder einschüchtern musste. Ein glatter Sieg. In seiner Euphorie hatte Schahzada gesagt, dass er nun zu mir nach Kabul ziehen würde. Er wollte ein großes Haus mieten, in dem für uns alle, für Kouti, die Kinder und mich, Platz wäre.

Ich hatte so auf diesen Moment der großen Veränderung gewartet. Ich werde immer darauf warten, voller Furcht und Aufregung zugleich. Aber die Wirklichkeit hat uns eingeholt.

Ich verlor meine Stelle bei der französischen Botschaft und setzte Himmel und Hölle in Bewegung, um einen neuen Job zu finden. Vergebens. Also gründete ich zusammen mit Massuda eine kleine Produktionsgesellschaft für Videofilme, *Women's Eyes*. Massuda ist Geschäftsführerin. Aus der kleinen Massuda, die damals unter Tränen die alte Hazara gefilmt hatte, ist eine selbstsichere Journalistin geworden. Doch Aufträge sind rar. Eine Zeitlang verhandelte ich mit der UNESCO darüber, weitere Afghaninnen zu Filmjournalistinnen auszubilden, doch leider ist keines der zehn Projekte, die bewilligt wurden, mir zugefallen. Ich zog aus meinem Haus mit Garten und Gärtner in eine Zweizimmerwohnung im Zentrum von Kabul. Dort kommt mich Schahzada öfter besuchen als in meinem Haus, dieses kleine Nest gefällt ihm besser.

Manchmal weiß ich nicht, wie meine Zukunft aussehen wird.

Für Schahzada ist das Leben auch nicht viel leichter. Er hat einen Sitz im Unterhaus bekommen, aber sehr viel Ansehen verloren, nun ist er nur noch einer von 249 Abgeordneten. Und das Ansehen ist in diesem Land eben ein ganz eigener Reichtum. Stolz und Ehre dürfen nicht untergraben werden. Schahzada musste seinen Lebensstandard senken, aus Geldmangel musste er ein kleineres Haus in Dschalalabad mieten und sich von seinen Leibwächtern trennen. Manchmal denkt er daran, wieder in sein Dorf und zu seiner mittellosen Familie zurückzugehen. Schahzada ist in seinem Stolz verletzt, aber ich weiß, dass er diese Prüfung bestehen wird. Manchmal fährt er nach »Da oben«, ins Dorf, ohne mir etwas zu sagen, und ich höre tagelang nichts von ihm. Dann blicke ich nach Osten in Richtung der Straße, die ich so oft gefahren bin, und sehe in den strahlend blauen Himmel, ich stelle mir die Mohmand-Berge vor und frage mich, ob er je zurückkommen wird …

Er rät mir, nach Frankreich zurückzukehren.

Neulich hat er mir ein Päckchen gegeben, darin war eine Kette von Kouti. Eine paschtunische Kette, der Schmuck der armen Frauen. Die Kette ist vollständig aus Gewürznelken gemacht, die in regelmäßigen Abständen zusammengebunden und aufgezogen wurden, und an den beiden Enden sind rote und weiße Plastikperlen, die das Licht einfangen und funkeln. Die Kette verströmt einen betörenden Duft. Schahzada hat mir erklärt, dass die Frauen in seinem Dorf so arm sind, dass sie weder Schmuck noch Parfüms haben. Die Gewürznelke parfümiert ihre Haut und weckt das Begehren im Mann. Es ist eine wunderschöne Kette. Ich wage mir gar nicht auszumalen, wie viele Stunden Kouti dafür gebraucht hat. Als Schahzada ihr sagte, wie sehr ich mich darüber gefreut habe, war sie überrascht. »Wieso findet sie dieses Geschenk so schön? Sie, die doch alles hat.«

Alles.

Ich habe meine Entscheidung getroffen. Ich werde Afghanistan nicht mehr verlassen, solange Schahzada lebt. Möglich, dass dieses unbeständige Land erneut im Krieg versinkt und dass die Fundamentalisten wieder an die Macht kommen. Alles ist möglich. Ich habe Schahzada gesagt, dass ich mit ihm gehen würde, wenn er eines Tages wieder zu den Waffen greifen und in den Widerstand gehen sollte. So hart das Leben dann auch sein mag, es ist mir egal. Er hat mich ganz stolz angesehen. »Du bist eine starke, mutige Frau. Du bist eine echte Paschtana.«

Ein schöneres Kompliment hätte er mir nicht machen können.

Epilog

Als dieses Buch erschien, lebte ich noch in Afghanistan und wollte auch den Rest meines Lebens dort verbringen. Die kleine Produktionsgesellschaft für Videofilme, *Women's Eyes,* die ich zusammen mit Massuda gegründet hatte, fing trotz der miserablen wirtschaftlichen Lage im Land an gut zu laufen. Doch mit der Zeit wurde das Verhalten meiner Partnerin immer unerträglicher. Wir stritten uns oft, ich kam schlecht mit ihrer mangelnden Professionalität zurecht – sie hatte wenig Erfahrung, aber großen Dünkel. Rasch beanspruchte sie die Firma für sich allein. Das störte mich ungemein; immer wieder explodierte ich. Dabei vergaß ich, wie empfindlich die Afghanen sein können, und bedachte auch nicht, welche Folgen meine Worte haben könnten. Unser Verhältnis verschlechterte sich derart, dass Massuda mich schließlich aus der Wohnung warf, die sie für mich oberhalb unseres Büros auf ihren Namen gemietet hatte. Es war ein Albtraum, der mehrere Wochen anhielt. Ich hatte kein Dach mehr über dem Kopf, keine Arbeit mehr, und Massuda hatte offenbar beschlossen, mir zu schaden, worin ihr Vater sie unterstützte. Ich bekam es mit der Angst zu tun, zumal in einer Stadt wie Kabul, wo Attentate und Entführungen laufend zunahmen. Schahzada, der sich nach Dschalalabad zurückgezogen hatte, stand mir zwar mit seinem Rat bei, aber ich merkte wohl, dass er sich hütete, Partei zu ergreifen. Ich litt unter dieser Neutralität. Oder sollte ich besser sagen, er hat mich im Stich gelassen? Zum Glück nahmen mich drei Landsleute, meine alten Bekannten Rodolphe, Eric und Emmanuel, bei sich auf und machten mir wieder Mut. Doch es war klar, dass es so nicht weitergehen konnte. Und so bin ich von heute auf morgen nach Frankreich zurückgekehrt. In einem Kabuler Hotel habe ich mich von Schahzada verabschiedet. Ich wusste, dass ich nie wieder nach Dschalalabad fahren würde, auf dieser Straße, deren Schönheiten und Tücken mir so vertraut sind.

Anfangs war ich total erleichtert. Der Druck ließ nach, die Welt stand mir wieder offen. Dann kamen die Wut und die Trauer. Am Ende sagte ich mir, dass sich Schahzada als Afghane und Stammeschef in dieser Sache, meiner Auseinandersetzung mit Massuda, gar nicht anders hatte verhalten können. Wir begannen wieder miteinander zu telefonieren, nun zwischen Frankreich und Dschalalabad. Er ist und bleibt der Mann, den ich innigst und über alles liebe. Ich bereue nichts. Diese so ereignisreichen Jahre haben mich mit einer Lebensfreude erfüllt, die ich vorher nicht kannte. Die alltäglichsten Dinge – Regen, Sonnenschein, ein einfacher Spaziergang durch die Stadt, ohne feindselige Blicke auf sich spüren zu müssen – sind nun für mich ein ganz besonderes Vergnügen, ein richtiger Genuss. Ich habe die Freude am Lachen entdeckt und wieder Spaß an der Arbeit bekommen. Ja, diese Jahre haben mir Schätze und Kostbarkeiten geschenkt. Und einen Film, »Regard d'Afghanes. Afghanistan entschleiert«, der weiterhin auf Festivals und Kongressen weltweit über das Schicksal der afghanischen Frauen berichtet und die Aufmerksamkeit auf sie und dieses Land lenkt, das nicht aufhört zu leiden.

Dank

Bedanken möchte ich mich bei Manuel Carcassonne für seine unendliche Geduld und seine unermüdliche Hilfe. Und für seinen Mut, nach Kabul zu kommen, ohne zu wissen, ob er je zurückkehren würde.

Ich danke Hugues Dewavrin für sein Gespür, seine Großzügigkeit und sein Talent, in Kabul wieder etwas aufzubauen, das ohne ihn kaum eine Chance gehabt hätte.

Dank an Anisa, Massuda, Farida und Fauzia, die bereit waren, ihre großen Augenblicke und auch ihre großen Sorgen noch einmal zu durchleben. Dank auch an Zubair Amiry. Und an Akhbar für seine Übersetzungen im Mohmand-Land.

Und natürlich gilt mein Dank Schahzada, der uns die Tür zu seinem Land und seinen Stämmen geöffnet hat. Ohne ihn hätten wir nicht in diese andere Welt eintauchen können. Seine Gastfreundschaft bleibt mir unvergessen.

Dominique de Saint Pern